Mi Primer Millón

Charles-Albert Poissant
Christian Godefroy

Mi Primer Millón

Traducción:
Rosa S. Corgatelli

LIBRO EXPRESS

Título original: LES DIX HOMMES LES PLUS RICHES DU MONDE.
Copyright © Golden Globe Publishing
Canadá 1985 (represent by Cathy Miller Agency London)
Copyright © Editorial Atlántida S.A., 1986
Copyright de la primera edición de bolsillo © Editorial Atlántida S.A., 1994.
Derechos reservados. Decimosexta edición publicada por
EDITORIAL ATLÁNTIDA S.A., Azopardo 579, Buenos Aires, Argentina.
Hecho el depósito que marca la Ley 11.723.
Libro de edición argentina.
Impreso en Argentina. Printed in Argentina.
Esta edición se terminó de imprimir en el mes de octubre de 2007
en los talleres gráficos de Sevagraf-Longseller S.A., Buenos Aires, Argentina.

I.S.B.N. 950-08-1245-2

Distribuido por EDITORIAL ATLÁNTIDA S.A.

Poissant, Charles Albert
    Mi primer millón / Charles Albert Poissant y Christian Godefroy - 16a ed. - Buenos Aires :
Atlántida, 2006.
    416 p. ; 17x10 cm. (Libro express)

    Traducido por: Rosa S. de Corgatelli

    ISBN 950-08-1245-2

    I. Narrativa Estadounidense. I. Godefroy, Christian II. Rosa S. de Corgatelli, trad. III. Título
    CDD 813

Fecha de catalogación: 26/04/2006

Introducción

¿Cómo se nos ocurrió la idea de este libro?

Los hombres ricos han ejercido desde siempre una fascinación misteriosa sobre la gente. Y nosotros no hemos escapado a esa fascinación. Pero quisimos levantar el velo y descubrir cuáles eran los mecanismos secretos de su riqueza, cómo amasaron su fortuna. En el fondo, la idea era simple. Partimos de la hipótesis de que no sólo ningún éxito puede atribuirse al azar (aunque de vez en cuando este factor parezca influir en cierta medida) sino que es el resultado de la aplicación de ciertos principios bien precisos. Y esta hipótesis quedó confirmada más allá de nuestras expectativas. Cada uno de los hombres que estudiamos aplicó de manera más o menos deliberada (en general más más que menos) determinados grandes principios. Desde luego, no todos los aplicaban de la misma manera ni con el mismo grado de intensidad. Cada uno tenía, por así decirlo, su "especialidad". Cada uno insistía más en un principio, y la feliz aplicación de ese principio resultaba en él su cualidad

más notable. Así, Ray Kroc, el millonario mundial-
mente conocido de las hamburguesas, es el ejemplo
de perseverancia más edificante que pueda encontrarse. Conoció el éxito recién a los cincuenta años,
a la edad en que muchos sueñan ya con jubilarse.
Para él, la perseverancia era tan importante que la
ubicaba sin vacilar por encima del talento, o del
genio. Jean-Paul Getty, uno de los hombres más
ricos del mundo, estima, por su parte, que los
negocios consisten sobre todo en la capacidad de
dirigir las actividades humanas. Definición muy
simple en apariencia, por no decir banal, pero cuya
profundidad examinaremos más adelante. La cualidad principal de este millonario del petróleo fue,
sin duda, saber manejar a los hombres. Todos sus
profundos secretos, que reveló en una especie de
testamento espiritual, y que se comprueban todo a
lo largo de su vida, le serán develados a usted en
diversos capítulos. Del mismo modo, cada uno de
los personajes que ilustran la galería que le presentamos se ha convertido en el campeón de un
principio de importancia capital. Son ejemplos que
arrojarán una luz deslumbrante sobre el arte oculto
del éxito.

Cada aspecto de la existencia conlleva leyes,
reglas, que constituyen un arte o una ciencia, ya sea
en música, en comercio, en medicina, en derecho,
etcétera. Y en cada uno de esos aspectos existen,
por así decirlo, maestros, expertos, personas que
han llevado su ciencia al refinamiento supremo.
Naturalmente, es a ellos a quienes nos dirigimos
cuando queremos perfeccionarnos en una u otra
especialidad. Por supuesto, uno puede aprender
solo a tocar el violín o dominar las matemáticas.
Pero corremos el riesgo de emprender un camino

largo y penoso, y las probabilidades de llegar a la cima son escasas, por no decir inexistentes. Un maestro permite un aprendizaje más rápido. Estas páginas contienen las enseñanzas de los maestros de la riqueza. Por lo tanto le evitarán a usted numerosos errores y estancamientos, y le permitirán enriquecerse más rápido, más fácilmente.

Este libro es un atajo hacia la riqueza. De algún modo es un pasaporte: su pasaporte hacia una mejor condición económica. Pero ¿quiénes son esos hombres que han accedido a cumbres de riqueza inigualadas?

¡Gigantes que, al principio, eran como usted!

Existen, en líneas generales, dos categorías de hombres ricos. Aquellos a los que se denomina "herederos", es decir los que han nacido en cuna de oro y hacen su entrada en el mundo de los negocios con un haber más que confortable. Esta categoría no deja de ser interesante, pero resulta evidente que es mucho más fácil entrar en la vida con varios millones en el bolsillo, millones que, por lo común, se puede hacer prosperar si uno está bien aconsejado.

La segunda categoría, la que nos interesa aquí, es la de aquellos hombres que los estadounidenses denominan "self-made men", es decir, hombres que se han hecho solos, que de ningún modo deben su fortuna al azar de un buen nacimiento. Esta categoría es infinitamente más interesante para el objeto de nuestro estudio. Pues la primera característica de estos hombres, que llegaron a convertirse en gigantes, es que al principio no eran en absoluto diferentes de usted y de nosotros en general. El retrato íntimo que ilustra cada una de sus biografías se lo demostrará sin sombra de duda. Han tenido una infancia banal, a menudo pobre, a veces miserable. En la escuela, muchos de ellos fueron "burros" notorios. Pero cada uno, en un momento crucial de su vida, decidió tomar en sus manos las riendas de su destino, y, esclarecido por un libro, el consejo o el ejemplo de un amigo sensato, o gracias a una potente intuición interior, resolvió volverse rico.

Una de las grandes lecciones que se puede aprender de Sócrates, el sabio por excelencia (aunque no dejaba de repetir hasta qué punto era defectuosa su naturaleza original), es que el hombre es perfectible. Puede mejorarse. Del mismo modo, su capacidad de enriquecerse, por incierta y débil que sea en su origen, es perfectible también. El talento de todo hombre para enriquecerse puede desarrollarse en cualquier momento de su vida.

En realidad, aunque usted aún no sea consciente de ello, tal vez ya se encuentre en camino, sin que importen su edad o su condición, hacia esa etapa crucial que puede cambiar su vida. Lo único que debe hacer es mantenerse atento. Receptivo. Los secretos descriptos en estas páginas pueden constituir para usted el giro decisivo que han experimentado la mayoría de los hombres ricos. A estos "self-made men" los hemos elegido en dominios diferentes, variados, de manera que puedan inspirarlo a usted y servirle de ejemplos en su esfera de acción. Por supuesto, era imposible que diez hombres abarcaran ellos solos todos los campos de la actividad económica. Sin embargo, hay algo interesante: las cualidades que los caracterizan y los principios que los animan valen para todas las actividades humanas. Usted no tendrá más, entonces, que aplicarlos, cosa para la cual lo ayudaremos nosotros. Nuestra galería, como lo comprobará, está formada en su mayor parte por hombres que usted conoce bien. Muchos de ellos son tan famosos que sus nombres han llegado a convertirse en marcas comerciales. No demoremos más en conocer esta lista: Henry Ford, Conrad Hilton, Thomas Watson, Ray Kroc, Soichiro Honda, Walt Disney, Aristóteles Onassis, John Rockefeller, Jean-Paul Getty y Steven Spielberg.

Una "pequeña" idea de la inmensa fortuna de estos hombres...

¿A cuánto asciende la fortuna de estos hombres, exactamente? Jean-Paul Getty dijo un día, y con razón, que un hombre que no puede saber el valor exacto de su fortuna no es un hombre verdaderamente rico. Ahora bien, todos los hombres que hemos analizado eran verdaderamente ricos. Sin embargo, la pregunta es difícil de responder. Lo que torna complicada la estimación de sus fortunas es que la mayoría de estos hombres posee o ha poseído conjuntos de acciones muy complejas que hacen que sus fortunas sean fluctuantes. Muchos de ellos incluso acostumbran cultivar el secreto y huir de la publicidad. El ejemplo más elocuente de esta tendencia —que en algunos llega a la manía, como en el caso de Howard Hughes— es el de Jean-Paul Getty. Cuando la prestigiosa revista estadounidense *Fortune* publicó en 1957, a continuación de una encuesta minuciosa, la lista de los hombres más ricos del mundo, se estableció que él llegaba al primer lugar. Pero incluso en esa oportunidad logró conservar el anonimato. El gran público lo ignoraba todo de él. Se cuenta que uno de sus antiguos compañeros de colegio, con quien se encontró un día por casualidad cuando ya era todo un millonario, le preguntó para quién trabajaba. Es una anécdota sabrosa.

Pese a esta discreción casi inevitable, se sabe que la fortuna de estos hombres es enorme, prodigiosa. Por supuesto, es posible que existan otros hombres que puedan ser considerados más ricos que ellos. Como los magnates de la OPEP, por ejemplo, cuyos ingresos semanales se calculan en millones. Pero, como esas personas son desconocidas para la mayoría del gran público, quizás no suscitarían un interés tan intenso. Lo que tienen de apasionante los diez hombres que hemos elegido es que han realizado lo que comúnmente se llama "el sueño americano" cuando aún era posible, cuando se podía partir de la nada y amasar una fortuna colosal con la sola fuerza de su mente y su determinación.

Aunque casi todos los hombres estudiados son estadounidenses, la aplicación de sus principios es universal y válida para otros países y otras culturas. Si estudiáramos a millonarios de otras nacionalidades, seguramente llegaríamos a las mismas conclusiones. Por otra parte, la obra de Dominique Frischer, *Les Faiseurs d'argent* (Los hacedores de dinero), consagrada a hombres ricos franceses, confirma nuestra hipótesis de la universalidad fundamental de los principios que llevan a la riqueza. Los Claude Bourg, Bernard Tapie, Marcel Dassault, Jéan-Pierre Colbert, Maurice Bidermann, Yves Rousset-Rouard, Jean-Paul Bücher no han hecho su fortuna inspirándose en principios diferentes de los de los estadounidenses.

Todos los hombres que hemos escogido pueden considerarse no sólo multimillonarios sino archimillonarios. A excepción de Ray Kroc, que al morir poseía 350 millones. Pero el crecimiento de McDonald es tan prodigioso como ejemplar, así como su promotor. Aclaremos que, para nosotros, el término de "archimillonario" se aplica a las personas que poseen de mil millones de dólares en adelante. Algunos de los hombres que hemos estudiado son varias veces archimillonarios. Por ejemplo, los herederos de Jean-Paul Getty se disputan en la actualidad la suma de cuatro mil millones, suma nada banal por cierto. En 1947, cuando murió, Henry Ford poseía una fortuna personal evaluada mucho más allá de mil millones. Si se considera que desde entonces han pasado más de cuarenta años, la suma debe alcanzar hoy cifras fenomenales, pues la fortuna de sus herederos no ha cesado de prosperar. En 1960, la compañía Ford era considerada la segunda empresa más grande del mundo. En 1970, contaba con 432 mil empleados, y la masa salarial era de 3.500 millones de dólares. Onassis, el rico armador griego, también era varias veces archimillonario. Lo mismo podría decirse de varios de los hombres que hemos analizado.

Aquí hemos de hacer un pequeño paréntesis para darle una idea de la fortuna de esos hombres. Se trata, en verdad, de auténticas megafortunas, cuya amplitud es difícil, si no imposible, de concebir. Un millonario simple, es decir alguien que posee un millón de dólares, vive en general de una manera lujosa, que lo distingue de quienes lo rodean. ¿Pero qué decir de una fortuna de diez millones? Tenga en cuenta que, para amasar una fortuna semejante, un simple asalariado debería ahorrar cien mil dólares por año durante cien años. Lo cual no es tarea fácil, sobre todo pensando en que, para realizar tal hazaña y seguir viviendo y pagando cuentas e impuestos hay que ganar cerca de trescientos mil dólares.

Diez millones es ya una linda suma. ¿Entonces qué decir de cien millones, de mil millones? Esto supera el entendimiento. Dicho esto, aclaremos que la presente obra no tiene por objeto subrayar, como lo hacen los medios sensacionalistas, las extravagancias de estos hombres, si es que las tienen. Para nosotros, la inmensidad de su fortuna tiene un solo sentido: prueba, fuera de toda duda, su capacidad excepcional para hacer dinero, y la eficacia de sus métodos.

A este respecto, debemos agregar la siguiente observación: si la mayoría de los diez hombres ricos fueron reservados en cuanto a la evaluación de su fortuna, se mostraron, en cambio, muy abiertos acerca de la filosofía que los llevó al éxito.

Varios han redactado sus Memorias, en las cuales consignaron de algún modo su testamento espiritual. Los que no lo hicieron así, por lo general, se mostraron abiertos a los periodistas y concedieron entrevistas profundas. Y sus colaboradores más íntimos tuvieron oportunidad de impregnarse de su filosofía.

Evidentemente, esto facilitó nuestra tarea y, por lo tanto, nuestro riesgo de cometer errores de interpretación fue menor. Cuando un hombre riquísimo confía que el gran secreto que lo condujo al éxito se debe a tal fórmula, nosotros escuchamos. Sus palabras valen su peso en oro, literalmente. Joseph Kennedy, padre del malogrado Presidente de los Estados Unidos, a quien un estudiante le hizo la pregunta "¿Por qué es usted rico?", respondió así, propinándole una verdadera ducha fría: "¡Soy rico porque tengo mucho dinero!" Y es verdad que lo era, pues poseía una fortuna de unos 360 millones. Pero era poco locuaz en cuanto al modo como había llegado a amasar esa suma. Afortunadamente, los hombres sobre quienes hemos dirigido nuestra admirada atención no dudaron, como nosotros mismos lo comprobamos, en declarar la filosofía esencial de su riqueza, para que otros puedan beneficiarse también.

¡Lo que este libro puede hacer por usted!

"¡Un viaje de diez mil pasos comienza con un paso!", dijo un viejo sabio chino. Al leer este libro, usted ya ha dado el primer paso hacia la riqueza. Y lo que tiene de interesante esta obra es que le aportará precisamente lo que usted busca. No todo el mundo puede llegar a millonario. Para decirlo de otra manera, digamos que, aunque a todo el mundo le gustaría serlo, no todos están dispuestos a hacer los sacrificios necesarios para conseguirlo. Inútil es aclarar que los que llegaron a archimillonarios, como los hombres que hemos estudiado, trabajaron como burros y tuvieron que sacrificar buena parte de los placeres ordinarios de la existencia. Pero en la vida todo es cuestión de elección. Y este libro le permitirá no sólo clarificar sus elecciones, sino saber verdaderamente lo que usted desea hacer, y realizarlo.

Muchas personas acarician el sueño de doblar sus ingresos. De ese modo no se tornarían necesariamente ricos, pero se sentirían bien, podrían pagarse un poco de lujo al que tienen derecho, tomar vacaciones más seguido, cambiar de coche todos los años... Este libro le enseñará cómo conseguirlo.

Tal vez usted se encuentre desempleado, como miles de personas, o se sienta insatisfecho con su trabajo o la profesión que ejerce en la actualidad. Una vez más, este libro acudirá en su ayuda de una manera clara y simple. Porque, por más que uno piense lo contrario, y pese a los tiempos "difíciles" que vivimos (desde que el mundo es mundo los hombres repiten esta expresión de "tiempos difíciles", equivocadamente, como lo veremos), pese al desempleo y la inflación, usted puede encontrar el empleo ideal. Más rápido de lo que cree. Pese al prejuicio por desgracia tan expandido de que, en la vida, no siempre podemos hacer lo que nos gusta, usted puede ejercer un oficio o una profesión que de veras lo colme. ¡Tiene el derecho de hacerlo! En el fondo, veremos que ¡es incluso un deber!

Quizás ambicione usted volverse rico, acceder al rango de los millonarios. Es un deseo legítimo. Y muy posible. El Club de los Millonarios no es un club cerrado. Sólo depende de usted hacerse socio. Todos los años, en los Estados Unidos y en Francia, miles de individuos franquean alegremente el codo del primer millón. Las páginas que siguen le permitirán unirse a ellos. En muchos casos, en un tiempo mucho menor de lo que usted cree. Pues vivimos en una época maravillosa. Los cambios son rápidos, se crean constantemente necesidades nuevas. El que hace gala de oportunismo puede amasar rápidamente una fortuna.

Tal vez usted desee obtener un aumento en su salario o el ascenso que espera y merece desde hace tiempo, y que, sin embargo, le rehúye misteriosamente, mientras todos sus colegas menos dotados suben fácilmente los peldaños de retribuciones más generosas. Aquí verá cómo maniobrar mejor, y cómo utilizar ciertos principios para conseguir de manera casi mágica lo que usted desea. Obtendrá entonces, en el mundo y en la vida, el lugar que se merece.

Y si es usted ya una persona adinerada y quiere hacer prosperar su capital, esta obra le resultará igualmente provechosa. Sin duda usted aplica ya algunos de los principios que se exponen aquí, pues ha alcanzado un nivel respetable de éxito. Pero la exposición sistemática de las fórmulas del éxito le permitirá ir aún más lejos. Y más rápido. No olvide que al leer este libro, y al impregnarse de las normas que en él se dictan, se beneficiará con la experiencia de diez de los hombres más ricos del mundo. Podrá multiplicar casi al infinito su potencial y su riqueza. Estos hombres ilustres y ricos se le tornarán familiares, tanto que podrá pedirles consejo en cualquier momento (cosa que le aconsejamos hacer, para el gobierno de sus negocios). Así podrá usted preguntarse, ante determinada situación espinosa: "¿Qué habría hecho Onassis en un caso semejante?, ¿Cómo habría resuelto Conrad Hilton este problema financiero?, ¿Cómo habría hecho Rockefeller para disminuir los costos de esta operación?, ¿Cómo habría hecho Thomas Watson para motivar a mis vendedores menos entusiastas?"

Un enano que salta a la espalda de un gigante va más lejos que el que lo lleva. Pese a la modestia de su estado actual, al escuchar los consejos de estos diez hombres que irá descubriendo, tendrá la oportunidad de alzarse a alturas inigualadas. Y al mismo tiempo su visión de la vida se modificará profundamente: se ampliará. Usted verá más lejos. Se volverá más grande.

"Denme un punto de apoyo —dijo Arquímedes refiriéndose a la palanca— y levantaré el mundo". Para hacer fortuna, hace falta una palanca. Pero poca gente la conoce. Usted la descubrirá en estas páginas, y no será el único en accionarla. ¡Los diez hombres más ricos del mundo le servirán de punto de apoyo, para que usted pueda levantar una montaña de oro!

Dicho esto, y antes de abordar el primer capítulo, debemos hacer una advertencia. Encontrará usted aquí numerosos consejos para iniciar empresas y desarrollar el arte de administrarlas y hacerlas prosperar. No obstante, de ningún modo deseamos empujar a los lectores a abandonarlo todo para emprender un negocio propio. Por desgracia, no todo el mundo puede funcionar bien de esta manera. Hay que tener una personalidad idónea y sentir una suerte de vocación. Si usted siente este llamado, ningún problema. Este libro sabrá guiarlo. En el caso contrario, le permitirá mejorar considerablemente su condición material, sin comprometer su seguridad fundamental.

Le sugerimos leer esta obra primero en forma completa. Todos los capítulos le interesarán. Se los ha concebido de modo que ofrezcan un método progresivo, es decir, que hemos procedido por etapas, cada una de las cuales conduce a la siguiente. Por lo tanto es preferible no saltar ningún capítulo.

Después de una primera lectura, reléalo, con un lápiz en la mano. No vacile en acudir a él cuando se encuentre en algún problema. E incluso simplemente para refrescarse la memoria cuando lo necesite. Subraye los pasajes y los principios que le han llamado particularmente la atención.

Una segunda observación antes de emprender la primera etapa: si bien algunos de los consejos prodigados en esta obra le parecerán originales y sorprendentes, otros quizás le resulten banales. Pero no se deje engañar por las apariencias. Los diez grandes ricos estudiados no han dejado de hacer hincapié en estos consejos. Y, sobre todo, no han dejado de aplicar los principios que descubrieron. Mejor aún, fue gracias al rigor y a la intensidad con que aplicaron esos principios que obtuvieron el éxito. Si desea mejorar su condición económica, usted debe hacer lo mismo. Por lo tanto, no se deje engañar por la aparente simplicidad de ciertos principios. Reflexione. ¿Los aplica ya? ¿Forman parte real de su existencia, de su trabajo? Esta es sin duda una de las mejores disposiciones mentales para abordar la lectura de este libro.

¿Por dónde comenzar?

La condición *sine qua non* para enriquecerse

La pregunta que figura en el encabezamiento de este capítulo (¿Por dónde comenzar?) es sin duda la que más naturalmente viene a la mente cuando uno desea enriquecerse, no importa cuánto, es decir para aumentar modestamente los propios ingresos o para convertirse directamente en millonario. ¿Por dónde comenzar, en efecto? El mundo es muy vasto. Y las preguntas que nos vienen a la mente son muy variadas.

LA PRIMERA CONDICIÓN ES CREER QUE UNO PUEDE ENRIQUECERSE

Esto podrá parecerle una perogrullada, pero deténgase a pensar un instante. La educación, la sociedad y nuestro propio condicionamiento intelectual, nuestro pensamiento, por lo general, y por desgracia, más teñido de negativismo que de optimismo, nos inclinan a creer que la riqueza y la buena vida, sólo son para los otros. No pasa un día sin que uno oiga repetir a alguien que no hay que soñar sino ser "realista", y otras fórmulas del mismo tipo que producen los efectos más deplorables en las mentes desprevenidas. Es por esta razón que el éxito queda limitado a una elite y la riqueza parece un coto reservado. Sin embargo, no es así. Y, si la riqueza es un coto reservado, sólo lo es en la mente de las personas que de él se excluyen. En verdad, es evidente que todos los que se han enriquecido, en primer lugar creyeron que podían hacerlo.

Reflexione en este concepto que, tal como se lo advertimos en la introducción, a primera vista puede parecer banal. Quizás le asombren los resultados de la breve introspección a la cual le sugerimos entregarse. No tenga miedo de profundizar. En cada ser existen regiones de sombras y dudas.

No sólo debe usted convencerse profundamente (en el próximo capítulo descubriremos el maravilloso arte de la autosugestión) de que es posible enriquecerse según sus aspiraciones y necesidades, sino que, además, es fácil. Mucho más fácil de lo que cree. En realidad todos los días se le presentan miles de ocasiones; ideas lucrativas le acuden a la mente sin que usted las aproveche ni las concrete. Ya veremos cómo desarrollar su olfato y aguzar esa suerte de sexto sentido que les ha permitido a todos los hombres ricos amasar su fortuna. Estas cualidades, usted ya las tiene, dentro de usted. Sólo que no conoce su existencia y por lo tanto no ha aprendido a utilizarlas.

Otra observación viene naturalmente a continuación de este principio. Le parecerá sorprendente. Y, sin embargo, es innegable:

En la vida hay mucha gente (si no la gran mayoría) para la cual el fracaso se ha convertido en una especie de hábito. Ahora bien, el hábito se torna verdaderamente una segunda naturaleza. Uno se apega a todo, incluso a las cosas desagradables. En el caso de un hábito de fracaso, se torna catastrófico. Hay que comprender que, en el fondo, no es más difícil tener éxito. Es, simplemente, una programación diferente. El subconsciente no encuentra obstáculos para esto; para él, el trabajo y el esfuerzo son los mismos. El programa es completamente diferente. Deténgase a pensar un momento. ¿No hace falta una operación muy compleja y una fantástica conjugación de circunstancias para llegar infaliblemente a un fracaso cada vez que se intenta algo? ¿Para no ver todas las buenas oportunidades? ¿Para evitar conocer a todas las personas que podrían ayudarnos a subir los escalones del éxito? ¿Para juzgar como malas todas las ideas que se nos ocurren y que podrían resultar infinitamente lucrativas? ¿Para hacer cada vez los gestos necesarios para fracasar? También esto es complejo. Su subconsciente no ve en ello ninguna dificultad complementaria. En el capítulo siguiente analizaremos en mayor detalle el papel de infinita importancia que desempeña el subconsciente en el éxito.

Para ayudarlo a completar su introspección, le ofrecemos un breve análisis de las razones (por no decir excusas) que suelen evocar los que no creen ser capaces de enriquecerse.

¿Cuántas veces oímos repetir esta frase? Para algunos tiene casi un valor de dogma, pues excusa su inacción y atenúa, al menos a sus ojos, su falta de éxito o sus fracasos. Prejuicio deplorable, se lo ve desmentido a diario. ¿Sabía usted, por ejemplo, que todos los días, en los Estados Unidos, un promedio de cuarenta personas se vuelve millonario por primera vez? ¡Así es! 15.000 personas por año se unen a las filas de los millonarios. En Francia y en Canadá, el enriquecimiento es ligeramente inferior, pero casi tan espectacular. Estas cifras llevan a reflexionar, ¿no lo cree usted? Y si hay 15.000 personas que se vuelven millonarias en un año en los Estados Unidos, ¿cuántas le parece a usted que alcanzarán el medio millón, o el cuarto de millón? Sin duda, una cantidad aún más impresionante.

Sin embargo, la mayoría de la gente sigue repitiendo que las condiciones actuales no son fáciles, con el desempleo, la inflación y la existencia de multinacionales omnipresentes que acaparan todos los mercados. Otro prejuicio erróneo que desmienten, por ejemplo, las estadísticas estadounidenses. Así, en los Estados Unidos, hacia la década de 1950, las pequeñas empresas se creaban a un ritmo de 93.000 por año. En 1984, la creación anual de pequeñas empresas se eleva a la cifra espectacular de 600.000. Por lo general, estas nuevas firmas generan empleos y benefician a los que conservan el nivel de empleados.

La objeción que afirma que era más fácil hace treinta o cincuenta años, ya la han oído la mayor parte de los que alcanzaron el éxito, no sólo después de hacer fortuna sino también en sus comienzos. Afortunadamente, no se dejaron impresionar. Jean-Paul Getty, cuya fascinante existencia descubriremos en las páginas siguientes, relata en su apasionante obra *Volverse rico* :

"Toda persona que ha alcanzado el éxito oye la misma pregunta por parte de las personas que conoce: '¿Cómo podemos hacer para lograr lo mismo que usted?'

"Cuando les cuento cómo comencé a establecer las bases de mi propia empresa como operador de perforaciones hace cuatro décadas, habitualmente me replican: 'Pero usted tuvo suerte, empezó sus negocios en una época en que todavía era posible hacer millones; hoy no podría hacer lo mismo, nadie podría'.

"No puedo evitar sentirme desconcertado por la predominancia de esta actitud negativa y, en mi opinión, errónea en personas de cierta inteligencia. Con toda seguridad existe una cantidad enorme de hechos que prueban que los jóvenes dinámicos, imaginativos y despiertos tiene más ocasiones de alcanzar la riqueza y el éxito en los negocios en la actualidad que antes. En estos últimos años innumerables jóvenes listos y agresivos han logrado hacer fortuna en una gran diversidad de iniciativas comerciales." Además, Jean-Paul Getty confió a un joven público, no sin cierta nostalgia, que le gustaría estar en el lugar de ellos para poder comenzar todo otra vez desde cero, confirmando con ello su certeza de que es muy posible llegar a millonario en estos tiempos.

NO SÓLO ES POSIBLE SINO QUE ES MÁS FÁCIL
HACERSE RICO HOY QUE EN EL PASADO

Todos los hombres que triunfaron ayer triunfarían hoy, de la misma manera, si no de manera aún más espectacular. Como ya lo veremos más adelante, no son tanto las circunstancias exteriores (en todo caso, en las sociedades libres) como la actitud mental y la fuerza de carácter lo que determina el éxito de un hombre. En realidad, en nuestra sociedad el cambio es tan acelerado que las fortunas más prodigiosas, que en el pasado habrían demorado décadas en formarse, hoy se constituyen en apenas unos años. ¿Sabía usted, por ejemplo, que la firma Apple, productora de famosas computadoras, posee un capital estimado de más de 1.700 millones de dólares después de sólo siete años de existencia, y que su cofundador y presidente (dueño de siete millones de acciones personales en la sociedad), Steven Paul Jobs, no tiene más que 27 años?*

Es la prueba viviente de que hoy todavía pueden constituirse fortunas colosales, y a un ritmo asombroso. Las cifras están ahí para probar que el sueño es realizable. Entonces, ¿por qué ha de ser diferente para usted?

¿POR QUÉ NO USTED?

¿Encuentra una razón "razonable" por la cual usted no podría hacer dinero? ¿En cantidad importante?

---

* En el momento de escribir estas líneas, la compañía Apple pasaba por ciertas dificultades, debidas sobre todo a problemas de gestión. La rapidez de su éxito no resulta por eso menos asombrosa.

Tal vez se deba a que, aunque usted no lo admita abiertamente, piensa secretamente que...

¡Usted es demasiado joven!

"En las almas bien nacidas —dice el verso famoso—, el valor no presta atención a la cantidad de años." El ejemplo del presidente de Apple acaba de probarle que se pueden amasar varios millones antes de los treinta años. Jean-Paul Getty alcanzó su primer millón a los 23. En cuanto a Steven Spielberg, el actual príncipe de Hollywood, el genial realizador de *Tiburón, Encuentros cercanos del tercer tipo* y *E.T.*, ¡fue millonario a los 35 años! Abundan los ejemplos de fortunas precoces. Que la juventud no sea, entonces, un obstáculo. A menudo puede ser una ventaja. Su falta de experiencia puede quedar recompensada por su audacia, su instinto y su originalidad.

Una de las objeciones que por lo general se vincula con la juventud es la falta de experiencia. Ya conocemos este embarazoso círculo vicioso: para tener experiencia hay que trabajar, pero para trabajar hay que tener experiencia. No obstante, no todos los empleadores parten de esta filosofía. Muchos confían en la juventud y están dispuestos a dar una oportunidad a los jóvenes. Muchas compañías prefieren asegurar de manera completa la formación de sus empleados y no les preocupa en absoluto que no cuenten con la experiencia adecuada. En cuanto a los que desean iniciar un negocio propio pero no poseen la experiencia, la historia muestra que la mayoría de los hombres muy ricos aprendieron su oficio "sobre la marcha" y que comenzaron sin experiencia alguna.

¡Usted ya no tiene edad para enriquecerse!

¿Sabe usted a qué edad comenzó a hacer mucho dinero Ray Kroc, el propietario de la cadena McDonald? Después de los cincuenta años. Quizá le sorprenda, pero una cosa es cierta: si a los 45 años hubiera abandonado, si hubiera dejado de soñar y de creer en su buena estrella, no sólo jamás habría llegado a ser una persona conocida, sino que jamás se habría hecho rico. Su ejemplo, que más adelante tendremos ocasión de profundizar, resulta elocuente, sobre todo para aquellos que consideran que, pasada una cierta edad, las probabilidades de éxito son nulas. Por desgracia, hay muchas personas aún jóvenes y fuertes que piensan que son demasiado viejas para triunfar. Tienen la impresión de que no había más que un tren y lo han perdido. Además, ésta es un poco la reacción de la gente ante un éxito tardío, como el de Ray Kroc. Este último confía en su autobiografía, que redactó hacia el final de su vida y en la que expone su filosofía, que coloca la perseverancia ante todo, incluso antes que el talento y el genio:

"La gente se quedaba maravillada de que no hubiera comenzado McDonald antes de los 52 años y de que alcanzara el éxito de un día para otro. Pero yo era simplemente como muchas de esas personalidades del mundo del espectáculo que hacen su número en la sombra durante años hasta que un día, de pronto, se les presenta la oportunidad y les llega la gloria. Así fue exactamente mi éxito, de un día para el otro; ¡mis treinta años de preparación representan una noche larguísima!"

En su obra *Los archimillonarios* , Max Gunther hace, acerca de la relación entre la edad y el éxito, una reflexión interesante que sorprenderá a más de uno:

Como regla general se encuentra que los hombres que conocieron grandes éxitos tienen tendencia a ser rezagados. Probablemente la atracción del éxito existía ya en ellos durante el período escolar, pero no llegó a expresarse en el ambiente de la escuela. Tienen tendencia, en la mejor de las hipótesis, a ser chicos no muy despiertos, y en la peor, a ser burros totales. Recién en la tercera década de su vida, entre los veinte y los treinta años, la mayoría de ellos muestra las señales que van a diferenciarlos de los otros. Es como si dormitaran hasta la aproximación de los cuarenta años."

Estas dos citas contienen grandes enseñanzas que ya tendremos ocasión de desarrollar en las páginas que siguen. La confidencia de Ray Kroc es, evidentemente, un elogio de la perseverancia. Pero explica sobre todo los mecanismos secretos. En un éxito, no hay nada que sea fruto del azar. Muy a menudo, como ya lo veremos, un éxito espectacular sigue a un fracaso o una serie de fracasos. En casi todos los casos, es así. Sólo que los fracasos que preceden al acceso al éxito y a la fortuna no llaman la atención y se olvidan pronto. Del mismo modo, hay largos esfuerzos preparatorios para el éxito que permanecen en la oscuridad. De lo cual extraemos la impresión, equivocada, de que la fortuna llega de la noche a la mañana.

En cuanto a las reflexiones de Max Gunther, son alentadoras y muestran no sólo que se puede triunfar tardíamente sino que muchos de los hombres que han triunfado no manifestaron de manera precoz su predisposición para hacer dinero e incluso fueron chicos "lentos". Una investigación realizada por Napoleon Hill entre miles de hombres estableció que la mayoría de ellos comenzaron realmente a hacer dinero a partir de los cuarenta años. Entonces, que se tranquilicen los que tienen esa edad y aún no han triunfado. Quizás sea precisamente éste el momento de comenzar a recoger los frutos de sus esfuerzos anteriores.

¿Y las vicisitudes de la edad? objetará usted. La enfermedad, por ejemplo, ¿no es un obstáculo para el éxito? Por supuesto, puede serlo en cierta medida. Pero permítanos citar de nuevo a Ray Kroc. Su confesión es extremadamente emocionante y dará renovado coraje a mucha gente.

"Al volver a Chicago ese día fatídico de 1954, llevaba en el portafolio un contrato recién firmado por los hermanos McDonald. Yo era un veterano cubierto de cicatrices, secuelas de la guerra de los negocios, y sin embargo estaba impaciente por entrar en acción. Tenía 52 años, era diabético y sufría un principio de artritis. En campañas anteriores había perdido mi vesícula biliar y la mayor parte de la glándula tiroides. Pero estaba convencido de que todavía tenía por delante los mejores años de mi vida."

Antes de decirse que se es demasiado viejo para triunfar o que se padece de problemas de salud realmente serios, relea al menos una vez esta cita. Actuará a la manera de un tónico. Ray Kroc murió a los 75 años y vivió activo hasta la víspera de su fallecimiento. El trabajo no mata. El ocio sí suele ser mortal, como lo demuestran las muertes de los que se jubilan antes de tiempo. Además, hay nume-

rosos casos de hombres y mujeres que han emprendido tardíamente una segunda o tercera carrera
muy lucrativa, a veces la más lucrativa de su vida.
Jamás crea que es usted demasiado viejo. No le dé
la espalda a su porvenir. No importa su edad,
aunque sea muy avanzada; para repetir la vieja
fórmula, cada nuevo día debe ser el primer día del
resto de su vida. Vista desde este ángulo, la edad se
torna un factor secundario. Además, los diez hombres que hemos estudiado, con excepción de Steven
Spielberg, que aún es joven, trabajaron hasta muy
avanzada edad.

NO LE DÉ LA ESPALDA A SU PORVENIR

Los años que ha vivido, las experiencias que ha
acumulado, incluso si algunas han sido fracasos,
son una herencia cuyo valor tal vez usted subesti-
me. En el *best-seller* internacional *El más grande
vendedor del mundo* hay un fragmento inspirado
que toca este tema. Nos permitimos citarlo:

"Viviré este día como si fuera el último."

"¿Y qué haré de este precioso día que me queda
de vida? Ante todo, sellaré este contenedor para
que no se pierda en la arena ni una sola gota de vida.
No desperdiciaré ni un momento de este día lamen-
tándome de las desgracias de ayer, los defectos de
ayer, los tormentos de ayer. Pues, ¿acaso el bien no
sale del mal?"

"¿Puede la arena subir en el reloj de arena?
¿Puede el sol levantarse donde se pone? ¿Y ponerse
donde se levanta? ¿Pueden borrarse y corregirse los
errores de ayer? ¿Puede cicatrizar la herida de ayer
y tornarse salud? ¿Puedo ser más joven que ayer?

¿Puedo anular las palabras malas que se dijeron, los golpes que se asestaron, los sufrimientos que se infligieron? ¡No! Ayer está muerto y enterrado para siempre y jamás pensaré en él."

"Viviré este día como si fuera el último."

¡No tengo capital!

Esta objeción, ¿cuánta gente la ha repetido? Para muchos que sueñan con montar un negocio, parece ser un obstáculo mayor. Y sin embargo, ¿sabía usted que en sus comienzos los diez hombres más ricos del mundo no tenían un céntimo en el bolsillo? (Hagamos de inmediato las aclaraciones siguientes: Aristóteles Onassis provenía de una familia rica, pero jamás disfrutó del dinero paterno; Getty heredó de su padre medio millón de dólares, pero cuando pudo disponer de esa suma ya se había hecho millonario; por lo demás, si se compara esta suma con la inmensa fortuna que acumuló, podemos seguir afirmando que, en cierto modo, partió de la nada.) Y, no obstante, esta falta de dinero no fue un obstáculo para esos hombres. Es cierto que habían amasado una suma inicial de tres mil o cinco mil dólares, como Conrad Hilton, pero ¿quién no es capaz de ahorrar una suma tan irrisoria en estos tiempos? De hecho, no sólo la experiencia de los diez hombres riquísimos, sino la de miles de millonarios, ha demostrado fuera de toda duda que el dinero no cuenta al principio. Lo importante es encontrar una buena idea y tener la adecuada actitud mental, dos puntos sobre los que volveremos más adelante.

Fuera de algunas excepciones —Jean-Paul Getty, que se recibió en Oxford, la prestigiosa universidad inglesa—, los hombres ricos cuyas vidas hemos estudiado no contaron con el beneficio de un alto nivel de educación. Incluso la mayoría fueron "burros" en la escuela. Algunos alimentaban una verdadera aversión por colegios y universidades, aversión que no se apaciguó ni siquiera en la adultez. Hay miles de hombres que llegaron a enriquecerse pese a tener limitados estudios. Por el contrario, y como lo veremos más adelante, si bien no eran "instruidos" en el sentido tradicional de la palabra, sí conocían a fondo la rama de actividad en la que hicieron fortuna. Ya volveremos sobre esta distinción capital.

Paralelamente a la falta de estudios, a menudo se invoca la ausencia de talento o el sentimiento de no ser lo bastante inteligente. A estos pensamientos hay que combatirlos con todo vigor. Todo el mundo tiene al menos un talento, una pasión, un hobby que puede tornarse lucrativo si se lo utiliza de la manera correcta. Ya veremos cómo. En cuanto a su potencial intelectual, no cometa nunca el error, infinitamente perjudicial —es el error más costoso que pueda cometer—, de creer que usted no es lo bastante inteligente. Simplemente no sabe utilizar adecuadamente su inteligencia. Cada ser humano dispone de un potencial considerable aunque en general no lo explota más que en una ínfima parte. Los hombres que se hicieron ricos aprendieron a utilizar sus poderes interiores. Sobre todo, aprendieron a utilizar una capacidad accesible a todos. En su obra *Los hacedores de dinero* , Dominique Frischer se muestra de nuestro mismo parecer en cuanto a las facultades intelectuales de los triunfadores. Dice: "Tal vez por modestia, ninguno pretende poseer una inteligencia superior ni se describe como un superdotado a quien sólo la fatalidad le ha impedido convertirse en un genio universal. Ninguno pretende disponer de esa inteligencia metódica que va de la mano con el rigor intelectual aprendido en las universidades para explicar su éxito, pero todos se refieren a una calidad de percepción más instintiva, más irracional: la intuición". En *What They Don't Teach at Harvard Business School* (Lo que no enseñan en la facultad de Comercio de Harvard), Mark McComarck relata la siguiente anécdota, que, además de divertida, es muy instructiva y sin duda sabrá quitar complejos a muchas personas: "Se trata de la historia de dos amigos que se encuentran en la calle después de no verse durante veinticinco años. Uno, primero de su promoción, era subdirector de la sucursal de un banco. El otro, cuya inteligencia no maravillaba a nadie, poseía su propia firma y era varias veces millonario. Cuando su amigo le preguntó el secreto de su éxito, le respondió que era muy simple: 'Compro un producto de 2 dólares y lo vendo a 5. Es asombroso todo el dinero que se puede hacer con un beneficio de 3 dólares'."

Y el autor concluye: "No tengo ningún prejuicio contra la inteligencia, ni siquiera contra los diplomas de estudios superiores, pero todo eso no puede reemplazar al sentido común, la intuición psicológica y la sabiduría popular."

No se puede decir lo mismo de todos los hombres ricos que hemos estudiado. Algunos tenían una marcada aversión por los diplomas de estudios superiores. Así, Soichiro Honda abandonó la escuela muy temprano pero más tarde siguió cursos universitarios para perfeccionar ciertos conocimientos (notemos, sin embargo, que nunca obtuvo un diploma; se negaba a dar exámenes pues afirmaba que ya tenía bastante con los exámenes que le hacía pasar su industria); pero ante sus éxitos espectaculares uno de sus profesores confesó años después que Honda fue su error pedagógico más grande. Honda parecía no preocuparse en absoluto por los diplomas, de los cuales dirá en su autobiografía: "Un diploma es menos útil que una entrada de cine. Con una entrada de cine uno puede al menos entrar en la sala y pasar una buena velada; pero con un diploma, no se está muy seguro de poder entrar en la vida".

Thomas Edison no estudió más que hasta tercer año. Su profesor, cuyo nombre no fue retenido por la posteridad, estaba absolutamente convencido de que su joven alumno era un ser totalmente desprovisto de inteligencia. Sin embargo, Edison llegó a ser uno de los más grandes inventores de la humanidad. Si se hubiera atenido al juicio de su "brillante" profesor, no sólo su destino no habría sido el mismo, sino tampoco el de toda la humanidad, ¡y quizás ahora usted estuviera leyendo este libro a la luz de una vela! Edison era cabeza dura y su madre creía en su talento. Por desgracia, no ocurre así con todos. ¿Cuántas personas han echado a perder su vida gracias al comentario injustificado de un profesor, un padre o un mal amigo? En el capítulo siguiente estudiaremos los mecanismos secretos de la mente y veremos cómo podemos recrearnos una imagen totalmente nueva y conforme a nuestras aspiraciones profundas, pues todos pueden desarrollar con facilidad una personalidad de hombre rico.

¿Hay que tener un talento innato para hacerse rico?

Muchas personas se condicionan negativamente y se persuaden de que no tienen lo que hace falta para escapar a la mediocridad de sus condiciones. Además, justifican —y por desgracia aceptan— su falta de éxito diciéndose que, de todos modos, han nacido bajo una mala estrella, mientras que otros nacen para ser ricos. La pobreza parece una tradición en su familia, por no decir un atavismo, un rasgo que se hereda de una generación a la otra, como el color de los ojos o el pelo. En defensa de esta gente hay que decir que a veces es más difícil imaginar que un día se será rico cuando uno está inmerso en un medio muy modesto. La imagen que uno se hace de sí mismo y de la vida en general está teñida de pesimismo. Los modelos que nos rodean no son siempre muy inspiradores, a menos que nos sirvan de empujón para ir en la dirección contraria. Y, sin embargo, muchos hombres ricos han salido de familias muy pobres. Sólo hay que pensar en el destino de uno de los actores más ricos de la historia, Charles Chaplin, que pasó su infancia vagabundeando miserablemente por las calles de Londres. La humillación de la pobreza y el contacto precoz con las duras realidades de la vida fueron en su caso una palanca sumamente poderosa. En muchas vidas ha intervenido eso que se llama la "frustración creadora", sobre la que tendremos ocasión de volver.

La aptitud para hacer dinero no es una disposición innata. Se adquiere. Se aprende. El hombre más rico del mundo en una época, Jean-Paul Getty, hace una fuerte aclaración a este respecto en su obra *Cómo ser un ejecutivo de éxito*, de la cual le ofrecemos la traducción más fiel posible: "No me entiendan mal. No busco de ningún modo decir que nacemos hombres de negocios en lugar de convertirnos en hombres de negocios. Sería la última persona del mundo en proponer una teoría semejante, pues mi propio ejemplo y mi experiencia me indican que lo más probable es que lo cierto sea lo contrario. Yo no fui en absoluto un hombre de negocios nato. Más bien es cierto lo contrario. Yo no manifesté deseos precoces, ni energía ni talento, para ser un hombre de negocios".

Esta confesión resulta algo sorprendente en la boca de un hombre destinado a convertirse en el más rico del mundo. El tono de sinceridad es innegable; no se percibe en él ninguna coquetería o falsa modestia. La lección que todos deben sacar de esta confesión es la siguiente: si el hombre más rico del mundo confiesa no haber tenido ninguna disposición innata para hacer fortuna, entonces esa falta de talento inicial no puede resultar de ningún modo perjudicial a nadie. Si, sin poseer ningún talento al nacer, un hombre ha podido acumular semejante fortuna ¿hacia qué cimas podrán acceder aquellos que sí cuentan con una predisposición precoz?

Esta excusa es igualmente frecuente. Y puede parecer, a primera vista, trágica o insuperable. En efecto, toda acción, toda empresa, demanda un mínimo de energía, sobre todo psíquica. Un débil nivel de energía tiene inevitablemente por corolario una débil motivación. Parecería que nos hallamos en presencia de un círculo vicioso del cual es imposible escapar. Pero basta una pequeña chispa inicial para hacer explotar la dinamita mental que duerme en cada ser. La energía de cada ser es prodigiosa. Sólo que en algunos no se ha despertado: duerme, sencillamente, esperando a que la estimulen. Esa es la única diferencia entre las personas que triunfan, que atraen al dinero como un verdadero imán, y los que fracasan en todas sus empresas o no conocen más que éxitos apagados. En el próximo capítulo descubriremos los secretos para despertar la energía latente en cada individuo. Describiremos el arte sutil de cultivar la voluntad, la motivación, la fuerza interior. Todas estas cualidades son mucho más accesibles de lo que usted cree. Y son muy necesarias, pues todos los hombres cuya vida hemos estudiado aprendieron a desarrollar esas cualidades y las manifestaron hasta el grado más alto. Para tener éxito, para enriquecerse, todo hombre debe ser enérgico. El nivel de su enriquecimiento y de su rapidez son directamente proporcionales a su energía.

De todos los miedos, el miedo al fracaso es sin duda uno de los más poderosos y, por desgracia, uno de los más difundidos. Este miedo paraliza toda acción. Con frecuencia tiene orígenes profundos en aquellos que lo padecen: los fracasos pasados, una falta de confianza inculcada inconscientemente por los padres, un pesimismo generalizado. Este temor, que a veces se expresa claramente, es casi siempre inconsciente y adquiere máscaras muy sutiles. Así, el sujeto no confesará que tiene miedo a fracasar en sus tentativas por enriquecerse; dirá, en cambio, que no hay que soñar a lo grande, que sólo los ingenuos creen en tonterías como las que dicen los libros que hablan de la riqueza. Estos individuos paralizados por el miedo al fracaso, y a menudo por el miedo puro y simple, son en general campeones de la excusa. Sin duda lograrían un *best-seller* si escribieran un libro titulado *Cómo encontrar una buena excusa.*

Tienen obligaciones familiares, les falta tiempo, ya viven acosados por demasiados problemas en su empleo actual... Si se han quedado sin trabajo, no esperan encontrar uno enseguida, pues hay miles de personas en su situación, con más dotes y mejor experiencia que ellos... Nunca han tenido una buena oportunidad... Nacieron con una mala estrella... Si por lo menos, contaran con buenas relaciones... Si su patrón notara lo que hacen... Si alguien los ayudara a comenzar... Si lograran encontrar una buena idea... Si no tuvieran tantos apuros económicos... Esta lista podría prolongarse casi indefinidamente. Cada una de sus frases es uno de los deplorables síntomas que caracteriza al "eterno excusista", enfermedad que traduce de diferentes maneras el devastador miedo al fracaso.

Evidentemente, si usted no emprende nada, no se arriesga a sufrir un fracaso. Pero tampoco conocerá el éxito. Pues el éxito no llega así, como por milagro. Siempre es el resultado de una acción o una actitud mental positiva. Por lo general, la gente se hace una mala idea del fracaso. ¿Sabía usted que los diez hombres ricos de los que se habla en este libro han sufrido todos el fracaso en uno u otro momento de su vida? ¿Sabía que Thomas Edison tuvo que hacer diez mil tentativas antes de lograr la lamparita eléctrica? ¿Sabía que Abraham Lincoln fracasó dieciocho veces antes de llegar a Presidente de los Estados Unidos? Sin embargo, no crea que estamos haciendo el elogio del fracaso. Todo fracaso puede ser instructivo, al menos si se lo acoge con la actitud mental adecuada. Y en toda empresa humana, una parte de fracaso es inevitable. Sin embargo, como ya veremos en el capítulo 2, el fracaso es a menudo el resultado de una mala programación mental.

¿Por qué ha fracasado usted hasta ahora?

Una de las razones más frecuentes del temor al fracaso, que resulta tan paralizante, es que el sujeto ha fracasado, o al menos ha tenido la impresión del fracaso, en todo lo emprendido hasta determinado momento. Cada nuevo revés ha constituido un refuerzo del sentimiento de fracaso y ha socavado más la confianza en sí mismo. Estas experiencias contribuyen en muchos casos a crear una personalidad de perdedor. Pero esta personalidad de perdedor suele originarse en los fracasos, de manera que la causa y el efecto se confunden, el uno lleva al otro, cada uno es el producto del otro. Se comienza por sufrir fracasos, después se desarrolla una personalidad que fracasa, personalidad que infaliblemente lleva a nuevos fracasos, que a su vez refuerzan esa personalidad de perdedor, que llega a convertirse en una verdadera segunda naturaleza, tan profundamente arraigada que el sujeto que la padece no la advierte, al punto de que llega a creer que la vida es así y no aporta más que fracasos y frustraciones. Para él, los que no comparten su parecer suelen ser hipócritas o imbéciles, o las muy raras excepciones que confirman esta regla absoluta. Es cierto que en nuestro mundo las fuerzas negativas son poderosas y ejercen un poder obnubilante en la mayoría de la gente. De allí la desgracia y la pobreza. Pero existe un círculo de gente feliz que controla su destino. Los *happy few*. Y la verdad es que formar parte de ese círculo depende de usted. En cierto modo, esta obra es una iniciación, que le permitirá convertirse en miembro integrante del círculo que atrae a su voluntad todas las riquezas de la existencia.

¿Por qué ha fracasado usted hasta ahora? Tal vez porque en el fondo de su ser, en los meandros de su subconsciente, así lo desea. Si ése es el caso, si no ha logrado el éxito al que tiene derecho, pregúntese si de veras cree poder salir adelante, si no se siente condenado a una suerte de mediocridad permanente. En el capítulo que demuestra los caracteres de la mente, aprenderemos a lograr esta introspección. Dicho esto, poco importan los resultados de este análisis, no se preocupe. Lo que tiene de tranquilizador el subconsciente es que ninguna programación es irreversible. Hasta la programación negativa más potente y profunda puede ser transformada. Rápidamente. Y por completo. Usted podrá llegar a ser el amo de su mente, el dueño de su destino. Existe en el mundo una ley misteriosa y secreta que no parece sufrir excepción alguna. Cada mente debe tener un amo. Si usted no es el amo de su mente, alguien tomará su lugar y será su amo. Lo mismo ocurre con la vida. Con su vida. Si usted no domina su vida, será ella la que lo domine a usted. Y todo dominio proviene de la mente. Entonces, la elección depende de usted. Muy pronto tendrá los elementos necesarios para hacerlo.

Acabamos de pasar revista a las diferentes razones que, por lo general, le impiden creer que usted puede enriquecerse. Desde luego, hay otras, pero este repertorio no tiene la pretensión de ser exhaustivo. No obstante, convénzase de que todas estas razones, tan plausibles, tan serias en apariencia, no son más que pretextos, excusas.

Probablemente le sorprendan las resistencias íntimas que encontrará. Existe un motivo bien preciso: parece haber, en cada uno de los seres que no forman parte del círculo de los ganadores, un misterioso demonio maléfico que impide percibir las razones del fracaso y la pobreza. Ese demonio no tiene una existencia real. Lejos de nosotros la intención de inclinarnos hacia el lado de la magia. Sin embargo, ciertas personas parecen arrojarse verdaderas maldiciones al repetirse, por ejemplo, que no pueden progresar, que no tienen oportunidad, que seguirán pobres toda la vida. En el capítulo sobre el subconsciente, el poder de las palabras, la fuerza del monólogo interior de la mayoría de la gente quedan claramente demostrados, así como la manera de utilizarlos con buenos fines y para el propio beneficio.

Establezca la lista de las excusas que le han impedido triunfar hasta ahora. Lo importante es que sea totalmente honesto con usted mismo. Esta etapa, la primera, es absolutamente esencial. Se trata, de algún modo, de barrer con todas las viejas creencias que lo empujan a pensar que la riqueza no es fácilmente accesible. Como lo hizo Descartes antes de establecer los principios de la filosofía moderna, use la duda sistemática. Es un desbloqueo necesario.

Lista de las razones (excusas)

_____

_____

_____

_____

_____

Ahora que ha quitado toda duda de su mente, que cree poder enriquecerse (verá que irá convenciéndose cada vez más a medida que progrese en la lectura), debe tomar conciencia de otro principio básico. Una vez más, le parecerá banal a primera vista, y quizá se pregunte por qué diablos le proponemos semejantes perogrulladas. Pero escuche. No se apresure en sus conclusiones. He aquí el principio:

SU SITUACIÓN NO MEJORARÁ SI USTED NO HACE NADA

La mayoría de la gente vive pensando, de manera más o menos mágica, que las cosas se arreglarán, que algún día terminarán los problemas de dinero. Esperan, poco más o menos, un milagro. Tal vez les aumente el sueldo un 5% o un 10 %, si al patrón le va bien. Si se hallan desempleados, esperan vagamente que los vayan a buscar y les ofrezcan el empleo ideal con un montón de dinero. Además de tener ganas de ganar más plata, ¿qué es lo que hace la mayoría de la gente? Algunos piden prestado, lo cual no mejora su situación; por el contrario, así se hunden más. Otros se muestran pacientes y se "ajustan el cinturón". En lugar de adaptar sus ingresos a sus necesidades, adaptan sus necesidades a sus ingresos, por lo general magros. En realidad, comprenderán pronto que no sólo pueden, sino que deben, hacer todo lo contrario: en lugar de adaptar sus necesidades a sus ingresos, usted puede adaptar sus ingresos a sus necesidades.

En lugar de doblegar al mundo según sus deseos, esas personas restringen sus deseos a las "limitaciones" del mundo. Esta filosofía pasiva y "esperatista" (siempre se espera un milagro) es característica de muchos destinos. ¿La extraordinaria y contante popularidad de las loterías no es acaso la mejor prueba de esta actitud? Por lo tanto su situación no mejorará por sí sola. Usted debe actuar. Tome las medidas necesarias. Y cambie su actitud.

NO LO OLVIDE: SU SITUACIÓN NO MEJORARÁ
POR SÍ SOLA, POR ARTE DE MAGIA.

Para mejorar su situación económica, para conseguir un empleo si usted está desempleado, para obtener un aumento de sueldo, para doblar rápidamente sus ingresos o para hacerse millonario, y por qué no archimillonario, es una condición esencial: desear ardientemente una mejoría. Esto debe convertirse en eso que algunos autores denominan su obsesión magnífica.

Un deseo poderoso ejerce un efecto verdaderamente mágico para atraer al dinero. Además, se puede establecer sin vacilación la siguiente ecuación: la rapidez y amplitud del éxito son por lo general directamente proporcionales a la intensidad y la constancia de su deseo. Retenga bien estas dos palabras: intensidad y constancia. Napoleón dijo: "Lo que se desea ardientemente, constantemente, se lo obtiene siempre". El sabía lo que decía. Además, todos los grandes hombres han sido ante todo hombres de deseo y voluntad. Su éxito lo han deseado ardientemente, más que cualquier otra cosa en el mundo. Han hecho de él una suerte de idea fija. Hasta que alcanzaron su meta. Poco importaron los obstáculos que encontraron en el camino.

Muchas personas fracasan en sus tentativas para enriquecerse y sin embargo creen desear realmente una mejoría. Es que confunden anhelo con deseo. El anhelo es algo mucho más difundido. El anhelo es débil, cambiante, pasivo. No desemboca en una acción concreta. El deseo, en cambio, engendra la acción. No sufre demoras. Franquea los obstáculos. Brinda alas. Si usted ha fracasado hasta ahora en sus tentativas de enriquecimiento, plantéese la pregunta: ¿no estaré confundiendo deseo con anhelo?

Un sabio al que un discípulo preguntó qué debía hacer para alcanzar la sabiduría lo llevó a la orilla de un río y le sumergió la cabeza en el agua. Al cabo de unos segundos, el discípulo comenzó a manifestar señales de agitación y a debatirse, pues temía ahogarse. Pero el sabio mantuvo la cabeza del discípulo bajo el agua. Este último se debatía cada vez más. El sabio soltó al fin a su discípulo, justo antes de que se ahogara, y le dijo: "Cuando estabas bajo el agua, ¿qué cosa era la que más deseabas en el mundo?". "Respirar", respondió el discípulo. "¡Bien! Del mismo modo debes desear la sabiduría."

Esta imagen puede aplicarse perfectamente a la riqueza. Sobre todo para el que desea volverse muy rico. La vida nos da aquello que le pedimos sinceramente. Si usted se conforma con una situación mediocre, permanecerá en esa situación. Nadie acudirá milagrosamente en su ayuda para permitirle encontrar un millón de dólares o el empleo ideal. Si usted desea una leve mejoría, no obtendrá nada más que eso, si es que lo obtiene.

Muchos millonarios han conocido una infancia difícil. A veces han sufrido una cruel pobreza. Se han sentido humillados por su inferioridad social. Su deseo de salir de eso y de no volver a sufrir jamás la miseria era tan intenso que los ha transportado hacia las cimas de la riqueza.

La insatisfacción y la frustración de estos seres se tornaron altamente productivas. Lo mismo puede ocurrirle a usted. Además, si lee esta obra es porque no está del todo satisfecho con su situación actual. No hay que avergonzarse de ello. Muy por el contrario: en la insatisfacción de toda persona hay una nobleza verdadera y profunda. Sólo los imbéciles o los grandes sabios son perfectamente felices. Como nosotros no pertenecemos a ninguno de estos grupos, no hay que tener miedo de dejar traslucir la propia insatisfacción. Es de lo más legítimo aspirar a una situación mejor. El deseo que usted lleva en su corazón, el sueño que usted acaricia, forma parte de usted mismo. Es incluso la parte más noble de su ser. Es su ideal. Tampoco tenga vergüenza de su insatisfacción. Ella es el fermento de su sueño. Pero que su sueño no sea veleidoso, estancado. ¡Que se convierta a su vez en el fermento de su acción!

En nombre de un pretendido racionalismo, de un pseudorrealismo que en el fondo no es más que pasividad, dejadez y derrotismo, muchos seres renuncian muy pronto a sus sueños y a todo lo que les dicta su corazón.

A los sueños que uno lleva en el corazón, por lo general no se les da la oportunidad de realizarse, a causa de todas las razones mencionadas antes, las excusas sin fundamento real, y porque nuestra educación, nuestra sociedad entera nos han habituado a negar nuestros deseos profundos.

El gran escritor Balzac, que vivió su sueño literario hasta el final, escribió un día esta frase deslumbrante: "Yo formo parte de la oposición que se llama vida".

El que ha dejado de soñar, el que ha negado el deseo profundo de su corazón, ha dejado de vivir, está muerto. Que no sea ése su caso. ¡Forme parte usted también de la oposición que se llama vida!

¡Transforme su existencia atreviéndose a vivir los sueños hasta lo último y dejándose transportar por las alas poderosas de su deseo!

Tal vez esta filosofía le parezca algo ingenua. Y, de cierta manera, admitimos que así es. Pero sin esta ingenuidad, sin esa inocencia del sueño, nada grande se realizaría en este mundo. Ford no habría inventado el automóvil, el hombre no volaría, el cine no habría sido creado... La seriedad, la racionalidad, la falta de "ingenuidad" son el mayor obstáculo para el éxito. Entendámonos bien. Nosotros no predicamos en favor de la extravagancia y la despreocupación. Pero en el origen de todo gran descubrimiento, de todo éxito excepcional (la vida de los diez hombres más ricos del mundo así lo ha demostrado) hubo un sueño, un deseo. Luego, a continuación, sí se tornan necesarios la racionalidad y la seriedad. Pero no hay que poner la carreta antes que los bueyes. Hay que comenzar por soñar y escuchar los deseos profundos del corazón.

En suma, existen entonces tres condiciones esenciales para enriquecerse:

- 1. CREER QUE UNO PUEDE ENRIQUECERSE.
- 2. TOMAR CONCIENCIA DE QUE NUESTRA SITUACIÓN NO CAMBIARÁ COMO POR ARTE DE MAGIA SI NOSOTROS NO HACEMOS NADA.
- 3. DESEAR ARDIENTEMENTE UNA MEJORÍA.

Creer, ya lo hemos visto, es la primera condición del éxito. Hay que creer que uno puede alcanzar el éxito y la riqueza. Hay que creer en uno mismo. El poder de la autosugestión es una ayuda preciosa para construir la confianza en sí mismo. Y será de utilidad muy grande cuando llegue el tiempo de creer en un proyecto o en los medios que se utilizarán para enriquecerse.

¿Por qué es necesario creer en su proyecto? Simplemente porque si usted no cree, es poco probable que pueda convencer a otros de que crean en él. Además, raramente el éxito se nos ofrece en una bandeja de plata, y los obstáculos que superar, las dificultades inevitables, los esfuerzos sostenidos, necesitan una buena dosis de fe para llevar al éxito. En sus empresas, en sus proyectos, ya sea que trabaje para otro o por su cuenta, usted puede establecer como regla de conducta el siguiente principio: Si usted no cree de veras, integralmente, no se comprometa.

Fracasará, tarde o temprano. Hace falta una adhesión total, de todo su ser, para alcanzar el éxito. Esto no significa que el proyecto en que usted no cree sea necesariamente malo. Pero, si usted no cree realmente, no sabrá movilizar las energías que le harían conocer el éxito. Su conocimiento de las leyes mentales le permitirá además comprender por qué. Cuando usted no cree realmente en un proyecto, el programa al que somete a su subconsciente es equívoco, flojo, y a veces hasta contradictorio. Los resultados serán la imagen misma de su programación. La convicción a medias engendra el éxito a medias: el fracaso a medias. La duda encuentra su manifestación en la mediocridad del resultado.

Todos los hombres que han triunfado aprendieron a borrar la duda y manifestaron una excepcional facultad de creer, y esto pese a la opinión de los que los rodeaban. Uno de los más bellos ejemplos de este principio es sin duda el de Henry Ford. Un día soñó con un motor en el cual los ocho cilindros no formarían más que un solo bloque. Pero todos sus ingenieros concluyeron que ese proyecto era irrealizable: imposible. "Háganlo lo mismo", insistió Ford. Ford era un testarudo, y su fe en su motor, al que llamarían V-8, era inquebrantable. Pasó un año y todos los ensayos de los ingenieros resultaban infructuosos. Sin embargo, un día, como por arte de magia, se descubrió la solución de ese problema "insoluble". Ford tenía razón al creer. Por otra parte, toda su vida es una ilustración del poder de la fe para llegar al éxito.

La magia de creer
de Henry Ford

Henry Ford nació el 30 de julio de 1863, en Dearborn, un pequeño pueblo estadounidense de Michigan. Su padre, modesto labrador, no vio la necesidad de hacerlo proseguir sus estudios. En efecto, después de que el joven Henry terminó la escuela primaria su padre juzgó que valía más la pena que se convirtiera en una ayuda útil en la granja, en lugar de gastarse los pantalones en un banco de escuela. Fue así como el joven Henry se inició en los duros trabajos manuales que exigía la condición de granjero. "Muy pronto —cuenta él— tuve la impresión de que se realizaba demasiado trabajo para obtener pocos resultados, y concebí la idea de que había una gran parte de las labores que podía ejecutarse mediante mejores procedimientos." El genio de la mecánica se despertaba en el niño, que vislumbraba ya un día en que las máquinas reemplazarían el trabajo manual que encadenaba desde hacía milenios al hombre y el animal bajo un yugo común. Su intuición iba a concretarse unos años más tarde.

El primer bien que el joven Henry recuerda haber poseído fue un montón de chatarra que él siempre lograba transformar, como por arte de magia, en una herramienta. Recuerda: "No tuve más juguetes que mis herramientas, y fue con ellas con lo que jugué toda mi vida. De joven, el menor desecho de alguna máquina era para mí un verdadero tesoro".

Mientras los otros muchachos de su edad pasaban el día corriendo por el campo, el pequeño Henry ocupaba sus momentos libres en un pequeño taller oscuro que su padre le había permitido levantar en una modesta construcción contigua a la granja familiar. Con sus sencillas herramientas, el niño preparaba su porvenir.

MI CAMINO DE DAMASCO: UNA LOCOMOTORA.

A los doce años, Henry Ford vivió un acontecimiento que habría de transformar y orientar toda su existencia. Dejemos que sea él quien lo relate: "El acontecimiento más memorable de esos años de mi juventud fue ver una locomotora de carreteras, a ocho millas de Detroit, un día en que había ido con mi padre a esa ciudad. Me acuerdo de la locomotora como si la hubiera visto ayer, pues era el primer vehículo de tracción no animal que yo veía. Antes de que mi padre se diera cuenta de mi intención, salté del carro y entablé una conversación con el mecánico. Esa noche no pude cerrar un ojo, tan impresionado estaba por aquel monstruo. Fue ver ese aparato lo que me orientó hacia el transporte automotor, y desde el instante en que, a los doce años, conocí esa máquina, mi gran y constante ambición fue construir una máquina que anduviera por las rutas".

Ese encuentro fortuito, como se habrá comprendido, fue un momento crucial en la vida del muchacho. La idea de crear una "máquina rodante" lo perseguiría en adelante como una magnífica obsesión. Pero de la idea a la realización a menudo hay un abismo inmenso que atemoriza a la mayoría de las personas y condena a la inacción. Ford no era de la clase de hombres que se dejan intimidar por los eventuales obstáculos. Su filosofía era otra, como lo atestigua su magnífica fórmula:

> UN TRABAJO QUE A UNO LE INTERESA
> JAMÁS ES DURO
> Y YO NUNCA DUDO DE SU ÉXITO.

El joven Henry no llegó a apasionarse por los trabajos de la granja paterna. "Yo quería ocuparme de las máquinas", explica. A los 17 años ya había tomado su decisión (aunque en realidad ya existía en él desde mucho antes): entraría como aprendiz mecánico en la fábrica de Dry Dock. A su padre le cayó muy mal esta decisión, pues veía en su hijo al seguidor natural de la granja familiar. Es más: consideraba que su hijo estaba perdido. En cambio, los Estados Unidos acababan de encontrar a uno de sus grandes industriales.

En esa época, había que contar con tres años de tareas integrales como aprendiz para poder llegar a mecánico. En menos de un año, Ford había completado su formación y la mecánica parecía no tener ya más secretos para él. "Las máquinas —escribe— son para el mecánico como los libros para los escritores. Encuentra en ellas sus ideas y, si está dotado de cierta inteligencia, lleva estas ideas a la práctica."

Al completar su primer aprendizaje, el sueño del joven no hizo más que reafirmarse, y su genio comenzaba a expresarse con toda su fuerza. Ford no dejaba de pensar continuamente en la locomotora que había visto, y no cesaba de perseguirlo la idea de crear una máquina propulsada por fuerza motriz. Lo importante es creer que existe un medio, pese a la imposibilidad aparente del principio. Henry Ford creía que había muchos medios. Por momentos soñó con utilizar el vapor, pero al cabo de dos años de trabajo abandonó esta idea, al darse cuenta de que le quedaba poco futuro.

El joven Henry devoraba todas las revistas científicas pues deseaba saber lo más posible sobre su especialidad, lo cual compensaba con creces el hecho de no haber ido a la escuela. En esa época las revistas hablaban de máquinas nuevas, la máquina "Otto", ancestro del automóvil, movida exclusivamente por la fuerza de un gas. Se mencionaba también la posibilidad de que un día pudiera reemplazarse el gas del alumbrado, entonces utilizado como fuente de energía de la máquina "Otto", por un gas formado por la vaporización de la nafta. Sin embargo, esos nuevos descubrimientos fueron acogidos como una curiosidad, una mera proyección fantástica hacia el porvenir, más que como hallazgos que un día darían vuelta los hábitos de vida de millones de personas. Todos los expertos y los especialistas se mostraban de acuerdo en un punto: el motor de nafta jamás podría reemplazar al vapor. Un hombre, en un pueblito de Michigan, pensaba lo contrario.

El joven Ford regresó a la granja familiar, renunciando al empleo en la Westinghouse donde se desempeñaba como mecánico especializado. Su taller, donde había transcurrido la mayor parte de su infancia, ocupaba ahora casi todo el espacio de la construcción contigua a la granja. Su padre le había ofrecido incluso un pedazo de tierra, con la condición de que renunciara a sus malditas máquinas. Y sin embargo, Ford perseveraba. "Como ya no estaba ocupado cortando leña, trabajaba en mis motores de explosión, estudiando su índole y funcionamiento. Leía todos los trabajos relativos a ese tema que lograba conseguir, pero fue de la práctica de donde extraje mis mejores conclusiones." Lejos de abandonar su idea de ver un día una máquina rodante que surgiera a la vida en su taller, iba penetrando todos los misterios, contra viento y marea.

Sin embargo, la vida de la granja no convenía del todo al temperamento del joven. Sólo soñaba con nuevas invenciones y su imaginación no se conmovía con las labores rurales. Así, cuando le ofrecieron un puesto de ingeniero mecánico en la sociedad de electricidad Edison de Detroit no le costó mucho convencerse de aceptar, y dejó por segunda vez la granja paterna. No volvería más. En la casita que alquiló en Detroit, su taller ocupaba la mayor parte del espacio. Todas las noches, al volver de la fábrica, consagraba varias horas, hasta muy tarde, a las pruebas con su motor de nafta. "Un trabajo que a uno le interesa jamás es duro y yo no dudo nunca de su éxito", fueron palabras que se le fijaron como una máxima. Sus esfuerzos y su perseverancia ejemplares no fueron en vano. En 1892, a los 29 años, o sea algunos años después de haber visto esa famosa locomotora y jurarse que realizaría su sueño, dio los toques finales a su primera máquina rodante. ¡Cuánto tiempo, cuántas horas de sacrificio debió conocer ese hombre antes de ver materializada la meta que se había fijado! ¡Doce años! Se ha dicho que el genio es una larga paciencia. También el éxito exige paciencia. Los que renuncian al cabo de un mes, uno o dos años, deberían inspirarse en esa tenacidad que lo supera todo.

Si los habitantes de Detroit se hubieran encontrado en presencia de extraterrestres sin duda no se habrían asombrado más que cuando vieron a ese joven que andaba en el primer "cacharro" a nafta. Henry Ford relata: "Lo consideraban un poco como una peste, a causa del estrépito que producía, que espantaba a los caballos. Perturbaba la circulación, pues en todas partes donde yo detenía mi vehículo se formaba una rueda de curiosos. Si lo dejaba un minuto, siempre aparecía algún indiscreto que trataba de ponerlo en marcha. Al final tuve que asegurarlo a un farol con una cadena cada vez que debía dejarlo". En 1895 y 1896, Ford recorrió más de mil millas con su máquina, sin dejar de someterla a toda clase de pruebas y ensayos con vistas a mejorarla. Por último vendió el vehículo por doscientos dólares.

Lejos de quedarse con ese primer triunfo, Ford quería ir más lejos, mucho más lejos. "Mi intención no era en absoluto establecerme como constructor sobre una base tan mediocre. Yo soñaba con la gran producción; pero para eso me hacía falta una máquina superior a ésa, la primera. Si uno se apura no consigue nada bueno."

Durante ese tiempo, continuaba siempre trabajando para la sociedad de electricidad, no sin encontrar allí una cantidad de prejuicios en cuanto al futuro de su motor de nafta. Le ofrecieron un importante puesto directivo en el seno de la empresa, puesto que le permitía acceder a las más altas esferas de la administración, acompañado por un sustancial aumento de salario. Pero había una condición. Si deseaba acceder a ese puesto, Ford debía renunciar a sus investigaciones sobre el motor de nafta y consagrarse a las aplicaciones prácticas de la energía eléctrica que, según se preveía, iba a convertirse en la única fuente de energía del futuro. En suma, le exigían que renunciara a su sueño. A cambio, le ofrecían la seguridad material y un porvenir sin problemas económicos. Para muchos, si no para la mayoría , la elección habría sido fácil y rápida. Más vale pájaro en mano... La necesidad de seguridad es tan fuerte que la gente prefiere sacrificar a ella sus sueños más preciados. Pero Henry Ford no cedió. Prefirió probar su suerte y consagrarse en cuerpo y alma a la realización de su sueño: la construcción en masa de vehículos con motores de nafta. Una vez más en la historia, un hombre iba a demostrar que, con la sola fuerza de su voluntad, se puede vencer el escepticismo de todo un país, de la humanidad. "Había que vencer o sucumbir", dice Henry Ford.

PRESENTÉ MI RENUNCIA, DECIDIDO A NO VOLVER A ACEPTAR JAMÁS UN PUESTO SUBALTERNO.

El 15 de agosto de 1899 Henry Ford dejó la sociedad de electricidad Edison, sin dinero y abandonado por todos. Se encontraba ahora frente a frente consigo mismo, y enfrentado a la opinión pública, que no consideraba al automóvil más que como un juguete para ricos. Ningún hombre de negocios "serio" de Detroit comprometería sus fondos en una aventura tan riesgosa. Henry Ford no tenía por delante una tarea fácil: se proponía de algún modo crear una nueva necesidad. Ahora bien, las personas suelen ser de naturaleza reacia cuando se les propone un nuevo producto, y mucho más cuando no existe una demanda aparente para él.

No obstante, Ford logró persuadir a algunos hombres de negocios a lanzarse a la construcción de "máquinas rodantes", y fundó la Sociedad de Automóviles de Detroit. Ford ocupaba en ese momento el puesto de ingeniero jefe, y durante tres años la empresa se aplicó a construir modelos parecidos al primer vehículo que había creado Ford. Sin embargo, las ventas no pasaban de unos seis o siete vehículos por año. La idea de Ford era producir un vehículo mejorado, destinado al público masivo, mientras que sus asociados no se preocupaban más que de producir vehículos por encargo y extraer de ellos los más gruesos beneficios posibles. Como consecuencia, se produjeron inevitables desavenencias entre Ford y los demás socios.

En marzo de 1902 Henry presentó su renuncia y se retiró de la Sociedad de Automóviles de Detroit. Con respecto a este tema, escribió: "Presenté mi renuncia, decidido a no volver a aceptar jamás un puesto subalterno". Pero esa amarga experiencia no había ahogado las convicciones de Ford. Ese episodio lo ayudó a comprender un principio muy simple: si se espera hacer fortuna, hay que establecerse por su propia cuenta y llevar en las propias manos las riendas del negocio. "Por supuesto que es más cómodo —confía Ford— trabajar sólo durante las horas de oficina, tomar la tarea todas las mañanas y dejarla por la tarde y no volver a pensar en ella hasta el día siguiente, y muy bien se puede actuar de ese modo si uno tiene un carácter que se contenta toda la vida con recibir órdenes, ser un empleado cumplidor, quizás, pero jamás un director ni un jefe." Estaba claro que Henry Ford tenía la intención de pertenecer a esta última categoría, la de los jefes, y para ello se dedicó a ir colocando él mismo, uno a uno, los fundamentos de su imperio.

Le hacía falta, sin embargo, una publicidad que le permitiera hacer conocer sus vehículos al gran público. El curso de las cosas le iba a dar esa oportunidad. En esa época, a la gente le interesaba sobre todo saber qué "máquina rodante" era la más rápida, y muchos constructores organizaban desafíos y competencias, al ganador de los cuales se le aseguraba una inmensa publicidad. Ford vio allí un excelente medio de hacerle conocer al mundo la potencia de sus máquinas. Así, en 1903, preparó dos vehículos destinados especialmente a una carrera competitiva; los bautizó "999" y "Flecha". La carrera se realizó y Ford salió vencedor, con una media milla de ventaja sobre su rival más próximo. El público se enteró enseguida de que el señor Ford construía los vehículos más rápidos. Alentado por el éxito, Ford se jugó el todo por el todo: fundó la Sociedad de Automóviles Ford, de la cual era vicepresidente, diseñador, jefe de mecánicos, jefe de taller y director general. Su razonamiento era simple: más vale moldear el hierro cuando está caliente. Su victoria le había valido una importante publicidad; era ése el momento de lanzarse con todo. Alquiló locales mucho más grandes que su modesto taller y, con la ayuda de algunos obreros, se puso a trabajar.

Desde el principio, Ford sacó ventaja a sus competidores. A estos últimos les preocupaba poco el peso del vehículo. Por otra parte, estimaban que cuanto más pesado fuera más caro podrían venderlo. Ford no compartía esta filosofía. El auto que él iba a crear (el modelo A) era el más liviano de todos los fabricados hasta el momento, con lo que ganaba considerablemente en velocidad y economía de combustible. En un solo año de operación, la Sociedad Ford vendió 1708 vehículos, lo cual muestra hasta qué punto nuestro hombre estaba en lo cierto al proponerse vender un auto destinado al gran público. Ante tamaño éxito, los competidores no demoraron en hacerse notar. A Ford no le preocupaba. Su filosofía a este respecto no podía ser más explícita, y por demás realista: "Poca gente osa lanzarse a negocios, porque en el fondo de sí mismos se dicen: ¿por qué lanzar tal producto al mercado, si ya hay alguien que lo hace? Yo, en cambio, me he dicho siempre: ¿por qué no hacerlo mejor? Y eso es lo que hice."

Sus negocios se expandieron rápidamente, sus vehículos no tardaron en adquirir la fama de ser los más sólidos y confiables. En el segundo año de producción Ford llevaba todavía la delantera al lanzar otros tres modelos (B, C y F) y muy pronto debió ocuparse de encontrar un taller más grande, tan florecientes se habían tornado las ventas. Hizo construir un taller de tres pisos, que le permitió aumentar aún más su volumen de producción. Al cabo de cinco años solamente, la Sociedad Ford empleaba a 1908 personas, era propietaria de su fábrica y producía 6181 vehículos por año, que ya se vendían tan bien en los Estados Unidos cuanto en Europa.

El muchachito que había visto un día una locomotora y jurado construir una máquina rodante había realizado su sueño. Se había vuelto millonario y triunfado a los ojos de aquellos que lo habían ignorado y ridiculizado. Pero Henry Ford no era hombre de decirse: he triunfado, ahora gano mucho dinero, me retiro. "Es de lo más natural que en determinado momento uno sienta la tentación de descansar y disfrutar de lo que ha adquirido. Comprendo perfectamente que se quiera cambiar una vida de trabajo por una vida de reposo. Es un deseo que yo mismo he experimentado. Pero creo que, cuando se tienen ganas de descansar, hay que retirarse por completo de los negocios. Y en mis proyectos no figura nada de eso. Para mí, mi éxito es como una incitación a seguir superándome."

La producción alcanzó muy pronto la cifra mágica de cien vehículos por día, y algunos colaboradores de Ford comenzaron a creer que las ideas de grandeza de su patrón iban a llevarlos directamente a la ruina. En los medios financieros se decía incluso que, si seguía a ese ritmo, la Sociedad Ford iba a quebrar, saturando al mercado. En ocasión de una asamblea, le preguntaron a Ford si se creía capaz de mantener un buen tiempo más la producción, demencial para la época, de cien autos por día. "Cien autos por día es un mínimo —respondió Ford—, y espero que pronto multipliquemos esa cifra por diez." "Si hubiera seguido los consejos de mis asociados —comentó años después—, me habría conformado con mantener los negocios en el nivel de ese momento y aplicar el dinero a la construcción de un lindo inmueble administrativo, producir de vez en cuando otros modelos para estimular el gusto del público; en una palabra, convertirme en un hombre de negocios apacible y serio. Pero yo veía mucho más lejos y, sobre todo, deseaba algo más grande que eso."

Ford había hecho mucho por aligerar el peso de sus vehículos pero los materiales de la época no parecían permitirle ir mucho más allá en ese sentido. Sin embargo, el "azar", que en nuestra opinión es una manifestación del subconsciente, habría de acudir en su rescate. Mientras asistía a una carrera, un auto francés patinó de manera tremenda y quedó completamente destruido. Después de la carrera, como guiado por un misterioso sexto sentido, Ford se dirigió a la pista y recogió un resto del material del auto, pues ése le había parecido más veloz que los otros. Deseaba descubrir qué aleación habían utilizado para su construcción. Recogió un vástago, que le pareció a la vez liviano y muy resistente; no era en absoluto similar a ninguno de los materiales conocidos en la época. "Esto es justo lo que me hace falta", pensó Ford. Sin embargo, nadie de los que lo rodeaban pudo indicarle en qué consistía esa aleación. Después de hacerla analizar, se enteró de que esa pieza estaba construida con un metal de origen francés al cual se había agregado vanadio. Pero en los Estados Unidos no había fundiciones que supieran aplicar ese proceso al colado del metal. Ford tuvo que dirigirse a Inglaterra para encontrar al fin a alguien capaz de producir ese acero en un nivel comercial; luego, gracias a la colaboración de una pequeña fábrica de Ohio, logró encontrar el modo de obtener el precioso metal en su país. Así, una vez más, gracias a su mente siempre alerta y en busca de nuevos conocimientos, iba a avanzar considerablemente con respecto a sus competidores más próximos.

Fue en esa época cuando, llevando aún más lejos su voluntad de construir un vehículo verdaderamente "democrático", Ford comprendió la concepción de un nuevo modelo que iba a convertirse en una leyenda en la historia del automóvil: el famoso modelo "T". Gracias a él, Ford iba a cambiar la vida de millones de personas, hasta de toda la sociedad, al hacer del automóvil un bién de consumo corriente y, más aún, una necesidad.

En la primavera de 1909 Ford anunció a su consejo de administración que de allí en más la fábrica Ford iba a consagrar su producción a la elaboración de un único modelo, el "T". Y agregó: "Todo cliente podrá tener su auto del color que desee, siempre que lo desee negro". Las reacciones fueron vivaces. Hasta esa época, siempre se había considerado al auto como un objeto de lujo, una suerte de "chiche" que sólo la gente adinerada podía darse el gusto de poseer. Por lo tanto, los socios de Ford no veían ventaja alguna en construir un modelo único, y encima barato. Además, todavía había muy pocos caminos transitables por autos, y la nafta era escasa. A sus objeciones, Ford se limitó a responder: "¡Los caminos no importan; el auto Ford los creará!".

A Henry Ford no le aguardaba una tarea fácil. Los expertos más serios le advirtieron que se rompería la nariz, que iba por mal camino, y los banqueros se mostraban reacios... más que de costumbre, pues hay que admitir que Ford nunca se llevó muy bien con ellos. Pero él veía las cosas de otro modo: "Yo me niego a reconocer la existencia de imposibilidades. No conozco a nadie que sepa tanto sobre algún tema para poder decir que esto o aquello no es posible (...). Si un hombre, tomándose por una autoridad en la materia, declara que equis cosa es imposible, aparece enseguida una horda de seguidores irreflexivos que repiten a coro: es imposible". Para Henry Ford, la palabra "imposible" no existía.

Además de lanzar al mercado su nuevo modelo "democrático", Ford revolucionó el mundo de la industria, haciéndolo pasar del artesanato a la verdadera era industrial. Gracias a la introducción de las cadenas de montaje, obtuvo para la época un nivel de producción hasta entonces inigualado. La fábrica pronto le quedó chica, y Ford hizo construir un inmenso complejo industrial que empleó a más de 4.000 personas y producía 35.000 vehículos modelo "T" por año.

Los diarios de la época no dejaban de proclamar que Ford se rompería la frente, que le ocurriría como al sapo que quería ser buey y al fin explotó. Este aumento de la producción obligó pronto a Ford a repensar por completo todo su sistema de ensamblaje. Fue uno de los primeros en concebir toda una línea de montaje mecanizado en cadena, debido a lo cual se lo puede considerar el ancestro de la robotización industrial. Según su opinión, había que llevar el trabajo al obrero en lugar de llevar el obrero al trabajo. Este modo de considerar las cosas iba a dar vuelta todo el concepto de producción y del trabajo humano. Su fábrica habría de convertirse, para la época, en la más moderna del mundo: novedades, piezas de carrocería suspendidas en el aire mediante ganchos inmensos que aparecían en la línea de montaje en el orden exacto que les era asignado. Los resultados fueron asombrosos. De las diez horas que hacían falta para ensamblar todas las partes del motor, se utilizaba sólo la mitad, gracias a la mecanización y las cadenas de montaje. El pequeño mecánico de antaño había previsto con certeza y su famoso modelo "T" obtuvo un éxito tal que Ford abrió una fábrica en Londres y luego otras en todo el mundo. ¡Las fábricas Ford produjeron pronto 4.000 autos por día! En 1947, a su muerte, Henry Ford, que nunca se había interesado demasiado por el dinero, salvo cuando le hacía falta para financiar su sueño, era largamente archimillonario. Lo cual para la época, era algo realmente fabuloso.

La compañía Ford no dejó de crecer. En 1960 se la consideraba la segunda empresa más grande del mundo. En 1970, ¡contaba 432.000 empleados y tenía una masa salarial de 3.500 millones de dólares!

"Todo es posible. La fe es la sustancia de aquello que esperamos, la garantía de que podremos realizarlo." Es con esta fórmula profundamente optimista que Henry Ford concluye su autobiografía. Estas últimas palabras son un poco como un testamento espiritual y el hecho de que se haya referido a la fe no es fortuito. Toda su vida, toda su obra son la prueba de que para un hombre animado de una fe inquebrantable, ¡todo es posible!

¿Cómo descubrir el dinero secreto?

Para la mayoría de los individuos, la fuente del

dinero, la manera de acceder a él, es tan misteriosa como puede serlo un agente secreto, por lo cual nuestro subtítulo es más que un simple juego de palabras. El error más común es buscar fuera lo que debemos comenzar a buscar en el interior de nosotros mismos. El dinero secreto no es una excepción a esta regla. Así como la fuente de la verdadera felicidad está en cada uno de los seres, el dinero, por paradojal que pueda parecer, viene del interior. Lo cual es el resultado de una actitud mental bien precisa. Llámela como quiera. Mentalidad de hombre rico, de millonario, de hombre de éxito. El dinero y su profusión son la manifestación exterior de una vibración interior, de un pensamiento dirigido de manera precisa y, para la mayoría de la gente, desconocida. Los grandes principios que veremos en el capítulo siguiente tienden a demostrar un principio superior y universal: el pensamiento lo puede todo. La verdadera riqueza, como la vida, es ante todo un estado de ánimo. Un estado que se ha materializado en la vida del hombre rico. Hay que comenzar por ser rico mentalmente, antes de serlo en la vida.

LA RIQUEZA ES UN ESTADO MENTAL.

El conocimiento del subconsciente, que vamos a abordar a continuación, es capital. Pues está muy bien decir a las personas que deben creer en el éxito, en la fortuna, y desearlos ardientemente. A menudo sus malas experiencias pasadas resultan paralizantes; y en cuanto al deseo, es débil. Las personas parecen totalmente incapaces de cultivar aquello que el filósofo Nietzsche denominaba la "voluntad de la voluntad". No resulta fácil, en efecto, exigir acción o firmeza a alguien que es justamente veleidoso y amorfo, desprovisto de motivación. Pero al descubrir los mecanismos y la potencia del subconsciente, este obstáculo se salvará. Pasemos entonces al descubrimiento del subconsciente en el cual se halla contenida la fuente de grandes riquezas no sólo personales sino también materiales. Es allí, y en ningún otro lugar, donde se oculta el dinero secreto, que usted pronto aprenderá a extraer y podrá utilizar a voluntad.

CAPÍTULO 2

La riqueza incalculable que duerme en usted

Una cuestión de actitud

Que el hombre sea el artesano de su propia dicha (y de su desdicha) es un hecho del que no tiene duda alguna aquel que, aunque sea un poco, ha estudiado las leyes de la mente. Seguramente usted ya habrá oído repetir esta máxima. Tal vez la reciba con escepticismo; tal vez ella le refuerce su fe. Sin embargo, hay pocos que la han sondeado en profundidad, que han considerado todas las consecuencias de este principio.

La vida de todos los hombres ricos que hemos estudiado nos ha revelado esto; cada uno utilizó de manera prodigiosa su subconsciente para llegar a esas cumbres de riqueza. Es en la utilización correcta del subconsciente donde reside en realidad la clave del éxito. ¿Por qué? Porque los medios de hacer dinero, las circunstancias exteriores, son tan diversos e individuales que no se puede proponer una martingala cualquiera. Además, la receta milagrosa no existe. Sería muy simple. Lo que sí existe, sin embargo, y hay millones de éxitos deslumbrantes que lo demuestran, es una actitud interior adecuada.

Muchos libros se han escrito sobre los secretos del negocio inmobiliario, de la Bolsa, de la administración de empresas. Evidentemente, esos libros constituyen una preciosa fuente de enseñanzas. Pero todos los consejos que brindan, por precisos que sean, no dejan de ser generales, lo cual resulta inevitable. Pretender lo contrario sería ingenuo o directamente deshonesto. En efecto, ningún manual, por didáctico que sea, le dirá si usted debe o no debe aceptar tal empleo, si debe o no debe hacer determinada oferta de compra para tal propiedad, si equis inversión vale la pena. Cada caso es individual. Sobre todo, aunque sus análisis previos sean extremadamente sensatos, aunque sus estudios preparatorios sean altamente especializados, en todo proyecto siempre seguirá habiendo un imponderable. Todo análisis es insuficiente, además de ser, a menudo, interminable. No queremos decir con esto que los análisis no sean necesarios. Muy por el contrario. La improvisación y la prisa suelen ser malas consejeras. Pero siempre llega un momento en que hay que tomar una decisión: allí es donde se alcanza el límite del análisis. Es en ese momento cuando interviene lo que algunos llaman "olfato", otros "sentido de los negocios", otros "oportunidad", "intuición", etc., expresiones todas que en el fondo hablan de una misma disposición: una programación mental positiva o un subconsciente bien utilizado. Allí reside la diferencia entre un hombre que triunfa y uno que fracasa.

Todos hemos oído hablar en alguna ocasión del subconsciente. Su existencia es ya aceptada en todos los medios científicos, aunque todavía se discuta su definición precisa. No es éste el lugar donde entrar en largas discusiones teóricas o históricas. Digamos sencillamente, y sin demorarnos en sutilezas que no servirían a nuestro propósito, que la mente humana se divide en dos partes: una consciente y otra inconsciente, a la que llamaremos el subconsciente. Para definir la respectiva importancia de estas dos partes, la comparación que con más frecuencia se emplea es la del iceberg: la parte visible sería el consciente, y la parte sumergida, mucho más considerable, sería el subconsciente.

En realidad, la importancia del subconsciente en nuestra vida en relación con el consciente es muy grande y mucho mayor de lo que creemos. Es el sitio de los hábitos, de los complejos, las limitaciones de la personalidad. Es el subconsciente —y no las circunstancias exteriores— el responsable de la riqueza o la pobreza de un individuo.

El subconsciente puede compararse con una computadora. Se lo programa, de una manera o de otra, y él ejecuta ciegamente, infaliblemente, el programa que se le ha dado. Todo individuo está programado, lo sepa o no. Y la mayoría de los individuos está programado negativamente. Ahora bien, el poder del subconsciente es prodigioso. Es por esta razón que un individuo programado negativamente no llegará jamás al éxito y la riqueza. Por desgracia, le resultará imposible.

¿Cómo se establece un programa en el subconsciente?

Mientras un individuo no está al tanto de las leyes de la mente del subconsciente, su programación sigue siendo una realidad inconsciente. Además, eso es lo que sucede con la mayoría de los individuos. Y por una razón muy simple: es que los programas se establecen muy temprano en el sujeto, durante la infancia, a una edad en que su sentido crítico está aún muy poco desarrollado y acepta con facilidad y naturalidad todas las sugerencias provenientes del exterior. Estas sugerencias, base del programa, vienen al principio de los padres o los educadores. Se graban en el espíritu del joven como en cera blanda. Una sola palabra puede así estropear la vida de un individuo o alzarle un obstáculo que no logrará superar durante muchos años. Esa palabra puede haberse escapado al azar, haber sido pronunciada sin mala voluntad, y sin embargo ¡qué efectos desastrosos produce! ¿Ejemplos? Nos cuesta elegir, de tantos que hay. Una madre pesimista y destrozada por una existencia miserable dirá a un hijo a quien juzga demasiado espontáneo o soñador: "nunca te harás rico".

O: "Nunca llegarás a nada en la vida".

O: "Serás un fracasado como tu padre".

Esta frase queda profundamente grabada en el subconsciente del niño. Constituirá una suerte de programa. Todos los esfuerzos del subconsciente, cuyo poder es casi ilimitado, se conjugarán para cumplir ese programa, para que el individuo se convierta en un fracasado, para que nunca deje de ser pobre... Lo más dramático de esta historia es que el sujeto podrá pasarse la vida entera sin darse cuenta de que es víctima de una programación deplorable.

Cómo unas palabras pueden cambiar su vida

Tal vez usted se muestre escéptico ante el poder de una frase en apariencia anodina. Es que las palabras tienen un poder asombroso. La vida de cada individuo abunda en ejemplos que ilustran este principio. Una declaración de amor, una mala noticia, felicitaciones, son tantas palabras que transforman nuestro ser interior tanto en un sentido cuanto en el otro. Y lo más increíble es que esas palabras, que en realidad son sugestiones, como ya lo veremos más adelante en este capítulo, ni siquiera necesitan ser ciertas para ejercer un fuerte impacto en alguien, mientras la mente consciente las acepte. Así, su jefe lo felicita por su trabajo; tal vez no se sienta verdaderamente satisfecho de la tarea que usted ha realizado, pero como sabe que en la vida conyugal usted atraviesa un período difícil (está por divorciarse), juzga preferible no abrumarlo más. Sin embargo, en usted, las felicitaciones de su jefe, aunque no sean sinceras, ejercen un efecto de increíble estímulo. Le brindan nuevas energías. Este no es más que un ejemplo, entre muchísimos otros, de la fuerza de las palabras.

Los autores de la notable obra *El precio de la excelencia* relatan una experiencia que ilustra muy bien el principio del poder de las palabras, aunque no coincidan con la realidad. "Ya conocemos el viejo adagio que dice que el éxito llama al éxito.

Está científicamente fundado. Los investigadores de la motivación descubren que el factor primordial es simplemente que las personas motivadas son conscientes de hacer lo correcto. Que esto sea cierto o no en términos absolutos, no tiene gran importancia (el comentarioo es nuestro). En un experimento, les dimos diez problemas para resolver a una cantidad de adultos. Eran exactamente los mismos para todos los sujetos. Se pusieron a trabajar, entregaron las hojas y al fin les dimos los resultados. En realidad, esos resultados eran ficticios. A la mitad de las personas les dijimos que lo que habían hecho estaba bien, pues habían obtenido siete respuestas correctas sobre diez; a los demás, les dijimos que no habían aprobado, pues habían obtenido siete respuestas incorrectas sobre diez. Después les confiamos otros diez problemas (los mismos para todos). Aquellos a los que les habíamos dicho que habían aprobado el primer test hicieron mucho mejor el segundo, mientras que los otros lo hicieron mucho peor. El simple hecho de saber que uno ha hecho algo bien suscita, en apariencia, más perseverancia, una mayor motivación o algo que nos empuja a mejorar." Warren Bennis en *The Unconscious Conspiracy: Why Leaders can't Lead* (La conspiración inconsciente: por qué los líderes no pueden liderar), precisa: "Un estudio realizado sobre los profesores de escuelas secundarias reveló que, cuando demostraban esperar mucho de sus alumnos, ellos elevaban, por este solo hecho, en 25 puntos sus pruebas de C.I."

Los resultados de estas experiencias obligan a reflexionar. El que, en el fondo, estaba influido por los resultados voluntariamente falseados de esas pruebas, era el subconsciente de los sujetos. El que, en un caso, mejoraba el desempeño de manera sensible e inmediata, en el otro caso lo debilitaba de manera espectacular.

Yendo un poco más lejos, los mismos autores proponen la teoría siguiente, que es una suerte de corolario del principio que se desprende del experimento anterior: "Sostenemos que las mejores empresas son lo que son porque su organización permite obtener esfuerzos extraordinarios de las personas comunes". Lo cual, así como se aplica a las empresas, se puede aplicar igualmente a los individuos. Es por esta razón que uno se asombra de que personas en apariencia comunes, que no poseen facultades excepcionales, lleguen a obtener resultados tan extraordinarios y se enriquezcan de manera tan espectacular. Su secreto: un subconsciente bien dirigido.

Como hemos visto, todo individuo está programado. Los padres, los educadores, los amigos son agentes de programación, la mayoría del tiempo torpes y nefastos. Inconscientes del poder prodigioso de lo que dicen, pronuncian la palabra errada sin temer sus efectos. También hay otro agente de programación muy importante, que es el propio individuo. Cada uno mantiene constantemente un monólogo interior. Uno se repite, por ejemplo: "Esto no anda muy bien", "Siempre estoy cansado", "¿Cómo puede ser que nunca triunfe en nada?", "Estoy agotado", "Jamás lograré conseguir un buen empleo", "Nunca me aumentarán el sueldo", "Nunca seré rico", "No tengo el talento suficiente"...

La lista podría continuar indefinidamente. Estas expresiones negativas y pesimistas que usted se repite de manera más o menos consciente son otras tantas sugestiones que influyen sobre su subconsciente, lo programan, o refuerzan el programa ya existente. De más está decir que debe borrarlas para siempre de su vocabulario. De inmediato. Ya. ¿Que es fácil de decir pero difícil de realizar? ¿Cómo hacerlo?

Nunca es demasiado tarde para enriquecerse

Lo que tiene de bueno la programación mental es —como ya lo hemos dicho— que se ha establecido fuera de toda duda que ningún programa es irreversible. Así como se puede modificar un programa en una computadora, o directamente cambiarlo, se puede transformar por completo la personalidad, cuyo alojamiento, como recordamos, es el subconsciente. Las experiencias realizadas con numerosos sujetos han demostrado que en general bastan unos treinta días para establecer una programación nueva.

¿Cómo adquirir esta personalidad que atraerá mágicamente el éxito y hará que las circunstancias jueguen a su favor? Mediante una simple técnica de autosugestión. Además estos métodos suelen llamarse de manera diferente. Ciertos autores hablan del método Alfa, otros de psicocibernética, otros de programación mental, otros de pensamiento positivo, de autohipnosis. En general todos estos métodos son válidos, pero constituyen variantes y adaptaciones del método de autosugestión elaborado por un modesto farmacéutico francés, Emile Coué, que transformó la vida de millones de personas gracias a su creación, cuya simplicidad asombra. El origen de su hallazgo es fortuito, como suele ocurrir a menudo. Uno de sus clientes le insistió un día para que le procurara un medicamento que no podía obtener sin receta. Ante la obstinación del hombre, Emile Coué recurrió a una treta. Le recomendó otro producto, tan eficaz como el que le pedía su cliente, pero que en realidad había preparado él mismo y no consistía en otra cosa que azúcar. El paciente volvió unos días después, totalmente curado y encantado con los resultados. Acababa de descubrirse lo que ahora denominamos el efecto placebo.

¿Qué había ocurrido? ¿Qué le había pasado a ese paciente? En el fondo, lo mismo que a los sujetos del experimento relatado por los autores de *El precio de la excelencia* , citado anteriormente. Salvo que, en ese caso, el efecto mágico de la palabra, de la confianza y del subconsciente había actuado en el nivel físico en lugar de en el nivel intelectual. Fue la confianza en el farmacéutico y en el medicamento, y la certeza mental de que se curaría, lo que le permitió curarse al sujeto.

Emile Coué no tardó en vislumbrar las consecuencias de esta experiencia. Si una palabra podía curar una enfermedad real, ¿qué no haría en el nivel de la personalidad? En los años siguientes desarrolló una fórmula de autosugestión muy sencilla que dio la vuelta al mundo y mejoró la vida de millones de personas. ¿Por qué la autosugestión? Porque, como no podía acudir a la cabecera de cada paciente ni estar en permanente contacto con ellos, de ese modo el paciente podía curarse solo, autocurarse, es decir, operar sobre sí mismo una sugestión de su elección.

Esta es la fórmula que él elaboró:

> **TODOS LOS DÍAS DESDE TODOS LOS PUNTOS DE VISTA,**
> **VOY DE MEJOR EN MEJOR.**

Coué recomienda repetir esta fórmula, en un tono monocorde, unas veinte veces, por la mañana y por la noche.

De esta fórmula se han extraído innumerables variantes. Usted mismo podría establecer muy pronto sus propias fórmulas en función de sus necesidades y su personalidad. Los efectos son asombrosos. Como es una fórmula sumamente general ("desde todos los puntos de vista"), abarca todos los aspectos de la existencia y no limita sus posibilidades. Hay que repetirla todos los días. La repetición es la regla de oro de la autosugestión. Es preciso literalmente impregnar el subconsciente de esta fórmula. Así se establecerá un nuevo programa y, con él, una nueva personalidad. Lo negativo dejará lugar a lo positivo. El entusiasmo, la energía, la audacia, la determinación. No se deje engañar por la aparente simplicidad del método, como les ocurrió a muchos contemporáneos de Emile Coué, que no creían que una técnica tan sencilla pudiera resultar eficaz. Recuérdese que su programación negativa no es ni más ni menos que un organismo viviente cuya primera meta es asegurar su propia supervivencia. El descubrimiento y sobre todo el uso de un método de programación positiva amenaza la existencia de la programación negativa. El escepticismo que usted pueda sentir proviene de allí, aunque se base en principios intelectuales como "el pensamiento positivo es un engaño, no caeré en la trampa".

TODOS LOS DÍAS, DESDE TODOS LOS PUNTOS DE VISTA,
VOY DE MEJOR EN MEJOR.

Los hombres ricos que hemos estudiado no han utilizado siempre explícitamente fórmulas de autosugestión. No obstante, inconscientemente, en la adversidad todos han recurrido a ellas. Los principios que exponen en sus autobiografías, o el ejemplo de sus vidas, dan fe de ello. Ante dificultades, o al emprender una aventura nueva, todos aprendieron a condicionarse, a programarse a su manera, repitiéndose constantemente que iban a triunfar, que ningún obstáculo los detendría.

Ray Kroc, de quien ya hemos hablado, revela en su autobiografía que gran parte de su éxito se debe al empleo de una variante personal de la autosugestión: "Aprendí, en esa época, a no dejarme abrumar por los problemas. Me negaba a preocuparme por más de una cosa a la vez; y no me dejaba atormentar en vano por un problema, cualquiera fuera su importancia, al punto de no poder dormir. Lo logré recurriendo a mi propio método de autohipnotismo. Es muy posible que haya leído algún libro sobre este tema, ahora no lo recuerdo, pero, sea como fuere, elaboré un sistema que me permitió evitar toda tensión nerviosa y excluir de mis pensamientos todo lo exasperante al irme a dormir. Sabía que, si no actuaba así, a la mañana siguiente no estaría fresco y no sabría hablar de negocios con mis clientes. Me representaba mi cerebro como un pizarrón cubierto de mensajes, la mayoría urgentes, e imaginaba una mano con un borrador que iba borrando ese pizarrón. Así vaciaba por completo mi cerebro. Cada vez que un pensamiento empezaba a surgir, ¡el borrador lo hacía desaparecer! Y así lo eliminaba antes de que tuviera tiempo de formarse. A continuación relajaba todo el cuerpo, comenzando por la nuca y descendiendo después por los hombros, los brazos, el torso, las piernas y hasta la punta de los dedos del pie. Y así me dormía. Perfeccioné rápidamente este método. La gente se maravillaba de verme trabajar de doce a catorce horas por día en ocasión, por ejemplo, de una convención sumamente animada y después acompañar a los eventuales clientes a una discoteca hasta las dos o tres de la mañana; y al día siguiente me levantaba muy temprano, listo para visitar a mis clientes. Mi secreto residía en aprovechar al máximo cada instante de descanso. Creo que no dormía más de seis horas por noche. Con frecuencia descansaba cuatro horas, o menos. Pero dormía tan profundamente como intensamente trabajaba."

Como acabamos de ver, el método de autosugestión de Ray Kroc era precedido de una relajación física. Descanso físico y descanso mental están íntimamente relacionados. Además, en estado de relajación las ondas cerebrales se tornan más lentas y el subconsciente es mucho más fácilmente impresionable.

Es evidente que existen numerosos métodos de relajación disponibles en el mercado. Si usted ya conoce uno, mejor. Si no, he aquí un ejemplo muy simple.

Acuéstese en una alfombra o en la cama, o siéntese en un sillón cómodo. Cierre los ojos. Respire hondo unas diez veces. Luego relaje por separado cada parte de su cuerpo comenzando por los pies y subiendo hasta la cabeza. Esta técnica se ha popularizado con el hombre de "adiestramiento autógeno".

Una vez que esté bien relajado, comience a repetir la sugestión. La famosa fórmula de Emile Coué es excelente para obtener resultados en todos los aspectos de su existencia. Pero también puede trabajar sobre aspectos más específicos. La aplicación de todos los principios que estudiaremos exige cualidades sobre las cuales puede trabajar. Y que puede desarrollar. A voluntad. De hecho, gracias a este método de autosugestión usted podrá transformar su personalidad según sus deseos profundos, y convertirse en la persona que desde hace mucho tiempo sueña ser. Trace el retrato ideal de las cualidades que le harían falta, o que no posee en un grado que considere suficiente. Aquí, para ayudarlo, le damos algunas básicas, que la mayoría de los hombres ricos ha tenido en común y que le permitirán trazar ese retrato ideal:

Perseverante	Confiado
Entusiasta	Imaginativo
Enérgico	Trabajador
Audaz	Positivo
Intuitivo	Hábil
Convincente	Astuto
Líder	Fiable
	Intrépido

Elija entre estas cualidades las que le parezcan hacerle más falta, o aquellas sobre las que considere más ventajoso trabajar. Trabaje sobre un problema por vez. Escoja la cualidad que más le falte. Trabaje entonces sobre su mayor flaqueza. Será suprimiendo su mayor flaqueza como adquirirá mayor fuerza.

Un modo simple de componer una fórmula es elaborar una variante de la célebre fórmula de Emile Coué. Así, usted puede seleccionar una de las cualidades cuya lista parcial le hemos brindado, y decir: "Todos los días, desde todos los puntos de vista, me vuelvo más y más entusiasta".

O: "Todos los días, desde todos los puntos de vista, me vuelvo más y más enérgico".

Componga usted mismo sus propias sugestiones. Elija palabras simples, que le resulten familiares, que provoquen una resonancia en usted. Escriba sus sugestiones. El solo hecho de escribir una sugestión ejerce una influencia mucho mayor de lo que usted cree. Al exteriorizarse, su pensamiento cobra fuerza, autoridad. Se convierte en acción. Se concreta. Es el punto de partida de su accionar. Es el punto de partida de su cambio inminente. No pierda de vista sus sugestiones. Impregne su mente con ellas. Pronto formarán parte de su vida, de su personalidad profunda. El viejo hombre que habitaba en usted dará lugar a un hombre nuevo, conforme a sus deseos, que sabe dirigir su propio destino. Aquí le proporcionamos otras reglas para que usted mismo componga sus sugestiones. La experiencia ha demostrado que, para resultar plenamente eficaz, una sugestión debe tener las siguientes características:

Breve: si es demasiado larga, no afecta con eficacia al subconsciente.

Positiva: Es algo primordial. El subconsciente funciona de manera diferente del consciente. Si usted dice "Ya no soy pobre", corre el riesgo de que la palabra que retenga sea "pobre", pues es la palabra clave. Entonces obtendrá el efecto contrario al deseado. Lo mejor es decir: "Me vuelvo rico".

Progresiva: Ciertos autores afirman que hay que formular la sugestión como si ya poseyéramos lo que deseamos. No es que no sea eficaz, pero la mente consciente suele encontrar en ello una contradicción, y se produce un conflicto mental que arriesga comprometer el éxito de la sugestión. Así, si usted repite "soy rico" o "tengo el empleo ideal", seguramente su mente advertirá la contradicción, sobre todo si actualmente usted gana poco o está desempleado. Prefiera en cambio una fórmula: "Cada día me enriquezco más y más", o "Me vuelvo más y más rico", u: "Obtengo el trabajo ideal".

Estas fórmulas le asegurarán el éxito.

Una manera de evitar este conflicto consiste en repetir simplemente palabras matemáticas, sin verbo alguno. Una de las asociaciones de palabras más poderosa, que puede utilizar, es la siguiente:

ÉXITO - RIQUEZA

Repita incansablemente estas palabras. Constituyen la meta a la que usted aspira. Estas palabras le aportarán en abundancia aquello que usted necesita y colmarán sus sueños más locos.

Aquí, una variante sumamente poderosa de la fórmula de Emile Coué. Es un poco más larga, pero le ayudará a lograr maravillas. Es la siguiente:

> **TODOS LOS DÍAS, DESDE TODOS LOS PUNTOS DE VISTA, VOY DE MEJOR EN MEJOR Y ME ENRIQUEZCO EN TODOS LOS ASPECTOS.**

Incluso una repetición mecánica y poco convencida de estas palabras surte un efecto. Sin embargo, cuanto más emoción y deseo ponga usted en sus sugestiones, más y mejores resultados obtendrá. Repítalas con el corazón. Si desea algo con cada célula de su cuerpo, con toda el alma, sus deseos se cumplirán. Thomas Edison dijo un día: "Años de experiencia me han enseñado que un hombre que desea algo a tal punto que para obtenerlo es capaz de jugar todo su futuro a un simple golpe de fortuna, con toda seguridad lo obtendrá".

Los diez hombres ricos que figuran en esta obra pusieron todo su corazón en sus empresas, y su deseo de triunfar estaba animado por un ardor poco común. Tenga la audacia de imitarlos. No tema escuchar los deseos secretos de su corazón. Y comience hoy mismo a reprogramarse. En este capítulo que acaba de leer hay la fuerza suficiente para transformar su vida y hacer de usted un hombre rico. Pero nadie puede volverse rico en lugar suyo. Nadie puede repetir las fórmulas por usted. Su primer gesto, su primera acción, consistirá entonces en la repetición de estas fórmulas de riqueza.

De esto debe convencerse profundamente todo el que desee hacerse rico. Del mismo modo, aquel que se ve como un pequeño asalariado toda su vida, que imagina no poder acceder nunca a una posición superior, permanecerá seguramente en ese lugar.

El resultado de toda programación, por así decirlo, su reflejo, es eso que la psicocibernética ha denominado la imagen de sí. Esta imagen es en general más o menos vaga, más o menos consciente, aunque todos tengan una "leve idea" de lo que es, de lo que representa. En cambio, lo que sí es extremadamente vago en la mayoría de los individuos, e incluso, en general, inconsciente, es la importancia capital de la propia imagen (la imagen de sí) en la vida de un hombre. Este desconocimiento suele tener efectos trágicos. Pues tal como un hombre cree ser, tal será en la vida. En nuestra vida todo, y también nuestro nivel de riqueza, es directamente proporcional a la propia imagen.

Es por esta razón que se ha dicho, y este principio es de una profundidad sobre la que debe usted reflexionar, que el mayor límite que pueda imponerse el hombre es el límite mental. Del mismo modo, como corolario, se puede afirmar que la mayor libertad de que pueda gozar un hombre es la libertad mental.

¿Cómo se forma la imagen de sí mismo? Exactamente como la programación mental, puesto que es su reflejo. Es, en verdad, la parte consciente de su programación subconsciente. ¿Consciente? Sólo en la medida en que usted perciba esa imagen. Como ya lo adelantamos antes, la influencia de la propia imagen no es percibida por la mayoría de la gente. Su imagen se establece principalmente a partir de dos fuentes: el mundo exterior, constituido por sus padres, sus educadores, sus amigos y todas las personas que se han cruzado en el camino de su existencia, y sus propios pensamientos.

> **EL MAYOR LÍMITE QUE PUEDA IMPONERSE UN HOMBRE ES SU LÍMITE MENTAL.**

Deténgase un instante a reflexionar en este principio. Esta breve meditación podría muy bien ser, para usted, el punto de partida de una vida totalmente nueva, de una verdadera explosión. Además, interrumpa un instante la lectura para entregarse a un breve autoanálisis. ¿Qué imagen tiene usted de sí mismo? ¿Cree que puede duplicar fácilmente su sueldo en un año? ¿No? No se inquiete, la vida le dará ampliamente la razón. No duplicará su sueldo en un año. Pues, sin que usted lo sepa, esa creencia se ha establecido como un programa en su subconsciente. Usted ha dado determinada orden a su subconsciente. Una orden negativa, claro, pero una orden al fin. Usted le ha fijado un límite, un objetivo, y él se ha puesto en marcha, en funcionamiento, para cumplir su programa. Es muy poderoso y dispone de una masa considerable de informaciones pues su memoria es infalible. Las dificultades que su subconsciente ha encontrado para impedirle a usted duplicar su sueldo son tantas como si estuviera programado para duplicar su sueldo en un año. en este sentido, para su subconsciente es igualmente difícil cumplir un programa de fracasos como uno de éxitos. Por lo tanto, también para usted es tan difícil fracasar como triunfar. Es igualmente fácil triunfar como fracasar.

En un capítulo más adelante hablaremos del poder del objetivo, de la meta. Ahora que usted ya está al tanto de los mecanismos del subconsciente, sabe que la meta, el objetivo, no es en el fondo más que una programación precisa que usted establece para su subconsciente. Comprobará, además, un hecho asombroso. ¿Sabe en función de qué establecerá usted su objetivo? Desde luego, ciertas condiciones exteriores podrán tenerse en cuenta. Pero al fin y al cabo, usted establecerá automáticamente su objetivo en función de su imagen de sí.

**UNO ESTABLECE SIEMPRE SU OBJETIVO
EN FUNCIÓN DE LA IMAGEN QUE TIENE DE SÍ MISMO.**

En un primer momento, tal vez usted se diga: "Deseo aumentar mis ingresos anuales en 5.000 dólares". Muy bien, es legítimo, perfectamente realizable. Ello probablemente significará una sensible mejoría de su nivel de vida, aunque el fisco no deje de quedarse con su parte. ¿Pero por qué se limita usted a 5.000 dólares? Por una razón en el fondo muy simple: porque la imagen que tiene de usted mismo es la de una persona que no puede enriquecerse en más de 5.000 dólares por año. No deseamos en absoluto denigrar ese objetivo de 5.000 dólares. Podríamos haber escogido como ejemplo la cifra de 2.500 ó 50.000. La cantidad es arbitraria y sólo sirve a los fines de nuestra demostración. Pues, en el fondo, ¿qué es lo que "razonablemente" le impide a usted aumentar de manera más sustancial sus ingresos? No existe una razón válida que resista a un análisis serio. ¿Sabe usted cuánto ganó Steven Spielberg por día en el transcurso de 1982, que coincidió con el lanzamiento de su gran éxito E.T.? ¡Más de un millón de dólares! ¡Sí, un millón de dólares por día! Ahora verá con claridad que los límites de sus objetivos son mentales.

Así el punto de partida de toda superación, de todo verdadero enriquecimiento, es ampliar lo más posible su imagen mental. Con una nueva imagen, vendrá un nuevo objetivo; con un nuevo objetivo, una nueva vida. Parece simple. Pero los hechos han confirmado constantemente esta ecuación.

TODOS LOS HOMBRES RICOS SE HAN VISTO RICOS ANTES DE LLEGAR A SERLO.

Los diez hombres ricos que presentamos en este libro, sin ninguna excepción, pese a la modestia de su punto de partida, su falta de estudios, de dinero, de relaciones, todos se han visto ricos antes de llegar a serlo. Todos estaban convencidos de que un día poseerían una fortuna. Y la vida les dio en función de la imagen que ellos tenían de sí mismos y de su fe en el éxito.

Para tratar de descubrir su imagen de usted mismo, dígase, por ejemplo: "Me convertiré en un hombre (una mujer) muy rico". Y analice sus reacciones. Recuerde que hay una adecuación perfecta entre la imagen de sí mismo y lo que nos da la vida, desde todos los puntos de vista. Recuérdese igualmente que la imagen que usted tiene de usted mismo, a menos que sea perfectamente positiva e ilimitada, es su límite. Sin embargo , se la puede modificar en cualquier momento, según sus deseos. Al principio, cuando comience a reprogramarse, cuando elija una nueva imagen, verá que será inevitablemente influido por su antigua imagen. Es normal. El cambio se efectúa por etapas, de manera progresiva. Pero lo que resulta alentador y exaltante es que hacia arriba no hay límites. El hombre es infinitamente perfectible. El enriquecimiento no tiene fin.

Fabríquese usted mismo su nueva imagen. Nada más sencillo. Recurra al método de autosugestión que le hemos propuesto. A continuación le ofrecemos algunas fórmulas que podrá utilizar según sus gustos y aspiraciones. Usted les agregará su objetivo monetario fijando un monto preciso y un lapso para alcanzarlo, lo cual estudiaremos más adelante.

"Me enriquezco día a día."

"Encuentro el empleo ideal que colma perfectamente todas mis necesidades."

"La vida pone en mi camino a las personas que me permiten progresar financieramente."

"Encuentro al socio ideal."

"Encuentro la idea que necesito para duplicar mis ingresos en un año."

"Todas mis capacidades mejoran y me permiten aumentar mis ingresos."

"Persevero hasta lograr el éxito."

"Me resulta fácil alcanzar todos los objetivos que me fijo."

"Encuentro la situación laboral en que mis cualidades y mis talentos pueden expandirse perfectamente."

Al componer usted mismo sus propias fórmulas (si las que le sugerimos no le convienen plenamente), no se limite. No tenga miedo de demostrar audacia al plantear sus objetivos. ¡Su potencial es extraordinario! Cultívelo. Los hombres que se enriquecen no son fundamentalmente diferentes de usted. Sencillamente, el límite mental que se han fijado es diferente del de usted. Las sumas que ellos ganan en una hora tal vez a usted lo impresionen. ¿Pero cree que a ellos les impresionan sus ganancias? En general no, pues esas ganancias son para ellos sólo el resultado de una programación como tantas otras. Para ellos, sus ganancias son banales, normales. Y a usted puede pasarle lo mismo. Ray Kroc dijo: "Si aspira a cosas grandes, se tornará grande". Como vamos a verlo ahora, toda su vida es una ilustración de este principio fundamental.

Ray Kroc: ¡el poeta de las hamburguesas!

> DESDE SIEMPRE, HE TENIDO LA CONVICCIÓN
> DE QUE CADA HOMBRE CONSTRUYE SU
> PROPIA FELICIDAD Y ES RESPONSABLE
> DE SUS PROPIOS PROBLEMAS.

Ray Kroc nació en 1902, en Oak Park, en los límites de la ciudad de Chicago. Su padre, Louis, trabajaba como técnico de la Western Electric Union. Comparado con su hermano Bob, tres años menor, que iba a convertirse más tarde en el presidente de la sociedad filantrópica McDonald y doctor en endocrinología, el joven Ray no mostraba una atracción particular por los estudios. Prefería la acción. Para estirarse hasta fin de mes, que nunca llegaba tan rápido como el fin del sueldo, su madre, Rose, daba lecciones de piano a domicilio. Fue así como Raymond (Ray) aprendió a tocar el piano, lo cual había de resultarle útil más adelante.

Muy pronto se desarrolló en él el sentido de los negocios. Después de trabajar todo el verano vendiendo refrescos en el negocio de su tío, el joven Ray ahorró su sueldo y abrió una tienda de música con dos amigos. Con una inversión inicial de 100 dólares cada uno, los tres jóvenes alquilaron un minúsculo local para la venta de partituras musicales y armónicas. Al cabo de sólo unos meses se vieron obligados a cerrar, pues las ventas eran casi nulas. Sin embargo, el joven Ray había hecho su experiencia comercial y le había tomado el gusto a la venta. Este fracaso le resultó útil, pues confirmó su vocación naciente.

Más o menos en esa misma época, los Estados Unidos entraron en guerra. El joven Kroc, que entonces tenía ya 14 años, decidió dejar la escuela, donde se aburría. No juzgaba que allí le enseñaran lo necesario para tener éxito. Disimulando su edad, se enroló en el ejército y se desempeñó como chofer de ambulancia para la Cruz Roja. Siguió su entrenamiento militar, pero, desafortunadamente para él, se firmó el armisticio justo la víspera de su partida hacia Francia.

Después de su experiencia militar, Ray volvió a Chicago con el objeto de encontrar trabajo. Consiguió empleo como representante de una compañía fabricante de cintas y diversas fantasías para adornar ropa. Allí dio sus primeros pasos en la venta, y muy pronto descubrió el secreto de lo que debe ser un buen vendedor. Pero su carrera llegó enseguida a un tope pues la empresa tenía poca envergadura, y Ray renunció a ese trabajo para ocupar un puesto de pianista en una gran orquesta moderna de Michigan. Allí conoció a Ethel, que unos años después habría de convertirse en su esposa.

¡SI USTED PIENSA EN PEQUEÑO, SEGUIRÁ SIENDO PEQUEÑO!

En 1922, Ray, que acababa de casarse con Ethel, se hallaba a la búsqueda de un empleo más estable que el de músico en los *ferry-boats*. Consiguió rápidamente un empleo como representante de una compañía de cubiletes de papel: la Lily Tulip Cup. Este nuevo trabajo enseguida entusiasmó a Kroc, pues presentía que los vasitos de papel formaban parte del futuro de los Estados Unidos. El olfato que manifestó de manera precoz le iba resultar muy útil a todo lo largo de su carrera. "Sin embargo, al principio —recuerda—, no era fácil vencer la inercia de la tradición; hacer comprender a los restaurantes y a los propietarios de bares que los vasos de papel eran más higiénicos, permitían evitar roturas y pérdidas y sobre todo introducir un nuevo concepto en el negocio de la comida y la bebida: los pedidos para llevar."

Pero la fuerza de su intuición le permitió vencer estas resistencias, que por lo demás son normales y al menos frecuentes, frente a un producto nuevo. Ray Kroc vislumbraba grandes posibilidades comerciales en los vasitos de papel.

"Estaba convencido —dice— de que, si uno piensa en pequeño, sigue siendo pequeño, ¡y yo no tenía intención de hacerlo!"

Ray Kroc se impuso en esa época un horario de trabajo pesado. Desde las siete de la mañana, con su valija de muestras en la mano, recorría las calles de Chicago en busca de pedidos y nuevos mercados. Hacia las cinco de la tarde, mientras la mayoría de la gente volvía a su hogar, Kroc se presentaba en la estación radiofónica WGES de Oak Park, de la cual era el pianista oficial, pues en esa época las emisiones musicales se realizaban en directo. Su jornada terminaba a las dos de la madrugada. ¿Cómo lograba soportarlo? No es que fuera un superdotado de resistencia física excepcional. Pero aprendió a desarrollar esa resistencia. Además, ha confesado cómo.

"Mi secreto residía en aprovechar al máximo cada instante de reposo. Creo que no dormía más de seis horas promedio por noche. A veces dormía cuatro o menos, y estoy convencido de que, si no hubiera recurrido a mi método de autohipnosis, no lo habría logrado. Además, detestaba estar inactivo, aunque fuera un minuto. Estaba decidido a vivir confortablemente y pudimos permitírnoslo gracias a los ingresos que me procuraban mis dos empleos."

Las ventas de vasos de papel seguían aumentando, y la confianza de Kroc en sí mismo se afirmaba al mismo ritmo. Fue así como en la primavera de 1925 Ray llegó a su desempeño máximo como vendedor de la Lily Tulip Cup y obtuvo de sus superiores la autorización de tomarse una licencia de cinco meses sin goce de sueldo. Unos días más tarde, hizo girar enérgicamente la manivela para arrancar su Ford T; puso la primera velocidad y emprendió el camino. Florida quedaba a cientos de kilómetros.

ALLI DONDE NO HAY RIESGO NO PUEDE HABER ORGULLO EN EL LOGRO A REALIZAR, Y, EN CONSECUENCIA, TAMPOCO FELICIDAD.

En esa época, la Florida era considerada una nueva tierra de prosperidad, una suerte de Eldorado. Miami rebosaba de gente en busca de fortuna y Ray Kroc acababa de llegar allí después de un agotador viaje de diez días en automóvil, venciendo las rutas barrosas que nada tenían en común con las de hoy. No demoró en conseguir empleo en W. F. Morgan & Son, como vendedor de propiedades inmobiliarias en el bulevar Las Olas, en Fort Lauderdale. Su trabajo consistía en encontrar eventuales clientes adinerados, deseosos de adquirir una propiedad en la Florida. Ray se convirtió pronto en un excelente vendedor inmobiliario y recibió como premio un soberbio automóvil Hudson con chofer, acordado a los veinte mejores vendedores de la compañía. Para un joven de 23 años, no estaba nada mal. Pero esos éxitos no duraron. Las historias sensacionalistas publicadas en los diarios del norte del país sobre los escándalos de las ventas de terrenos pantanosos de la Florida frenaron rápidamente la ola de prosperidad que comenzaba a conocer el sudeste de la costa estadounidense. ¡Para Ray Kroc, el negocio se esfumó!

> FORMO PARTE DE LOS QUE CREAN.
> ¡YO PRODUZCO DINERO Y NO VOY A
> DEJARME METER EN LA MISMA
> CATEGORÍA QUE LOS OTROS!

De vuelta en Chicago, Ray retomó sus actividades como vendedor de vasos de papel. Campos de carreras, canchas de béisbol, zoológicos, playas, confiterías, eran todos lugares donde Kroc desplegaba su talento y su agudo sentido de la iniciativa.

De 1927 a 1937 recorrió todo Chicago, obteniendo nuevos territorios, aumentando sin cesar su cifra de ventas. Pero una mañana su jefe lo convocó con urgencia a su oficina.

—Ray —le dijo con aire confuso—, tengo una mala noticia que darle. Las autoridades de la empresa han decidido reducir el 10% del salario de todos los empleados, en vista de la situación que prevalece en todo el país. También a usted lo alcanza esa medida y debe adaptarse a estas nuevas directivas, que, creo, serán de corta duración.

Esta noticia fue un verdadero golpe para Ray. La disminución del sueldo le desagradaba pero era sobre todo su orgullo el que estaba herido. ¿Cómo su patrón podía tratar de manera tan arbitraria al mejor vendedor de la compañía?

—Señor Clark —replicó Kroc—, es inconcebible que se me ponga a la misma altura que a los que no contribuyen en mucho al progreso de la empresa. Yo formo parte de los que crean, ¡yo produzco dinero y no voy a dejarme meter en la misma categoría que los otros!

—Compréndame, no tengo elección, esta medida debe aplicarse a todos, sin excepción.

—Muy bien. Yo formo parte de las excepciones, ¡y ya mismo le presento mi renuncia!

Cuando Ray Kroc cerró la puerta tras de sí, Clark quedó estupefacto. Jamás había conocido a un hombre tan determinado, ni sin duda un vendedor tan talentoso. El único problema era que acababa de perderlo. La esposa de Kroc le reprochó su gesto. Pero él no quiso escuchar razones. Su obstinación rindió al fin sus frutos, pues su patrón no demoró en volver a llamarlo. Kroc aceptó enseguida el arreglo ventajoso que le ofrecieron, es decir, una cuenta de gastos que compensaría de algún modo la reducción del 10% en el sueldo y que, como no iba en contra de la política general de la compañía, no corría el riesgo de chocar a los otros empleados. "Al salir de esa oficina tuve la sensación de haber crecido algunas pulgadas", recuerda Kroc. Su imagen de sí mismo era alta, no había querido ceder un ápice y cosechó los frutos de su determinación.

¡ESTOY CONVENCIDO DE JUGAR A GANADOR!

Poco después, en esa misma época, Ray Kroc conoció a Earl Prince, un ingeniero que se disponía a abrir una cadena de pequeñas heladerías llamadas "Prince Castle". Ray le proveía los vasitos de papel. Para Kroc, los negocios nunca habían andado tan bien. En efecto, ya contaba con una docena de vendedores que trabajaban para él. Sin embargo, los altercados cada vez más frecuentes con su patrón, concernientes al futuro de la empresa y la manera de estimular a los vendedores, comenzaron a contrariarlo y a socavar su entusiasmo. De modo que Kroc no vaciló mucho cuando Earl Prince le propuso asociarse con él. Es cierto, sacrificaba una posición envidiable. Pero enfrentaba el porvenir y nuevos desafíos. No tenía más que 35 años y olfateaba un buen negocio. Prince acaba de crear el "Multi-Mixer", suerte de batidora de leche de seis paletas. Kroc se ocuparía de la comercialización del nuevo aparato y sería su agente exclusivo para todo el país, mientras que Prince lo fabricaría. En cuanto a los beneficios, se los repartirían por partes iguales. El acuerdo no podía ser más equitativo.

> **NO ERA MÁS QUE LA PRIMERA ETAPA DE MI LUCHA POR CONSTRUIR UN MONUMENTO PERSONAL AL CAPITALISMO.**

En 1936, Kroc comenzó su nueva sociedad y partió a la conquista de nuevos mercados, llevando en mano su valija con muestras de Multi-Mixer, que no pesaba menos de... ¡25 kilos! Al principio, como le había ocurrido antes con los vasitos de papel, las cosas no marcharon solas (además, es lo que suele ocurrir en los negocios; de no ser así, todo el mundo sería millonario). Los restaurantes que poseían las batidoras tradicionales no veían como podía serles útil la Multi-Mixer, aunque se trataba de un aparato multiuso. Además, la Segunda Guerra Mundial frenaba considerablemente los aprovisionamientos de cobre, metal que formaba parte de la máquina. Kroc tuvo que abandonar momentáneamente la venta de esos aparatos y consagrarse en cambio a la venta de leche en polvo malteada. Terminada la guerra, Kroc volvió de inmediato a las Multi-Mixer, y muy pronto los negocios marcharon mejor que antes, sobre todo gracias a la aparición de nuevas cadenas de lecherías y heladerías, como la Dairy Queen y A&W. Kroc no dejaba de buscar nuevos mercados, asistía a todas las convenciones organizadas para los dueños de restaurantes y las asociaciones lecheras. En 1948 alcanzó la cifra récord de 8.000 Multi-Mixers vendidas. Ese récord no era para él más que una etapa. "En lo que a mí concierne —escribió— ésa no era más que la primera fase de mi lucha por construir un monumento personal al capitalismo."

Sin duda, los que sienten inhibiciones ante el dinero no tomarán a bien esta declaración estrepitosa.

> **USTED VA A COMER**
> **LA MEJOR HAMBURGUESA DE SU VIDA;**
> **NO TIENE QUE ESPERAR NI**
> **DAR PROPINA A LOS MOZOS.**

Ray Kroc contaba entre sus clientes a dos hermanos, los McDonald, que trabajaban con ocho Multi-Mixers, lo cual era mucho para la época; cada aparato podía preparar simultáneamente seis *milk-shakes*. Esta cantidad de máquinas denotaba una clientela imponente. Acompañando a uno de sus representantes en un viaje a Los Angeles, Ray Kroc vio operar por primera vez en la vida el restaurante de los hermanos McDonald. Quedó muy impresionado. Su instinto le hizo olfatear un buen negocio. Empero, quedó más impresionado por el aspecto modesto del edificio de los hermanos cuyo nombre habría de volverse tan célebre. Se trataba de una pequeña construcción octogonal en un terreno de 200 pies cuadrados formado por una esquina. En suma un restaurancito al borde de la ruta como tantos otros. Como se aproximaba la hora de la cena, Ray estacionó su coche cerca de la construcción para observar la actividad que allí se desarrollaba. En primer lugar se asombró de ver al personal todo vestido de blanco, con un sombrero de papel del mismo color, que llevaba carritos de provisiones: bolsas de papas, cajas de carne, pancitos, licores, dulces, etc. Un notable sentido del orden, la disciplina y la eficacia se desprendía de ese cuadro. Muy pronto, la playa de estacionamiento quedó repleta de coches, y ya se formaba una cola ante la caja. Kroc, perplejo, se unió a esa fila que no dejaba de prolongarse.

—¿Qué es lo que este lugar tiene de especial? —le preguntó a un hombre que esperaba delante de él.

—¿Nunca ha comido aquí?

—No.

—Muy bien. Verá que aquí va a comer la mejor hamburguesa de su vida y no tiene que esperar ni dar propina a los mozos.

Al mediodía siguiente, Kroc regresó al restaurante, con la intención de conocer a los hermanos McDonald. Obtuvo una cita para esa misma tarde, resuelto a saber de ellos lo más posible. Se enteró de que Maurice y Richard McDonald habían trabajado en la década de los años '20 como peones en uno de los estudios cinematográficos de Hollywood, hasta 1932, cuando decidieron montar su propio negocio y compraron un cine. No les fue muy bien y, en 1937, los dos hermanos convencieron al propietario de un terreno en Santa Anita de ayudarlos a construir un pequeño edificio del tipo "drive-in". En esa época en California se observaba un nuevo fenómeno en materia de lugares para ir a comer: los "drive-in", suerte de restaurantes al borde de la ruta adonde se podía ir en el auto y comer dentro de éste. En la capital del cine, ese tipo de establecimiento surgía como hongos; ciertos propietarios hasta tenían la extravagancia de tener camareras que circulaban en patines entre los autos, vestidas con ropas muy apetecibles. ¡California era, y es todavía, la cuna de la cultura estadounidense!

Como no sabían nada de ese negocio de las comidas, los hermanos McDonald aprendieron rápidamente gracias a uno de sus empleados, que había sido cocinero de una rotisería. El establecimiento McDonald era, a decir vedad, el prototipo de una legión que Ray habría de comercializar. El menú era limitado: hamburguesas, papas fritas y bebidas gaseosas. Todo preparado en cadena, cada etapa de la producción reducida a su más simple expresión y ejecutada con el mínimo de esfuerzo, tiempo y costos.

¿POR QUÉ NO YO?

En el curso de la noche siguiente a ese encuentro decisivo, Ray Kroc, en su habitación de hotel, reflexionó en lo que había visto y oído durante el día. Con respecto a esa noche escribió: "Yo veía ya, en mi mente, cientos de restaurantes McDonald instalados en todos los rincones del país". A la mañana, Kroc había concebido su plan de acción. Iría a ver a los hermanos McDonald y les propondría abrir una cadena de establecimientos similares al suyo a través del país. Los hermanos McDonald aumentarían sus beneficios y Kroc maximizaría la venta de Multi-Mixers. Ambas partes extraerían su ganancia. Por curioso que pueda parecer, era la mayor venta de Multi-Mixers lo que primero interesó a Kroc en el negocio de los McDonald.

—Ya tenemos bastante trabajo aquí —respondieron los hermanos McDonald a la proposición de Kroc—, y además eso nos ocasionaría muchas molestias. Sobre todo, no tenemos a nadie a quien pedirle que se ocupe de todo eso.

—¿Y por qué no podría ser yo? —lanzó Kroc de inmediato.

En el avión que lo llevaba de vuelta a California, las azafatas no hubieran podido adivinar nunca que Ray Kroc, ese pasajero de aspecto común, diabético, que sufría de artritis, amputado de la vesícula biliar y una parte de la glándula tiroides, iba a convertirse en uno de los más poderosos magnates del negocio de los restaurantes. Bien acomodado en su asiento, Kroc echó un vistazo a su valija, a la que miraba sin cesar como si contuviera millones. En efecto, encerraba una verdadera mina de oro: un contrato recién firmado por la mano de los hermanos McDonald. Ese contrato estipulaba que Ray Kroc tenía los derechos para la explotación de los restaurantes McDonald a través de todos los Estados Unidos. La arquitectura de todas las construcciones debía ser idéntica, es decir conforme a la que acababa de concebir el arquitecto de los hermanos McDonald. Además, el nombre McDonald debía aparecer en cada edificio. Cada menú debía ser también igual al de los demás establecimientos y cualquier nueva modificación de esas reglas debía ser previamente permitida por los hermanos McDonald por una carta firmada por ellos.

El contrato ofrecía a Kroc el 1,9% sobre la facturación bruta de las concesiones. Pero Kroc debía dar el 0,5% de esa cifra a los hermanos McDonald. Además, el contrato preveía que Ray Kroc cobraría 950 dólares por cada franquicia. Esta suma serviría para cubrir los gastos de Kroc. Cada licencia acordada a los concesionarios sería válida por un período de veinte años. El contrato que ligaba a Kroc a los hermanos McDonald no era válido más que por un período de diez años. Después se prolongaría a 99 años.

Tan pronto como se encontró de vuelta en Chicago, Ray se ocupó de encontrar un terreno para la construcción del primer restaurante McDonald. Con la ayuda de un amigo, Art Jacobs, que más tarde se convirtió en socio, Ray dio con un terrenito que parecía colmar todas las condiciones. La mayoría de los amigos de Kroc creían que era una locura comprometerse en un negocio de hamburguesas de 0,15 dólares cada una.

Sólo Ed MacLuckie, amigo de Kroc, lo alentó y se interesó en el proyecto. Kroc no tuvo dificultad en convencerlo de aceptar la gerencia de su primer local. Fue así como, en 1955, con los consejos de Hart Bender, el gerente de los hermanos McDonald, Ray Kroc abrió el primer restaurante McDonald en el medio oeste estadounidense. Empero, la adaptación de una construcción estilo californiano, tal como fuera diseñada por el arquitecto de los hermanos McDonald, no se adecuaba mucho al medio oeste, sobre todo en invierno. Kroc se reunió más de una vez con Maurice y Richard para conversar sobre las modificaciones que hacía falta realizar a los locales según el medio geográfico, pero los hermanos McDonald se negaron a firmar la carta de acuerdo que estipulaba el contrato.

La preparación de las papas fritas causaba muchos inconvenientes a Kroc. Aunque había observado bien y se sabía de memoria el método de los hermanos McDonald, no llegaba a obtener el mismo gusto que tenían las maravillosas papas fritas que había comido en California. El éxito de la empresa dependía de la capacidad de ofrecer en cientos de restaurantes las mismas normas de calidad y de sabor. Kroc resolvió finalmente el problema gracias a un sistema de ventilación instalado en el subsuelo del edificio, que aceleraba el proceso de maduración de las papas. El sabor de éstas va mejorando a medida que se secan, cuando los azúcares se transforman en almidón. Los hermanos McDonald conservaban las papas en bolsas de tejido metálico, expuestas a la brisa del desierto, y de este modo utilizaban, sin saberlo, un procedimiento natural de maduración. Mientras se ocupaba del restaurante, Kroc seguía vendiendo las Multi-Mixers, y con las ganancias pagaba el alquiler del restaurante y los sueldos de los empleados. Muy temprano por la mañana se presentaba en el restaurante para dar una mano. "Mi orgullo no me impedía pasar la escoba y lavar los baños."

Un año después de abrir el primer restaurante McDonald, otras tres concesiones vieron la luz en California y, durante los ocho últimos meses de 1956, se abrieron ocho nuevos restaurantes en diversos estados estadounidenses. La venta de las Multi-Mixers había permitido a Kroc estudiar miles de cocinas en todo tipo de restaurantes, y esta experiencia le servía ahora de mucho en las concesiones que daba. Es un ejemplo del principio de *spin-off* del que hablaremos más adelante. Es también una ilustración del principio de la "milla extra" que explicamos en otro capítulo. Todos los esfuerzos invertidos por Ray Kroc en el curso de sus primeros años de vendedor le permitieron muy pronto acceder a una verdadera fortuna.

Uno de los primeros objetivos de Ray Kroc en esa época era crear una red de restaurantes famosos por su calidad, su limpieza y su buen servicio. "Calidad, servicio, limpieza y precio. Si me hubieran dado un ladrillo cada vez que yo pronunciaba estas palabras, podría haber construido un puente sobre el océano Atlántico." Una filosofía como ésa exigía un programa permanente para educar y ayudar a los concesionarios.

Para permitir semejante expansión del imperio que se estaba levantando, Kroc tuvo la idea de convencer a los propietarios de terrenos pasibles de abrir locales en ellos, de alquilarlos sobre una base subordinada. En otras palabras: los propietarios tomaban una segunda hipoteca para que el equipo de Kroc fuera al banco a negociar una primera hipoteca, con lo cual el propietario del terreno subordinaba su terreno a la construcción. A Kroc no le costó convencer de esto a los propietarios de los terrenos, que enseguida se dieron cuenta de lo que podía reportarles su tierra vacía. Fue sólo entonces cuando el negocio McDonald comenzó a resultar verdaderamente rentable. Kroc elaboró también una fórmula de pago mensual que debían enviar los concesionarios, lo cual permitía pagar las hipotecas, cubrir los gastos y sacar un beneficio. Kroc recibía el importe más elevado de un mínimo mensual fijo o de un porcentaje de la cifra realizada por el concesionario. Al cabo de algún tiempo, esta fórmula comenzó a reportar ingresos importantes. ¡Ray Kroc apenas había tocado la punta del iceberg!

> YO CREO EN DIOS, EN LA FAMILIA Y EN McDONALD, Y EN LA OFICINA ESE ORDEN SE INVIERTE.

Kroc emprendió a continuación la tarea de rodearse de excelentes colaboradores, expertos contables, abogados, consejeros financieros... "El éxito de mi empresa se debe en gran parte a mi clarividencia en la elección de las personas que ocupaban los puestos claves en mi negocio."

Tras algunos años de operación, Ray Kroc, ante la rápida expansión de la cadena McDonald, intuía cada vez con mayor intensidad que tenía entre manos un negocio soberbio... El único problema era que no lo tenía relamente en *sus* manos. Había un contrato que lo ligaba a los hermanos McDonald. Pronto le resultó evidente que, si deseaba hacerse rico y lograr que su cadena se expandiera como él lo soñaba, no tenía que tener trabas. Debía rescindir su contrato. Y eso es lo que decidió hacer.

Después de discutir largamente con su principal consejero financiero la mejor estrategia que debía adoptar para negociar el rescate, Kroc optó por la manera directa y telefoneó a Dick McDonald para pedirle su precio. Cuando, dos días más tarde, el hermano McDonald le dijo el precio que pedía, Ray Kroc, estupefacto, dejó caer el tubo con estrépito, lo cual no dejó de inquietar a su interlocutor. Es que la cifra que había dicho McDonald era para dejar sin aliento a cualquier administrador:

¡2.700.000 dólares!

En esa época, e incluso hoy, era toda una suma. Y, además, Ray Kroc estaba lejos de poseerla, sobre todo después del divorcio de su primera esposa, que había tenido lugar en ese lapso.

—Mire usted, señor Kroc —explicó Dick—, mi hermano y yo nos hemos ganado en buena ley ese dinero. Hace treinta años que trabajamos en este negocio. Quisiéramos que nos quedara un millón de dólares a cada uno, libres de impuestos, y así le concederíamos a usted todos los derechos, incluido el nombre y todo lo demás.

¿Cómo reunir semejante suma? A la mañana siguiente, Kroc convocó a su estado mayor y, unos días después, John Bristol, consejero financiero de la Universidad de Princeton, fue contratado como socio capitalista. Bristol logró conseguir, mediante diversos financistas los fondos necesarios. El costo total de la transacción se elevó a los 14 millones de dólares, y las previsiones de Kroc indicaron que había que esperar a 1991 para reembolsar la totalidad del préstamo. En 1972 se lo había devuelto todo. Kroc había cometido un pequeño error de cálculo: había basado la proyección financiera en las ventas del año 1961, sin prever, pese a su optimismo, un crecimiento tan rápido.

Ray Kroc acababa de dar el gran paso por el camino de la fortuna. Pero todavía faltaba mucho para ganar la partida. Kroc debió afrontar numerosas batallas administrativas y legales, demostrar una gran calidad de gestor y financista. La expansión del imperio McDonald fue fenomenal. En 1977, cuando Ray Kroc publicaba su edificante autobiografía, McDonald poseía 4.177 restaurantes en los Estados Unidos y otros 21 países. Y de allí hasta hoy no ha dejado de crecer. ¡Las ventas totales superan los 3 mil millones de dólares!

La filosofía impuesta a los concesionarios preveía, en efecto, hasta los menores detalles de todas las operaciones cotidianas. Los tiempos de cocción estaban determinados al segundo y se los controlaba mediante luces intermitentes. Las hamburguesas debían pesar tantos gramos y tener tal diámetro. A la hamburguesa que no se vendía en diez minutos después de su cocción debía tirársela. En cuanto al personal, tenía que adecuarse a reglas muy precisas, no sólo referentes al uniforme obligatorio, sino también al peinado y los modales. Así, el empleado debía recibir al cliente con una sonrisa y mirarlo a los ojos. En cuanto a las medidas económicas, son numerosas y sutiles. Por ejemplo, en todos los McDonald que no están equipados con un mostrador de autoservicio para los condimentos, el cliente debe pedir la sal o la pimienta cuando los desea. Para evitar los derroches, no se le entregan en el momento de la compra.

A partir del momento en que Ray Kroc rescató su contrato con los hermanos McDonald, impuso a todos sus concesionarios una política extremadamente firme que explica en gran parte su éxito. Su preocupación por el detalle era proverbial. Y tampoco es extraña a su éxito. Se trata a menudo de una serie de pequeños detalles en apariencia anodinos y que hacen la diferencia entre el fracaso y el éxito. Esta preocupación es resultado de la experiencia, y sobre todo de una atención constante, siempre en procura de un mejoramiento, por ínfimo que sea.

Los diez hombres ricos se han pasado la vida ocupándose de detalles que otros habrían desdeñado. Ray Kroc, por su parte, habría podido pasar por maniático, tanta era su exigencia en cuanto a los detalles (sobre todo los concernientes a la limpieza). "Siempre me hacía feliz ver uno de mis McDonald. A veces, sin embargo, lo que veía no me daba tanto placer. Ocurría que Ed McLuckie se olvidaba de encender el cartel no bien caía la noche, y eso me ponía furioso. O bien había basura en el piso y Ed me decía que no había tenido tiempo de recogerla. Esas pequeñas cosas no parecían molestarle a él, pero para mí eran afrentas serias. Gritaba como un loco y trataba a Ed sin ninguna consideración. El se lo tomaba con calma. Yo sabía que esos detalles eran tan importantes para él como para mí, y unos años más tarde él mismo lo comprobó en sus propios restaurantes."

Kroc trabajó hasta el fin de su vida, consagrando siempre su tiempo a procurar personalmente los locales donde abrir nuevos restaurantes. La Sociedad McDonald adquirió un avión que utilizaba para estudiar nuevos terrenos, buscando las ubicaciones próximas a escuelas e iglesias.

Pese al dolor que le provocaba una cadera deformada, Kroc seguía desplazándose, asistiendo a la oficina. Para un hombre como él, sin duda el sufrimiento era preferible a la inercia. Hacia el fin de su vida alguien le reprochó que, para una persona adinerada como él, era fácil hablar de éxitos y triunfos, puesto que poseía ya varios millones de dólares. "Aun así —respondió Kroc—, ¡sepa usted que no puedo llevar más de un par de zapatos a la vez!"

El hombre seguía siendo una persona sencilla, pese a sus millones.

No tener inhibiciones ante el dinero

En el establecimiento de toda nueva imagen es necesario efectuar una limpieza. Todo sujeto choca con resistencias, obstáculos. Una de las resistencias más comunes, más profundamente arraigadas, y más nefastas, es la concepción que afirma que, para emplear una expresión conocida, "el dinero es sucio". Esta concepción adopta diversas formas y es, en general, más o menos inconsciente. Se dirá que es malsano desear enriquecerse, que las personas que ambicionan mejorar su situación no son más que burgueses, bajamente materialistas. Para muchos, se trata de una herencia puritana atribuible a los resabios de una educación judeocristiana. Hay que agregar que la aversión contra el dinero es con frecuencia hipócrita. Se critica a los ricos pero, al mismo tiempo, se los envidia en secreto. Empero, las actitudes cambian poco a poco, aunque ciertos prejuicios resistan.

Otra de las resistencias frecuentes a la formación de una nueva imagen es el miedo, de las personas salidas de un medio modesto, a renegar de sus orígenes o sus padres. Este miedo no es, evidentemente, algo que afecte a todas las personas de extracción modesta. Hemos visto, en efecto, que la pobreza, la frustración y la humillación de nacer pobre han sido el fermento de varias fortunas asombrosas. Lo cual probaría, si hiciera falta, que la modestia de los orígenes no condena a nadie a la mediocridad y que la pobreza no es hereditaria. En el fondo, como se dice, y aunque esta expresión pueda resultar chocante, la pobreza es, en muchos casos, una enfermedad mental.

Esto es, de cierto modo, tranquilizador. Si la pobreza es una enfermedad, se la puede curar. Siempre se puede salir de ella. No existe ninguna condición exterior, ninguna restricción, ninguna circunstancia sobre la cual no pueda triunfar la mente. El hombre que toma conciencia de esta verdad posee la clave para dominar su destino, para cambiar su presente y su futuro en función de su voluntad y sus aspiraciones. El hombre que ha tomado conciencia de esta ley fundamental y la aplica en su vida, se convierte en lo que desea ser, tal como se imagina. Y nada, absolutamente nada, puede impedírselo. Las circunstancias se doblegan ante su voluntad y su mente.

La justa concepción del dinero

La concepción de que el dinero es sucio, o que al elevarse por encima de su condición social original uno reniega de sus padres, es deplorable. La filosofía que afirma que uno se torna burgués y carente de espiritualidad cuando se entrega a ambiciones materiales es también errónea. Pues —si dejamos a un lado el dinero ganado por azar, como en la lotería o las carreras de caballos, o el que proviene de una herencia—, ¿qué es lo que significa ganar mucho dinero? La verdadera significación del dinero que se gana, honestamente (significación que le restituye su verdadera nobleza), es el reconocimiento de los servicios prestados. Un hombre rico es entonces un hombre que ha prestado un servicio a muchos de sus semejantes y ha recibido la justa retribución. Esto es lo que olvida la mayoría de las personas que desprecian al dinero y lo condenan. Es cierto, Henry Ford amasó millones y hasta llegó a archimillonario. Pero, a cambio, ¿qué servicios prestó a la humanidad? Gracias a su paciencia admirable, a su genio, a su determinación proverbial, ese pequeño hombre sin educación del cual muchos de sus contemporáneos se rieron al principio, hizo dar un paso gigante a la humanidad, que pudo acceder a la era del automóvil. ¿Se imagina usted la vida moderna sin automóvil? Por cierto que no. Además, gracias a Henry Ford, se crearon miles de empleos. Su fortuna no es más que el reconocimiento del público, el justo pago de los servicios que él le prestó a tanta y tanta gente. Por otra parte, Henry Ford era perfectamente consciente del verdadero significado de la fortuna y por ello mismo supo cuál era el modo más seguro de adquirirla. A un hombre que le preguntó qué haría él si perdía todo su dinero, le respondió sin ambages: "Pensaría en otra necesidad fundamental de la gente y respondería a esa necesidad ofreciéndole un servicio menos caro y más eficaz que el que le ofrezca cualquier otro. En cinco años sería millonario otra vez".

Encontrar una necesidad fundamental de la gente, responder a ella con un servicio menos caro y más eficaz... Es así como han construido su fortuna muchos hombres ricos. Podríamos establecer la misma fórmula para los diez hombres que hemos estudiado.

Por ejemplo, Walt Disney. Alegró la vida de miles de niños.

¿Y Watson? Su genio para los negocios le permitió comercializar las computadoras IBM y cambiar toda nuestra sociedad. ¿Qué sería de la vida de hoy sin la informática?

¿Conrad Hilton? Su filosofía hotelera le permitió asegurar una calidad excepcional a todos los viajeros de la Tierra, o casi. La seguridad del confort y los servicios le dieron su fortuna.

Los que reprochan su riqueza a ciertos hombres deberían considerar lo que esos hombres han hecho por sus semejantes en términos de productos, servicios o cantidad de empleos creados. El reconocimiento que han recibido esos hombres ricos no es atribuible al azar.

Dicho esto, aunque el servicio prestado a los demás sea inmenso, no hay que creer que el esfuerzo debe necesariamente ser proporcional. Lo que importa es el servicio prestado o la popularidad del producto. En este sentido, se dice que el cálculo vale el trabajo. Una sola idea basta para hacerse rico. ¿Y cuánto tiempo hace falta para tener una idea? Una fracción de segundo. Evidentemente, su realización puede exigir —y en general es así— mucho más tiempo que esfuerzos.

Rubik, cuyo nombre lleva su famoso cubo, se hizo millonario gracias a una sola idea. Rápidamente y sin penosos trabajos. ¿El servicio que prestó? Divirtió e hizo trabajar la materia gris de millones de personas de todo el mundo. Y el que inventó el juego "Monopolio", ¿cuánto cree usted que cobró en *royalties* ?

Muchos afirman que el dinero en sí no es ni bueno ni malo. Nosotros creemos, por el contrario, que, así como es el nervio de la guerra, es la levadura de toda civilización. No es casual que, a través de los tiempos, sean los países más ricos los que alcanzan los más altos niveles culturales y científicos. Las ventajas del dinero son inmensas, tanto para los individuos como para los países. De modo que deshágase de una vez por todas de esas ideas obtusas de que el dinero es sucio, burgués, malo. Por supuesto, no tenemos la ingenuidad de afirmar que el dinero sea una panacea, pero facilita la vida y abre inmensas posibilidades. El único inconveniente es sin duda el de convertirse en esclavo del dinero. Servidor excelente, amo deplorable. Lo que importa, a fin de cuentas, es integrar en su nueva imagen de usted mismo una concepción justa del dinero. Ese es su pasaporte hacia una mayor libertad. Usted tiene derecho a eso. Ejerza, entonces, su derecho. Bórrese de la mente todo pensamiento que vaya en contra de esta filosofía. Bórrese toda inhibición profunda y nefasta. Mientras no se libere de esos prejuicios, no podría enriquecerse verdaderamente. Permanezca alerta. Esta inhibición adopta a menudo una forma insidiosa que rehuye el análisis pues se disfraza de maneras ingeniosas. En su autoanálisis, tenga siempre presente el siguiente principio, suficiente para vencer cualquier objeción: No hay ninguna razón válida que le impida enriquecerse.

¡Véase rico desde ahora!

Dicen que una imagen vale mil palabras. En la formación de una nueva imagen de sí mismo, y en la reprogramación del subconsciente, ya hemos visto cómo utilizar las sugestiones verbales, que convienen perfectamente a ciertas personas y, además, resultan siempre eficaces. Pero ciertas personas prefieren completar estas sugestiones con una serie de imágenes dirigidas. La visualización creadora puede, en efecto, ser una gran ayuda. Además, todos pueden recurrir a ella en su vida de todos los días. Pensamos tanto en imágenes como con palabras. Constantemente nos entregamos a eso que se ha dado en llamar "soñar despierto".

Nos proyectamos en el futuro, imaginándonos en tal o cual situación. Evocamos el pasado, reviviéndolo en imágenes. Lo sepamos o no, esas imágenes influyen enormemente en nuestro subconsciente y contribuyen a forjar nuestra personalidad. Mejor todavía, a menudo forman nuestro porvenir, sin que lo sepamos. Si es de manera positiva, no hay nada que decir. Pero como en general estos ensueños no son dirigidos, con frecuencia sus resultados son negativos. Si los recuerdos del sujeto son tristes, si ha sufrido numerosos fracasos, su guión mental no es nada regocijante y las imágenes que evoca lo refuerzan en una programación negativa. Si es una persona pesimista, cuando sueña con el futuro lo hace con la ayuda de imágenes negativas que amenazan con modelar de la misma manera lo que será su futuro.

A estos ensueños o imágenes hay que dirigirlos. Cada día, acompañe su sesión de programación con una visualización dirigida, es decir, eso que podemos denominar sueño científico. Una vez relajado, y por lo tanto más susceptible de influir sobre su subconsciente, imprégnese de imágenes nuevas y positivas. Para este ejercicio no hay límites. Haga como si usted poseyera ya lo que desea obtener, como si ya hubiera alcanzado su objetivo. Una de las razones de la eficacia de esta técnica es que el subconsciente no funciona con las mismas reglas temporales que la mente consciente. En efecto, en el subconsciente —como además en los sueños, que son su producto más fácilmente perceptible— el tiempo no existe. No hay verdadero pasado o futuro. Todo es como un eterno presente.

Es, además, por esta razón que los traumatismos ocurridos en la infancia de un sujeto pueden afectarlo durante años aunque, racionalmente, sepa muy bien que ya no tiene que preocuparse por lo que haya podido pasarle. Es también por esta razón que es posible hacer como si, pues el subconsciente no hace la distinción, porque está impresionado por la imagen, sin relación con el tiempo.

Su subconsciente es como un vasto campo y, en este sentido, se rige por lo que llamamos la ley de la simiente. Esta ley universal, que no sufre ninguna excepción, es denominada también, por algunos autores, la ley de la manifestación. Es, sencillamente, el equivalente, en el mundo mental, de la ley de la causalidad del mundo físico. Cada acción acarrea una reacción. En el mundo mental, y por lo tanto en su vida en general, el pensamiento, la idea, es la causa, y el hecho, las circunstancias exteriores, constituyen el efecto. En verdad, cada pensamiento que usted tiene en su mente tiende a manifestarse en su vida.

> **TODOS SUS PENSAMIENTOS TIENDEN A MATERIALIZARSE EN SU VIDA.**

Es por este motivo que usted debe vigilar con suma atención sus pensamientos. Así, en lo que concierne al dinero, si usted piensa de continuo en inquietudes económicas, si no cesa de repetirse que no llegará a nada, que se arriesga al fracaso, alimentará pensamientos que, en virtud de la ley que acabamos de citar, tenderán a manifestarse, y de manera mucho mayor, pues se ha demostrado que el subconsciente actúa como un amplificador, como una lente de aumento.

No deseamos, por cierto, alentarlo a la despreocupación, defecto pernicioso en la conducción de los negocios. A menudo hay un sutil matiz de diferencia entre la imprevisión y la confianza, entre el optimismo y la temeridad. Nosotros no predicamos la política del avestruz. En todo negocio, como en toda empresa, hay dificultades y problemas. Pero los diez hombres que hemos estudiado, así como todos aquellos que se han convertido en millonarios, jamás se han dejado abatir por las dificultades. Sin duda las han considerado con lucidez, pero su mirada iba más lejos, su mente estaba habitada por sus sueños, sueños que ellos alimentaban constantemente, que nutrían cada día. Sin duda percibían los obstáculos, los problemas, pero, sobre todo, veían los medios de los cuales disponían para superarlos. La mayoría de la gente tiene más imaginación para concebir los obstáculos que van a impedirles realizar un proyecto, que los medios de que disponen para triunfar.

En el mundo de la mente, las ideas tienen una existencia real, aunque sean invisibles. En verdad, tienen una existencia tan real como la obra que usted sostiene en este momento en sus manos o el sillón donde se encuentra sentado mientras la lee. No hay que ver misticismo alguno en esta concepción, ninguna elucubración brumosa. Y es por esta razón que se dice que las ideas gobiernan el mundo. Su potencia es prodigiosa. Por lo tanto, debe usted tener constantemente en su mente ideas de abundancia, de riqueza, de éxito. Cada pensamiento es una vibración. Una onda, que en razón de una misteriosa ley de atracción, atrae hacia ella los objetos, los seres y las circunstancias de naturaleza similar. Lo negativo atrae lo negativo, así como, con toda seguridad, lo positivo atrae lo positivo.

Hay mucha gente pretendidamente seria que desconsidera el sueño pues afirma que hay que mirar la vida de frente y aceptar la propia condición, aunque no sea como uno la desea. Pero estas personas resignadas y la mayor parte del tiempo desdichadas (y que, por otra parte, desalientan sistemáticamente cualquier tentativa de progreso y enriquecimiento de los demás, juzgándola vana e ilusoria), estas personas resignadas olvidan que existen dos clases de soñadores. Están los que sueñan sueños delirantes, que dejan libre curso a la fantasía de su imaginación y se complacen en ensueños sin jamás procurar hacerlos realidad, permitirles cumplirse. Pero están también los que sueñan de manera realista, si así se puede decir, o sea que creen en el poder creador de su subconsciente, pues el sueño despierto es una manifestación directa de él. Cada hombre rico comenzó por soñar con su riqueza. Cada artista comenzó por soñar con su obra. Cada político tiene su proyecto de sociedad. Pero el sueño de esos hombres no se detiene allí. Esos hombres aprendieron y aplicaron los medios concretos de realizarlos.

Por desgracia, la educación privilegia por lo general a la parte racional y estrictamente lógica del pensamiento, descuidando, si no menospreciando, el aspecto intuitivo e imaginativo, de manera que el hemisferio izquierdo del cerebro es más solicitado que el derecho. Sin embargo, nunca se ha realizado nada grande sin un sueño previo. El sueño es una suerte de proyección de la imagen de sí mismo. Además, ¿qué es, por definición, una proyección, un proyecto? Es el uno mismo que uno arroja hacia adelante. Cuanto más vasta es nuestra imagen de nosotros mismos, cuanto más se amplía mediante nuestra programación, más grandioso será nuestro sueño. Y lo más sorprendente de los sueños, por audaces que sean, es que a menudo se realizan con más facilidad de lo que se cree.

Su laboratorio mental

Existe una técnica bien simple, que utilizan numerosos hombres de negocios, artistas y sabios, para poner en funcionamiento el poder del soñar despierto. Así como se revelan las fotos en el cuarto oscuro, revele usted su sueño en un ambiente oscuro. Sin luz, solo, en el mayor silencio posible, siéntese cómodo o acuéstese. Y deje que, poco a poco, las imágenes lo invadan. La razón por la cual la oscuridad y la tranquilidad son favorables a la eclosión de las ideas y a la germinación de sus sueños es que lo ponen en contacto más directo con su subconsciente puesto que, por así decirlo, lo incomunican del mundo exterior. En ese estado es importante no censurarse, dar libre curso a todos los pensamientos que afluyan, aunque a primera vista aparezcan alocados o insensatos. En efecto, esta técnica es una forma de eso que los estadounidenses llaman *brainstorming* . Puede ayudarlo a resolver numerosos problemas y descubrir numerosas ideas.

El poder del subconsciente no tiene otro igual que su sabiduría. y por un motivo bien simple. El subconsciente no olvida nada. Registra todo lo que ocurre en su vida, los menores gestos, todas las palabras, todos los pensamientos. Es un perfecto archivista de la vida de cada individuo. Y, contrariamente a nuestro consciente, jamás deja de funcionar. Trabaja 24 horas por día. Registro de miles de hechos e ideas, su subconsciente es una verdadera mina de oro.

Lo único malo es que a menudo lo ignoramos, o que no nos atrevemos a hurgar en esta mina maravillosa. Y sin embargo, es fácil. Es lo más enriquecedor que usted puede hacer. Más que el trabajo. Porque el trabajo sin buenas ideas previas es inútil.

Su subconsciente es depositario de miles de ideas que pueden enriquecerlo rápidamente. Ahora bien, basta con tener una. ¿Cómo encontrarla? Aprenda a dialogar con su subconsciente. Formúlele una pregunta precisa, de preferencia a la noche, antes de acostarse.

Ya hemos visto antes la importancia de la intensidad del deseo en la realización de las sugestiones. Demás está decir que lo mismo ocurre con las preguntas que usted le haga a su subconsciente. Cuanto más las alimente un ardiente deseo, más rápidamente se cumplirán.

Confíe, no obstante, en que su subconsciente le dará siempre la respuesta apropiada. ¿Cómo hace para realizar ese prodigio? Ese sigue siendo uno de los aspectos misteriosos de la vida. No busque en vano tratar de saber cómo su subconsciente logra sus fines. En cierto modo, actúa un poco a la manera de un mecanismo de cabeza buscadora.

El subconsciente, como ya lo hemos dicho, es un archivista perfecto, que retiene todas las impresiones, los pensamientos y los actos de nuestra vida. Pero lo que tiene de más fascinante aún es que posee un misterioso acceso a informaciones que jamás hemos registrado, es decir, a cosas que no conocemos. Los ejemplos son múltiples y contará usted muchos en su vida, si presta atención a este misterioso principio. En la vida de los hombres ricos abundan los ejemplos de aplicación de este principio. El joven realizador Steven Spielberg, a quien pronto iban a llamar "el príncipe de Hollywood", tenía en la cabeza un proyecto de filme y un guión: lo único que le faltaba era un productor, como suele ocurrir con frecuencia en el cine. Un día conoció "por casualidad", en la playa, a un hombre rico que estaba dispuesto a invertir en el cine y alentar a los jóvenes talentos. Gracias al dinero de ese productor imprevisto, del que Spielberg jamás había oído hablar hasta ese momento, el ilustre desconocido pudo realizar *Amblin*, película que le valió una mención en el Festival de Venecia y le permitió hacerse notar en el medio cinematográfico.

A menudo es así como su subconsciente le dará las respuestas a sus preguntas. Conocerá usted "por casualidad" a alguien con quien sostendrá una conversación determinante. A alguien que le permitirá realizar un proyecto. O leerá una nota en un diario, un libro, o verá un programa de televisión que responderá a su búsqueda de la manera más precisa posible.

Los que no están al corriente de este principio suelen explicar estas circunstancias afortunadas mediante el azar o la buena suerte o la casualidad. Pero en realidad, en nuestro mundo regido por la ley implacable de la causalidad, de la acción y la reacción, tanto en el plano mental cuanto en el físico, el azar no existe. Ni tampoco la casualidad. Ni la buena o la mala suerte. La buena y la mala suerte son frutos inesperados y a menudo tardíos de dos cosas: nuestros pensamientos y nuestros actos anteriores. Toda persona que ha programado su subconsciente de la manera adecuada, es decir, que lo ha nutrido de pensamientos positivos de éxito y riqueza, que lo ha fortalecido con esfuerzos constantes en pos del cumplimiento de sus objetivos, alcanzará su meta tarde o temprano. Las personas que desconocen o menosprecian estas leyes no toman en consideración los esfuerzos y los pensamientos anteriores y creen en la suerte.

Así entonces, en cierto sentido uno hace literalmente su propia suerte. Tanto buena como mala. Es por esto que podemos afirmar sin vacilar que el que conoce y aplica correctamente las leyes de la mente y el éxito puede forjar su destino.

Comience hoy mismo a aplicar estas leyes universales, y verá que no sólo usted fabrica su propio destino. Misteriosamente, todas las personas que lo rodean, y también los desconocidos que encuentre, contribuirán a su triunfo. Otro ejemplo de esta ley es la manera como Steven Spielberg encontró la idea de su primer filme de éxito, *Duel* . No fue el fruto de largas meditaciones ni de búsquedas intensas. Para nada. Simplemente, un día, su secretaria le llevó una revista en la que recomendaban calurosamente la lectura de una novela breve que acababa de aparecer. Spielberg la leyó y se entusiasmó. De inmediato supo que había encontrado la idea que buscaba. Sin su secretaria, jamás habría oído hablar de esa novela. Pero allí estaba su subconsciente, que actuaba y, por decirlo así, se ocupaba de todo. Inútil decir que tales ejemplos de la "dichosa casualidad" son moneda corriente en la vida de los hombres ricos. No sólo todo lo que ellos tocan se convierte en oro, sino que todas las personas que conocen les permiten enriquecerse. A usted puede pasarle lo mismo. Ponga su subconsciente en funcionamiento. Está ahí para servirlo a usted.

Podríamos extendernos varias páginas más en el tema del poder insospechado del subconsciente y la manera de utilizarlo. De hecho, hay libros enteros que se dedican a esa materia apasionante. Y usted podrá encontrar obras excelentes en la bibliografía del presente libro. Pero ahora posee ya los grandes principios que le permitirán enriquecerse en la medida exacta de su ambición y de la imagen que se haga de usted mismo. Estos grandes principios de la mente son la base del éxito. Ahora vamos a ver cómo aplicarlos en la vida de todos los días, descubriendo sobre todo cómo conocer una de las exigencias capitales del éxito: saber tomar la decisión correcta.

CAPÍTULO 3

Saber tomar la decisión correcta

Ford, como ya hemos visto, era un hombre de una convicción y una fe inquebrantables. Eso le permitió superar condiciones extremadamente difíciles. La fe en el éxito es uno de los elementos claves de todo éxito. El autor del *best-seller Reflexione y hágase rico,* Napoleon Hill, quien, a pedido del archimillonario estadounidense Andrew Carnegie, estudió la vida de varios millonarios para elaborar su filosofía del éxito, afirma incluso que el secreto supremo del éxito reside en la fe. Y lo formula de este modo: "Todo aquello en lo que la mente humana puede creer, también puede realizarlo".

La fe tiene, por lo tanto, suma importancia. Y todos los que han triunfado han creído en su estrella, en sus sueños. Para ellos, nada parecía imposible.

Empero, objetará usted, tener fe es una cosa, pero ¿cómo saber si uno cree en una buena idea y no en un proyecto desastroso? Sobre todo sabiendo que, confesado por ellos mismos, hasta los millonarios y hombres de negocios encumbrados han llegado a cometer errores muy costosos. ¿El daño no es aún más considerable para el que está comenzando? ¿Cómo saber diferenciar la paja del trigo? ¿Cómo elegir entre lo posible y lo imposible? ¿Cómo, en otras palabras, desarrollar una seguridad de juicio que permita no ya eliminar, pues nadie está por entero libre de cometer errores, pero sí, al menos, reducir las posibilidades de errores?

Constantemente se nos llama a tomar decisiones. Para aceptar un empleo o cambiarlo, para elegir una profesión, para dar aval a un proyecto, para invertir dinero. El que quiere sobrevivir y enriquecerse debe tomar la decisión correcta. Lo más a menudo posible. ¿Pero existe un método seguro para desarrollar esta capacidad tan preciosa? ¡Sí! Y vamos a examinarlo sin más demora.

Esta facultad le permitirá saber en qué proyectos debe creer, y le permitirá alcanzar cimas inigualadas.

Lo que es evidente, lo que salta a la vista, rara vez permite alcanzar la riqueza. Si así no fuera, todo el mundo sería rico. El hombre que llega a enriquecerse, mientras los que lo rodean se hunden en la mediocridad y se pasan la vida ajustándose el cinturón, es como un clarividente entre ciegos. Contrariamente a la mayoría de la gente, ha desarrollado la capacidad de percibir el resplandor de lo posible en lo que a los demás les parece imposible. Ve más allá de los obstáculos que se alzan en el camino de toda empresa. Percibe los medios que le permitirán triunfar.

En la conducción de los negocios, para llevar a cabo una carrera, poco importa en qué dominio, todo hombre marcha sobre una cuerda floja. Un mal paso no es necesariamente fatal, pero demora, al menos un tiempo. Por lo tanto hay que desarrollar la facultad de tomar lo más a menudo posible la decisión correcta. Saber decir sí cuando así debe ser, pero también decir no y alejarse de las aguas peligrosas si se trata de un negocio que podría conducir a la ruina.

Resulta alentador comprobar que, en la opinión de la mayoría de los hombres ricos, esta capacidad rara vez es innata y puede adquirirse y desarrollarse. Es decir, por lo tanto, que es accesible a cualquiera que se tome el trabajo de obtenerla y cultivarla. En este capítulo veremos cómo. Este aprendizaje esencial es, como ya lo verá, mucho menos difícil de lo que usted pueda pensar.

Cuanto más desarrolle usted su capacidad de ver lo que es realizable allí donde otros no ven más que lo imposible, de tomar regularmente la decisión correcta, más original lo considerarán, y a veces también más loco. Pues la mayoría de las buenas oportunidades no son evidentes. Por lo general, hasta parecen insensatas. Cuando se aventure en el camino hacia el éxito, no tenga en cuenta las críticas o los comentarios desalentadores de los que lo rodean.

Si hubo un hombre que tuvo que hacer frente a la crítica y la desaprobación, fue Jean-Paul Getty. "Normalmente —confiesa no sin cierto humor—, la mayoría de la gente que conozco no aprueba mis proyectos, pero cuando les anuncié mi intención de comprar y construir en Revolcadero Beach, la reacción, por una vez fue unánime: ¡Imposible! Las razones que invocaron para juzgar imposible mi proyecto eran muchísimas... Y, debo admitirlo, muy atendibles... Sin embargo, yo pensaba, yo sabía, que el proyecto era realizable. (...) En el momento de la inauguración, el lujoso hotel se convirtió en todo lo que yo había previsto y su éxito inmediato superó todas mis expectativas: otro proyecto 'imposible' que se tornó 100% posible desde el principio. Hubo muchos otros, grandes y pequeños, antes y después."

Estas palabras podríamos ponerlas sistemáticamente en boca de todos los que han triunfado. Y es normal, pues para triunfar han seguido ese refrán que aconseja: "Para triunfar, no hagas lo que hacen los demás".

Pero hay que admitir que las objeciones del medio o incluso de especialistas a veces se apoyan en análisis "racionales". Es cultivando el "olfato", la intuición, como se puede ver más allá de los análisis "racionales". Además, todo el secreto del éxito se basa esencialmente en el arte de distinguir entre lo posible y lo imposible, de ver el filón allí donde los otros no lo ven, y de verlo antes que los demás.

Es cierto, sería ingenuo pretender que absolutamente todo se torne posible en ciertas condiciones y determinado momento. Hay proyectos que no son viables o demandarían una inversión de tiempo y energía demasiado considerable. Se puede leer un ejemplo divertido e instructivo de este principio en el *best-seller What They Don't Teach You at Harvard Business School* : "Una industria de alimentos para perros desarrollaba su reunión anual de estudios de ventas. El presidente escuchó pacientemente al director de publicidad, que le presentaba una nueva campaña sensacional, a su director de *marketing* , que le sometió un plan de puntos de venta que iba a 'revolucionar el mercado', y a su director de ventas, que exaltaba las virtudes de 'la mejor fuerza de ventas que se ha visto'. Para terminar, el presidente tomó la palabra y concluyó con algunas observaciones:

—Hace varios días que escuchamos a nuestros jefes de departamentos exponer sus maravillosos proyectos para el futuro. No tengo más que un pregunta que hacer. Si tenemos la mejor publicidad, el mejor *marketing* y la mejor fuerza de venta, ¿cómo se explica que no vendamos esta bendita comida para perros?"

"Un silencio total se adueñó de la sala. Después, al cabo de un momento que pareció una eternidad, se elevó una vocecita en el fondo:

—Porque los perros la detestan".

La anécdota es sabrosa e invita a reflexionar. Sin embargo, hay muchas más cosas posibles que imposibles. Es indiscutible el caso de la mayoría de los inventos. ¿Sabía usted, por ejemplo, que en la época en que los hermanos Wright trabajaban en la invención del avión, se realizaron estudios sumamente serios para demostrar la imposibilidad de que un cuerpo más pesado que el aire se desplazara por los cielos? (En esos tiempos existía el globo, pero el gas a base de helio que lo llenaba lo tornaba más ligero que el aire.)

La historia de Honda demuestra a las claras el mismo principio. Uno de los pasajes de su autobiografía no puede ser más elocuente al respecto: "Cuando empecé a fabricar motos, los profetas de los malos augurios, a veces mis mejores amigos, venían a desalentarme. 'Mejor sería que compraras un taller mecánico. Harías mucho dinero. Hay muchos vehículos que reparar en este país.' Yo no los escuché y, pese a sus opiniones pesimistas, el 24 de setiembre de 1948 creé la compañía Honda

Motor (sociedad anónima individual de investigaciones técnicas Honda), que hoy brilla en todo el mundo".

Maravillosa prueba de determinación, y sobre todo de esa capacidad —otra de las caras del optimismo— de un individuo para ver lo posible allí donde todo el mundo ve lo imposible y pasar a la acción contra viento y marea, pese a los argumentos contrarios. En el caso de Honda, esos argumentos abundaban. Honda comenta, en efecto, así su decisión de seguir adelante: "Estábamos tan pobres, con un débil capital de un millón de yenes, y éramos muy conscientes de que corríamos un riesgo inmenso. Apostábamos a levantar un sector industrial en un momento en que toda la industria de nuestro país estaba destruida. Nos planteábamos absurdamente vender motores mientras que, en lo inmediato, la gente era demasiado pobre para comprar siquiera la nafta, y sabiendo que más adelante, si la situación mejoraba, por cierto preferirían comprar autos en lugar de motos. El menor análisis prospectivo que hiciéramos nos fallaba en contra".

El ejemplo de Honda muestra la preeminencia de la mente sobre la materia, del optimismo sobre los acontecimientos, por negativos que pudieran parecer al principio. Todo sucede como si el hombre programado de manera positiva se dijera no sólo que las cosas nunca son peores que lo que se ha creído en un primer momento, sino que siempre terminarán por ser mucho mejores.

Un día, durante la Segunda Guerra Mundial, un estadounidense tomaba fotografías de su hija, cuando la niña le preguntó con candidez por qué tenía que esperar para ver las fotos. Pregunta ingenua si se quiere, o incluso absurda, pero que no cayó en saco roto. El padre de la nena se llamaba Edwin H. Land y era un inventor que había aportado perfeccionamientos al aparato fotográfico. La observación ingenua de su hija le provocó toda una serie de reflexiones. Se hizo el razonamiento siguiente: Una persona que compra un automóvil o un pantalón, o cualquier otro artículo, puede utilizarlo de inmediato y por completo, sin tener que esperar. ¿Por qué no habría de ocurrir lo mismo con la fotografía? ¿Por qué tener que esperar horas, a veces días? El desafío era considerable. ¿Cómo, en efecto, revelar en un espacio tan reducido como una cámara, y en algunos segundos, un minuto a lo sumo, lo que siempre se había hecho en un laboratorio, a través de largas etapas? Todos los amigos científicos de Land le declararon que eso era impracticable. Seis meses después de la cándida pregunta de su hija, el problema estaba teóricamente resuelto. Y, el 26 de noviembre de 1948, en un negocio Jordan Marsh, de Boston, se hallaban a la venta los primeros ejemplares de la Polaroid 60 segundos. Fue una verdadera sensación.

La idea espontánea de una niña fue, por lo tanto, el origen de la invención de la cámara Polaroid. Un niño, porque no ha recibido instrucción, porque no tiene la mente cargada de prejuicios e ideas preconcebidas, puede tener una visión espontánea, y ver lo realizable allí donde las mentes racionales sólo ven lo imposible. Además, ¿no se ha dicho que el individuo genial es como un niño, que el genio es la infancia reencontrada? Los prejuicios influyen poco en la mente de un genio. Este sabe preservar su originalidad intelectual o encontrarla mediante un largo y constante esfuerzo. En un sentido, la educación tradicional, de la que, tendremos ocasión de volver a hablar, puede constituir un *handicap*. El hábito de analizar demasiado, el escepticismo y el sentido crítico excesivo acaban a menudo por paralizar y conducen a una suerte de inmovilismo. Pues, por definición, todo análisis, todo estudio, es interminable. En la vida de los diez hombres ricos que hemos analizado, muy pocos, además de Jean-Paul Getty, han seguido estudios universitarios. Y fue, en cierto modo, gracias a su "ignorancia" que supieron conservar la audacia y el entusiasmo. Pero ya volveremos más adelante sobre este tema fundamental.

> VER LO POSIBLE ALLI DONDE LOS OTROS VEN LO IMPOSIBLE: ÉSA ES LA CLAVE DEL ÉXITO.

Este principio es válido no sólo para las invenciones y los proyectos de gran envergadura, sino también de menor escala. ¿Cuántas veces ha visto usted sonreír a las personas ante un proyecto que juzgan imposible? ¿Cuántas veces usted mismo ha considerado imposible una idea, inaccesible un empleo, antes de darse cuenta de que no era en absoluto impracticable? En nombre de la racionalidad, pero con mucho más frecuencia aún por una inconfesada falta de confianza en uno mismo, renunciamos a un sueño, a un proyecto, y nos consolamos —sin creerlo realmente— diciéndonos que de todos modos era imposible. Reflexione... y se dará cuenta de que ese problema se halla íntimamente ligado a su imagen de usted mismo. En cierta forma —si exceptuamos los Casos extremos de la idiotez clínica o la esquizofrenia—-podemos afirmar que cuanto mayor sea la imagen de sí mismo de un individuo, mayor será su campo de posibilidades y menos cosas habrá que le parezcan imposibles. Existe una relación de proporcionalidad directa.

Hay que agregar esto: muchos proyectos, muchas ideas, no son en sí realizables o imposibles. Son, por así decirlo, indiferentes, neutros. Lo que hace la diferencia, en el plano de la realización, entre el éxito y el fracaso, es la cantidad y la calidad de energía que usted invierta. Un proyecto, una idea, se torna viable muy a menudo por la sola fuerza de la energía y el pensamiento que usted le inyecta.

El hombre cuya imagen de sí mismo es vasta dispone de una energía mayor, puede buscar con más facilidad en el reservorio ilimitado de su subconsciente. En consecuencia, no sólo puede discernir mejor el aspecto positivo de las cosas, sino que puede hacerlas darse vuelta en su favor gracias a su energía.

**PARA APRENDER A DISCERNIR
MEJOR LO POSIBLE,
AMPLÍE LA IMAGEN QUE TIENE DE SÍ MISMO.**

El mayor defecto de que adolece la mayoría de los que vacilan ante un proyecto es que procuran identificar todos los obstáculos que encuentran sin considerar los instrumentos de que disponen para vencerlos. Actitud paralizante, si las hay. Y causa de gran ansiedad. En este sentido, la actitud justa consiste en buscar por qué razón puede usted triunfar, en lugar de evocar todos los obstáculos que encontrará. Desde luego, es necesario pesar los factores en pro y en contra. Pero en muchos casos, aunque haya diez razones a favor, una sola en contra basta para desalentar toda tentativa. El motivo es muy simple. La mayoría de la gente está programada negativamente. Un programa es un conjunto de pensamientos, es una vibración. Es por esto, en virtud de la ley de atracción, que los argumentos positivos, por numerosos que sean, no entran en resonancia con el programa negativo. Entonces un solo obstáculo, por fútil que sea, encuentra de inmediato un terreno propicio donde desarrollarse.

Todos los días miles de personas renuncian a buenas ideas, a proyectos, a sueños, porque una sola idea negativa los ha paralizado.

Lo que importa es saber lo más posible de un negocio, de una oferta de empleo, o de un proyecto, antes de lanzarse, pero recuerde bien que siempre habrá imponderables. Ni siquiera el análisis más elaborado, el estudio más profundo, podría elimi-nar por completo lo desconocido. Además, los análisis que puede hacer una empresa o un indivi-duo para pesar los factores en pro y en contra suelen confirmar a menudo, sin que las personas se den cuenta, una idea inicial. Y para la mayoría de la gente, paralizada por un miedo crónico, esta idea original es negativa. Todo proyecto implica por naturaleza un cambio y la necesidad de afrontar lo desconocido. Los estudios psicológicos han de-mostrado que lo desconocido asusta a la gente y que todo cambio es fundamentalmente considera-do como amenazador, o, en todo caso, ansiógeno.

En la toma de una decisión, los hechos son importantes, incluso esenciales, pero hay que recordar que como siempre existen imponderables, los hechos no podrían sustituir a la intuición o el olfato que usted debe aprender a cultivar. Por otra parte, hay que saber interpretar los hechos, pues en sí no constituyen una conclusión. Es usted mismo quien debe extraer las conclusiones.

¡Hágalo ahora!

El defecto supremo que arruina tantas existencias es postergar constantemente la acción, las decisiones. Es cierto que el *timing* tiene importancia. Una idea que no ha funcionado en un momento puede dar buenos resultados a los seis meses o al año. Es preferible hacer determinado llamado telefónico a una hora y no a otra. Pero, en general, la mejor decisión es actuar. Y no esperar para hacerlo. Todos los hombres ricos han demostrado la facultad de tomar decisiones rápidamente. Además, de manera mucho más rápida de lo que se cree, y para proyectos que implicaban a menudo sumas considerables de dinero. Se puede objetar que, como todo es relativo, esas sumas considerables a los ojos del común de los mortales no tenían gran significación para ellos. No es el caso. Esas decisiones rápidas, tomadas con frecuencia al principio de su carrera, ponían en juego toda su fortuna, que no era tan grande en la época.

Uno de los hombres que en gran medida triunfaron porque sabía tomar rápidamente la decisión correcta es Conrad Hilton. En sus inicios, soñaba vagamente con convertirse en banquero. Pero, por recomendación de un amigo, fue a Texas, más precisamente a Cisco, y cayó en un viejo hotel, el

Mobley Hotel. En la revista *Nation's Business* el periodista le formula esta pregunta: "Usted estudió los libros del hotel y se dijo que era un negocio interesante, ¿no es así?"

Y esto es lo que respondió Hilton: "Vi de inmediato que eso era mucho mejor que el banco. No demoré 24 horas en decidir: Esto es lo que voy a hacer, ésta es mi vida. Así fue como lo decidí. En ese preciso instante. Comprendí que no iba a hacer otra cosa. Estábamos en 1919, y seguramente el comportamiento bancario de ese momento habrá influido en mi decisión. Pero el factor que también jugó fue la increíble actividad que presencié en ese hotel, mientras escuchaba al propietario hablarme de los negocios que hacía. Después, cuando me mostró los libros, comprendí que sólo en un año yo podía recuperar el dinero invertido".

Observe que Hilton tomó su decisión incluso antes de que el propietario del hotel le mostrara los libros. Lo cual asombraría a los partidarios de los largos análisis previos. Empero, hay que agregar que, la víspera, Hilton había quedado asombrado por la afluencia extraordinaria de público que tenía ese pequeño hotel.

El joven Hilton empezó su carrera en los negocios con la magra suma de 5.000 dólares, formada por 2.000 de su herencia paterna y 3.000 de ahorros. Al invertir esta suma en la adquisición de un hotel, lo arriesgaba todo. Su decisión, de rapidez fulgurante, parece, en cierto modo, un verdadero relámpago. Además, muchos de los diez hombres ricos han demostrado a lo largo de toda su vida poseer esa misma capacidad relámpago para un proyecto, para una idea. Incluso no nos alejamos de la verdad si afirmamos que hubo muchos negocios en los que no se hubieran comprometido sin ese relámpago inicial. Esos hombres tan convincentes, tan persuasivos una vez convencidos, a veces se han revelado personas difíciles de convencer por otros, ya fueran consejeros, amigos o cifras. Muchas veces no han seguido los consejos de estos últimos más que cuando confirmaban su idea original. Cierto es que en muchos casos esa obcecación les hizo perder mucho dinero. Pero aun así fue esa sucesión de ideas fijas, esa tendencia a escuchar a su demonio interior, a seguir su impulso inicial, lo que determinó su éxito.

Notemos que en el caso que acabamos de citar, Hilton vio sobre todo el potencial de ese pequeño hotel, y no su rendimiento. Y vio de golpe cómo rentabilizar ese negocio. Así es como él mismo lo explica en la entrevista: "Descubrí enseguida que hacíamos una mala utilización del espacio del que disponíamos. Uno gana o pierde el dinero según comprenda o no lo que quiere el público. Hay que poder ofrecerle el máximo de comodidades en el espacio del que se dispone.

"Comprendí muy pronto que los clientes del Mobley podrían ir a comer afuera y por lo tanto no tenían necesidad de tener a su disposición un comedor en el hotel. Entonces hice instalar más camas en ese espacio. Dar comida no nos servía de nada, pero la demanda de cuartos era enorme. Es muy posible que en nuestros días ocurra lo contrario, y que el restaurante represente la mejor utilización del espacio de que se dispone.

"Mi segundo principio es la necesidad de crear en el personal un espíritu de equipo. Reuní a los empleados diciéndoles que con su comportamiento podían contribuir a que los clientes se sintieran bien en nuestro local y volvieran. Practiqué esta fórmula a lo largo de toda mi vida."

A lo largo de toda su vida, Conrad Hilton tomó decisiones rápidamente. Su mente positiva y su audacia fueron casi siempre recompensadas. En lugar de ver los obstáculos que encontraría para la financiación, se decía que triunfaría de cualquier modo. Y así llegó.

El análisis de los diez hombres ricos de esta obra, así como de la mayoría de las personas que conocieron éxitos espectaculares, ha revelado que, en un momento u otro de su existencia, a menudo más de una vez, y por lo general en sus inicios, han quemado las naves a sus espaldas, prohibiéndose toda marcha atrás. Esta decisión se traducía de diversas maneras, de las cuales las más usuales eran abandonar un empleo sin saber lo que les aguardaba, o invertir la totalidad de su dinero en un proyecto. En ambas situaciones, en caso de fracaso, era, por decirlo así, la muerte. Era vencer o morir.

En su autobiografía, Honda da un ejemplo de este gran principio. Después de haber conocido algún éxito como industrial, chocó con problemas técnicos tan grandes que debió volver a la universidad industrial de Hamasatsu, teniendo más de treinta años. No lograba realizar un segmento de pistón lo bastante flexible para utilizarlo en un motor. Por lo tanto, debía perfeccionar su formación de ingeniero. Esto es lo que él dice al respecto: "En lo sucesivo, cada mañana partía rumbo a la facultad y, por la noche, iba a mi taller a poner en práctica lo que había aprendido.

"Me obligaba a mostrar entusiasmo. Pero no tenía otra elección y cuando uno se mete en situaciones sin alternativas nace en uno un nuevo sentimiento de libertad, el de una decisión tomada que ya es demasiado tarde para revertir. En la cabeza me daban vuelta mil razones para perseverar. Había amigos que confiaban en mí, y entre ellos mi padre era el primero, como todos los obreros que trabajaban conmigo. Ya no tenía derecho a dar marcha atrás, y la facultad era lo único que podía ayudarme a salir adelante, a convertirme en un verdadero ingeniero, capaz de hacer proyectos de ingeniero, de teorizar un poco mis intuiciones técnicas y asegurarme su realización. Solemnemente, me dije: 'Si abandono ahora, todo el mundo se morirá de hambre'. Y me imaginaba toda una humanidad patética que dependía de mí".

¿Por qué este método (ponerse entre la espada y la pared, cortarse toda retirada) es tan poderoso? Por una razón muy simple. Ya hemos visto, en un capítulo anterior, que podemos hacerle preguntas a nuestro subconsciente y hasta darle cierto tipo de órdenes. También hemos aprendido que la intensidad de nuestro deseo, de nuestra orden o nuestro pedido determina en general la rapidez con la cual nuestro subconsciente —y la vida— responde. Al quemar todas las naves detrás de nosotros, nuestros pedidos a nuestro subconsciente se tornan imperativísimos. Es verdaderamente una cuestión de vida o muerte. Se pone en marcha el instinto de supervivencia, que es el instinto primordial, del cual salen todos los demás. La intensidad de la demanda se torna entonces extrema. Y se producen los resultados, aunque desde el exterior haya cierta tendencia a decir que los hombres de éxito tienen el don de forzar los acontecimientos.

Al tomar una decisión rápida y en ciertos casos

de manera aparentemente apresurada, sin considerar los obstáculos que iba a encontrar en su camino y confiando en vencer todas las dificultades, Conrad Hilton se ponía en situaciones extremas, quemando todas las naves; y los resultados se producían como por milagro. Es necesario aclarar que, desde el principio, estaba programado positivamente. Su subconsciente estaba orientado hacia el éxito y la duda no encontraba terreno propicio en su mente. Además, él confiaba en su olfato y su intuición, dos facultades que no son en realidad más que la facilidad particular de entrar en contacto con un subconsciente positivo. Además, ¿qué es ese relámpago del que hemos hablado, en cuanto a Hilton, sino esa brusca revelación del subconsciente que significa que el objeto exterior, la ocasión o el negocio —en el caso Hilton, ese pequeño hotel— corresponde exactamente al cumplimiento de una programación particular? En palabras más simples: Hilton había programado su subconsciente para hacer fortuna. Su mente consciente, cuyo poder, como lo hemos visto, es bien limitado, deseaba que él adquiriera un banco. Por otra parte, tenía la oportunidad de hacerlo, pues un amigo banquero le había ofrecido facilidades de financiación. Pero su subconsciente, que sabía lo que era bueno para él —y conocía incluso su porvenir, pues el subconsciente posee esta facultad extraña—, sabía que su destino brillante se realizaría en la hotelería y lo hizo caer en ese pequeño hotel. Y su intuición, ese relámpago, no fue —como siempre ocurre— más que la revelación en su mente consciente de lo que estaba inscripto en su subconsciente. De la coincidencia, del encuentro entre el proyecto programado por el subconsciente y su manifestación exterior, brotó la excitación, el entusiasmo.

Es por esta razón que, desde el mismo momento en que usted haya aprendido a programar positivamente su subconsciente, podrá siempre fiarse más de su intuición, de su olfato. Además, estas facultades indispensables para el éxito, y que siempre se revelarán más útiles que la racionalidad, se desarrollarán cada vez más, a medida que usted sepa utilizar su subconsciente. ¡Su olfato se tornará incluso una suerte de hábito, de segunda naturaleza! ¡Imagine sus posibilidades! Tendrá usted a su disposición, de manera más o menos constante, a voluntad, la computadora más poderosa: el subconsciente.

Esta creciente disposición le permitirá tomar decisiones cada vez más rápidas y seguras. La mente consciente, aunque brillante, sigue siendo siempre limitada y las conclusiones a las que llega son por lo general parciales porque rara vez uno dispone de todos los datos de un problema.

La prisa es mala consejera, dice el proverbio. Y sin duda es cierto. Pero el postergamiento, la tendencia a dejar continuamente las cosas para más adelante, la lentitud de una decisión, son seguramente mucho peores que la rapidez extrema. Si los hombres que hemos estudiado han pecado por exceso, es sin duda por exceso de rapidez en las decisiones. Y fue así como se hicieron ricos.

Andrew Carnegie, el rey del acero, que en un tiempo fue el hombre más rico de los Estados Unidos, construyó su inmensa fortuna a partir de la nada, pues provenía de una familia muy pobre. El dijo un día: "Mi experiencia me ha enseñado que un hombre que no puede tomar una decisión rápidamente, una vez que tiene todos los elementos en la mano, no es de confiar para que lleve a cabo cualquier decisión que pueda tomar. También descubrí que los hombres que se deciden rápidamente tienen por lo general la capacidad de actuar con una línea de conducta precisa en otras circunstancias". (Extracto de *The Master Key to Riches,* de Napoleon Hill.)

De más está decir que este hombre sabía de qué hablaba. ¿Pero cómo saber en qué momento tomar la decisión? ¿Cómo saber si se ha estudiado la situación lo suficiente, si se dispone de bastantes datos? Lo mejor es recurrir al subconsciente. Prográmelo para que le responda. Repita mentalmente la fórmula siguiente: "Mi subconsciente me inspira rápidamente la decisión correcta en todo lo que emprendo".

Por la noche viene la inspiración. Nada es más cierto, y se debe, sencillamente, a que en el curso de la noche tenemos fácil acceso al subconsciente. Así, duérmase pensando en su problema. Escriba en un papel todos los elementos del problema, refiriendo todos los datos que posea. Disponga los elementos en dos columnas: los factores en contra y los factores en pro. Sin duda, esto le parecerá banal, pero verá hasta qué punto el simple hecho de escribir los argumentos favorables y desfavorables le permitirá aclarar el problema. Al principio, si la balanza pesa mucho más de un lado que del otro, su decisión será fácil de tomar. Si las ventajas y las desventajas se equilibran, confíe el problema a su subconsciente. El le dará la respuesta. La correcta.

Eso no es serio, objetará usted. Pero espere. La manera que sugerimos nosotros cuando decimos "tirar a cara o cruz" no es más que un pequeño truco para ponerlo en contacto con su subconsciente y tener un indicio de lo que éste piensa. Por supuesto, determine a su manera qué es lo que representan la cara y la cruz. Lance la moneda y ahora observe su reacción. Si la moneda cae en cara, y ese lado significa que hay que llevar adelante un proyecto aunque en realidad a usted lo decepcione la elección del azar, lo más probable es que su subconsciente no crea en ese proyecto. Incluso, si usted está contento porque la moneda cayó del lado cruz, es decir, del lado negativo, es un indicio de que usted no cree en ese proyecto y que, inconscientemente, su decisión ya está tomada. En este jueguito hay cuatro posibilidades de reacción, de las cuales acabamos de citar dos. En cada uno de esos casos, analice bien su reacción. No haga de ella necesariamente algo absoluto, pero sírvase de esa reacción como de un elemento de decisión. La experiencia demuestra que, a menudo, este jueguito anodino permite resolver la situación. Y para mejor. Sobre todo en las decisiones muy difíciles en que los elementos a favor y en contra se equilibran perfectamente.

Una observación suplementaria. Cuando las ventajas y las desventajas parecen estar tan bien equilibradas, puede ser una señal evidente (pero a la cual no le otorgamos gran importancia) de que el proyecto presentará muchas dificultades, que su éxito quedará mitigado de algún modo. En todo caso, es seguro que las dudas que subsistan en nuestra mente son mal augurio. Pues amenazan socavar nuestro entusiasmo, nuestra fe. Usted no creerá más que a medias. Los resultados serán, en consecuencia, medianos. Ya hemos visto antes la importancia de la fe y el entusiasmo. Si el proyecto no lo entusiasma lo suficiente, mejor será que elija otra cosa. La experiencia de los hombres ricos ha demostrado que en general no se comprometían en proyectos en los que no creían en un 100%, lo cual no quiere decir que les faltara la lucidez necesaria para prever los inevitables obstáculos con los que chocarían. Pero desde el principio confiaban totalmente en la victoria final.

Cuando usted haya aprendido a desarrollar su rapidez de decisión y pese a todo se enfrente a un problema que le haga vacilar demasiado, desconfíe. Probablemente es la señal de que no se trata de un buen negocio. Es, además, una de las razones por las cuales, cuando usted puede tomar una decisión rápida sobre un tema, debe ver en ello un signo favorable, incluso en el caso en que se haya negado a comprometerse. Pues tomar una decisión rápida es también saber decir que no rápidamente. Esto no habla necesariamente de una mente negativa. Lo que ocurre es que no todo es válido; de lo contrario, todo el mundo sería rico. Empero, si usted le dice no a todo, de manera sistemática, si no emprende nada, por miedo a cometer un error, es señal de que está usted mal programado.

Otra razón por la cual es deseable tomar decisiones rápidas es que las buenas ocasiones no se hallan eternamente presentes. Hay que aprovechar la ocasión cuando se presenta. Desde luego, siempre habrá nuevas ocasiones, pero si, cada vez, usted vacila, serán tantas ocasiones desaprovechadas.

Vacilar en aceptar un empleo, o en solicitar un puesto, tardar en invertir en un proyecto, en hacer una oferta de compra de un inmueble, todo ello puede resultar fatal. Usted no se encuentra solo en la carrera. Y si una ocasión es buena, dígase que lo más probable es que usted no sea el único en darse cuenta. Es el más rápido quien la aprovechará, y el más audaz. Por supuesto, quizás todavía le falten algunos datos para tomar la decisión más tranquilo. Pero si usted espera a tener todos los datos en la mano, hay fuertes probabilidades de que pierda la oportunidad que se le presenta.

Esto es lo que les ocurre a menudo a los que prefieren analizarlo todo en lugar de fiarse de su intuición, es decir, de la sabiduría profunda de su subconsciente. Por otra parte, lo que con frecuencia obtienen esos partidarios furiosos del análisis es que un análisis demasiado largo acarrea en sí un riesgo: la situación cambia, ya no es más la misma y en el momento de tomar la decisión, los datos que permitieron tomarla ya no son válidos y, por lo tanto, la decisión es errónea.

En su autobiografía, Lee Iacocca, quien después de presidir durante ocho años los destinos de la compañía Ford Motor salvó de la bancarrota a la compañía Chrysler, hace un comentario interesante relativo al tema de la toma de decisiones: "Aquí nada permanece estático. Me gusta cazar patos, cacería en la que el movimiento es permanente. Uno puede divisar al pato, tenerlo en la línea de mira, el animal no interrumpe su vuelo. Si uno quiere darle, tiene que desplazar la escopeta. Una junta que debe tomar una decisión importante no puede siempre actuar con la rapidez deseada. Cuando al fin se dispone a apretar el gatillo, tal vez el

pato ha quedado fuera del alcance de la escopeta".
Los que demoran demasiado en tomar decisiones
se encuentran a menudo en la odiosa situación del
cazador frustrado. Como lo dice el viejo refrán: la
fortuna sonríe a los audaces.

La tregua de último momento

Hemos establecido que es necesario tomar decisiones rápidas. En la mayoría de los casos, la
celeridad del juicio hará la diferencia. Pero muchos
hombres de éxito, pese a su audacia y su rapidez de
decisión, han desarrollado un hábito o un truco
que consiste en darse un último momento de reflexión antes de sumergirse. Puede ser una hora, o
incluso algunos minutos o segundos, el tiempo que
usted se tome antes de dar su respuesta final.
Durante ese corto lapso, revise uno a uno todos los
argumentos. Verifique la lógica de esos argumentos. Y, de manera más global, el modo como ha
llegado usted a tomar su decisión. No olvide escribir sus argumentos, si no lo ha hecho ya. Escribir
es como usar un revelador en fotografía: sin ello, no
puede obtener un "retrato" claro. Después fíjese
una hora precisa y deje de darle vueltas al problema. Deje "descansar" todo, como se dice en la
literatura culinaria. Póngale un límite a su reflexión. Dígase: en una hora, por ejemplo, a las tres
en punto, estaré en condiciones de tomar una
decisión.

O mejor aún: duérmase pensando en el problema. Por la noche, antes de dormirse, revise todos
los datos del problema y después confíe el trabajo
a su subconsciente. La situación le parecerá, la

mayoría de las veces, mucho más clara por la mañana.

¿Hay que esperar el momento ideal?

El momento ideal no existe, al menos fuera de la mente del que lo concibe. Es, por lo tanto, una suerte de construcción de la mente. La falla de la mayoría de la gente consiste en esperar ese momento. Es una excusa perfecta, de apariencia seria y racional. El momento ideal, en general, es siempre. Ya. Inmediatamente. Si usted desea triunfar, comience hoy mismo. Pase a la acción, ésa es la meta de este libro.

Aténgase a su decisión

Otra de las características de los hombres ricos es que una vez que han tomado su decisión se conforman a ella. A menudo, contra la opinión de los demás, las circunstancias y los obstáculos, que a sus ojos son simplemente temporarios, son sólo tantas etapas (por penosas que sean) que conducirán a la victoria final.

El no atenerse a la decisión inicial hace fracasar muchos proyectos. Mantener la propia opción es ser lógico consigo mismo, es confirmar con los actos la certeza interior de haber elegido el buen camino. Los que cambian continuamente de idea jamás conocerán el éxito. Esta actitud trasluce un estado interior roído por la duda. Las circunstancias como ya lo hemos visto, acaban siempre por adaptarse a nuestro estado interior. También la duda conduce con seguridad al fracaso. En consecuencia, y este principio ha sido confirmado por la experiencia de los hombres ricos, hay dos condiciones esenciales para el éxito:

---

1. TOMAR UNA DECISIÓN RÁPIDAMENTE.

2. ATENERSE A SU DECISIÓN Y ESTABLECER LAS ETAPAS PARA PASAR DE INMEDIATO A LA ACCIÓN.

¿Hasta qué punto debe uno atenerse a su decisión?

El principio que acabamos de plantear, el de atenerse a la decisión tomada, es un principio general. Por lo tanto, existen varias excepciones. Plantear como principio que siempre hay que atenerse a la decisión, cueste lo que cueste, significa pretender que uno no se equivoca jamás y que siempre toma la decisión correcta. Pero ni siquiera los grandes genios de los negocios dejan de equivocarse alguna vez. Todo el mundo comete errores y toma malas decisiones. Por lo tanto, hay que desconfiar de una actitud demasiado rígida, hay que saber adaptarse a las circunstancias. Sin embargo, una de las claves del éxito consiste en encontrar el delicado equilibrio entre la perseverancia y la flexibilidad.

A veces, atenerse a la decisión tomada puede ser suicida. No obstante, si la mayoría de la gente no conoce el éxito, es porque en general abandonan demasiado pronto.

¿Sabe usted cuántas pruebas frustradas debió vencer el ingeniero Head, cuyo nombre lleva la prestigiosa marca, antes de poder lanzar al mercado el primer esquí metálico? No menos de cuarenta

148

y tres. Y esas pruebas llevaron tres largos años. Si Head se hubiera detenido en la prueba número 42, tal vez el esquí metálico nunca habría visto la luz, o tal vez lo habría inventado otro y no habría sido Head quien ganara el dinero que le dio al fin su perseverancia.

Observe alrededor de usted y vea cuán difundida está la tendencia de abandonar enseguida. ¿Y en su propia vida? ¿Cuántas veces ha renunciado tras uno o dos fracasos? ¿Alguna vez se esforzó lo bastante para soportar diez fracasos, sin desalentarse? Con gran frecuencia debido al orgullo, por falta de confianza, las personas abandonan tras el primer revés o la primera dificultad. Peor todavía, se consuelan de su fracaso diciéndose que no esperaban poder triunfar. Esa expectativa inconsciente, que es una forma de programa, ha determinado las circunstancias. Lo cual no quiere decir que una persona programada positivamente no encontrará fracasos. Todas las historias de los grandes éxitos están jalonadas de fracasos. La diferencia entre una persona positiva y una persona negativa es que la primera no se dejará abatir por un primer fracaso. Perseverará hasta el éxito.

Existe una suerte de misterio que nos ha revelado la vida de los hombres más ricos del mundo. Se diría que la vida es concebida como una prueba. Cuando un hombre ha demostrado que puede superar todos los obstáculos y los fracasos con calma y una fe inquebrantable, podríamos decir que la vida provee de algún modo las armas y que el dinero y el éxito afluyen súbitamente, seducidos por la potencia de carácter que ha demostrado el hombre en cuestión. En el relato de su vida, Honda hace una observación similar cuando dice: "El laboratorio de una fábrica constituye el mejor centro de aprendizaje de los fracasos. En efecto, todos los investigadores un poco consecuentes reconocerán que, en un laboratorio, el 99% de las personas se ocupan de casos desesperados. El modesto porcentaje restante sirve, sin embargo, para justificar todos los esfuerzos. Finalmente, no lamento las miles de veces que volví a casa sin resultados, habiendo perdido todos los recursos. Cuando los tiempos se tornan tan sombríos, es que el descubrimiento del tesoro se aproxima. La gran luz, la esperanza que estalla, me hace olvidar de golpe todas las horas penosas".

En su exitoso libro, Napoleon Hill hace una observación similar, pues ha notado que el éxito viene a menudo después de un fracaso resonante, como si la vida quisiera recompensar al alma intrépida que ha sabido superar un revés tan desalentador.

El empeño que le falta a tanta gente es, por lo tanto, recompensado la mayoría de las veces. No obstante, no hay que confundir al ahínco con una obstinación estúpida y suicida. En *El precio de la excelencia*, los autores citan una experiencia extremadamente esclarecedora que ilustra el hecho de que hay que desconfiar de un dogmatismo exagerado o de cualquier forma de obstinación, y saber adaptarse; allí se encierra uno de los secretos de las cien empresas que han servido de muestreo a este apasionante análisis:

"Si usted pone seis abejas y diez moscas en una botella acostada con el fondo hacia una ventana, verá que las abejas no dejarán de tratar de descubrir una salida a través del vidrio, hasta morir de agotamiento o de hambre, mientras que las moscas, en menos de diez minutos, habrán salido por el pico, en el otro extremo. Es el amor de las abejas por la luz, y su inteligencia, lo que les provoca la muerte en esta experiencia. Se imaginan, en apariencia, que la salida de la prisión debe encontrarse allí donde la luz es más viva, y actúan en consecuencia, obstinándose en esa acción demasiado lógica. Para ellas, el vidrio es un misterio sobrenatural que nunca han encontrado en la naturaleza, no tienen experiencia alguna de esa atmósfera de pronto impenetrable, y como su inteligencia está más desarrollada, más inadmisible e incomprensible les resulta ese obstáculo. Mientras que las ignorantes moscas, indiferentes tanto a la lógica como al enigma del vidrio, indiferentes a la atracción de la luz, vuelan frenéticamente en todos los sentidos y encuentran allí la buena fortuna —que sonríe siempre a los simples que encuentran su dicha allí donde los sabios perecen— y terminan necesariamente por descubrir la abertura que les devuelve su libertad".

En los negocios, se ha demostrado que la capacidad de adaptarse rápidamente es una de las claves del éxito y que hay que privilegiar al pragmatismo y al método de acierto y error en lugar del idealismo o el dogmatismo. ¿Pero cómo saber si debemos perseverar en una decisión o, como las moscas del experimento, cambiar de dirección para acceder a la libertad, o sea al éxito? En última instancia, nos parece que el mejor medio (y, por otra parte, quizás el único) es confiar en un subconsciente bien programado. El le dirá cuándo perseverar y cuándo revisar su posición. Y cuándo adaptar un plan superior a su plan inicial. Si este último caso en efecto se presenta, si a la luz de determinadas nuevas circunstancias, o de determinados consejos de amigos avisados, le aparece a usted un nuevo modo de acceder más rápidamente al éxito, un atajo, o si usted descubre hechos nuevos que le revelan que su decisión debe ser modificada, no vacile en adoptar ese plan superior. El proceso de decisión debe acomodarse, pese a su firmeza, en una suerte de readaptación constante, hacia una verdad más grande, hacia un éxito más grande. Una nueva decisión rápida, un cambio de rumbo a menudo salvan una situación.

Dicho esto, aclaremos que de todos modos es de esperar que ocurran errores. Pero la mejor actitud que puede adoptarse frente a los errores es la siguiente, actitud que, por otra parte, es compartida por los diez hombres ricos: Debe tenerle horror a equivocarse, a cometer un error, antes de hacerlo. Nunca hay que aceptar el error antes de cometerlo. Esto provoca a menudo una suerte de actitud pasiva o demasiado sumisa. Hay que aceptar el error después de haberlo cometido.Pero hay que intentarlo todo para evitarlo. Una vez más. ¡ACTÚE! Tome parte en la acción, resueltamente. Pese a la posibilidad de error, siempre presente, la ley de los grandes números favorece al que intenta muchos ensayos. Lo ideal es reducir al máximo la incidencia de esos ensayos o pruebas infructuosos. El éxito de los ensayos fructíferos compensará largamente las pérdidas ocasionadas por los fracasos y los reveses, y esto vale tanto para una búsqueda de empleo como para comenzar una empresa nueva o para lanzar un producto. Así, que no le importe que le cierren cinco veces la puerta en las narices cuando busca trabajo; tal vez a la sexta tentativa encuentre lo que busca: el empleo que le conviene.

¡Aprenda a olvidar sus fracasos!

Una de las facultades indispensables para el éxito es cultivar el sutil arte de olvidar los fracasos y mirar resueltamente hacia el futuro. Los que no llegan a dar vuelta la página suelen quedar paralizados por el espectro de los antiguos errores. Viven literalmente en el pasado y temen el porvenir. Esta concepción del error es de lo más deplorable. Esas personas creen que porque han fracasado una vez, o dos, o diez, no poseen talento o tienen mala suerte.

Todas las personas ricas han pasado por eso en una u otra ocasión, pero no se detuvieron. No hay que mirar atrás ni demorarse en el pasado, porque se corre el riesgo de quedar petrificado, como la mujer de Lot. La vida está delante de nosotros.

¡Pero conserve la lección de sus fracasos!

Cada fracaso contiene una preciosa enseñanza. Además, como dicen, se aprende más de un fracaso que de un éxito. Pues uno se plantea sanamente cuál fue la razón del fracaso, analiza sus ideas, sus métodos, sus conceptos, y a menudo extrae un gran provecho. No es vergonzoso cometer un error. Lo que es menos elegante y, con frecuencia, infructuoso es cometer dos veces el mismo error. Tenga una concepción justa del error. Si usted ha analizado bien los motivos de un fracaso, comprenderá mejor lo que lo conducirá al éxito. En este sentido cada fracaso lo acerca al éxito. Esto no es una paradoja. Es una verdad que la experiencia de los hombres ricos ha demostrado.

Uno de los hombres más articulados en el nivel del proceso de decisión y que, pese a algunos errores, supo conservar a lo largo de toda su vida una línea notable, fue Jean-Paul Getty, el rey del petróleo considerado durante mucho tiempo el hombre más rico del mundo, que dejó más de 4 mil millones de dólares a sus herederos, sin contar una fenomenal colección de objetos de arte. Ahora le presentaremos el relato de su vida, que fue una mezcla casi perfecta de reflexión y acción. En efecto, al final de su larga y fructífera existencia, Jean-Paul Getty podría haber dicho, como el filósofo Bergson: "Actúe como hombre de pensamiento, y piense como hombre de acción".

John Paul Getty:
¡el hombre más rico
del mundo!

En 1892 nació John Paul Getty, hijo de George Franklin Getty y Sarah MacPherson-Risher. Su padre, hijo de una familia irlandesa de poco dinero, conoció una infancia miserable y tuvo que emplearse muy joven en las granjas de los alrededores, para mantener a su madre viuda.

A los doce años, un tío adinerado permitió al joven estudiar en Ohio. Unos años más tarde salió de la escuela diplomado en ciencias y durante algún tiempo se dedicó a la enseñanza. Sin embargo, George F. Getty era ambicioso, rasgo de carácter que su hijo heredó. Así, en lugar de contentarse con su situación, George empleó todo su tiempo libre en el estudio del Derecho. A los 27 años George realizó un viejo sueño y se recibió de abogado, con grandes distinciones, en la Universidad de Michigan. Unos años más tarde llegó a magistrado.

Según ciertos biógrafos de los Getty, Sarah MacPherson-Risher, madre de Paul, sería de algún modo la causante de la fortuna de los Getty. Era una mujer ambiciosa, decidida, y empujó a su marido a abandonar la enseñanza para consagrarse al Derecho, carrera que, para G. F. Getty, iba a ser su camino hacia la fortuna. Eso haría que el pequeño abogado de Michigan llegara a ser uno de los pioneros de la industria petrolera estadounidense.

El año 1903 iba a marcar el inicio, para la familia Getty, de un giro decisivo que la haría una de las familias más ricas de los Estados Unidos.

Un cuestión jurídica en la cuenta de un cliente obligó a George Getty a viajar a Bartlesville, en Oklahoma. Una vez arreglado el litigio, el abogado se dejó llevar por la fiebre del petróleo. Siguiendo los consejos de algunos perforadores, Getty adquirió un terreno, el lote 50, de una superficie de 2.250 hectáreas. Comenzaron las operaciones de perforación. En total se hicieron cuarenta y tres pozos. ¡Cuarenta y dos resultaron productivos! George F. Getty fundó entonces la Minnehoma Oil Company, con la firme intención de consagrarse, en adelante, a la búsqueda de "oro negro". ¡Ese día comenzó la historia de una fortuna!

Aunque en esa época el joven Paul sólo tenía once años, recordaba muy bien, muchos años después, la emoción que le causó ver su primer campo petrolífero. "...Me parece, al recordarlo, que ya entonces me dejé atrapar por la trampa del petróleo. No por el aspecto financiero ni por las perspectivas de lucro de las operaciones petroleras, sino sobre todo por ese sabor del desafío y de la aventura, esa impresión que se siente a todo lo largo de la explotación y la perforación, eso de perseguir, de buscar el petróleo como si se tratara de una presa de caza." Ese hallazgo, ese encuentro entre el niño y la fuerza misteriosa que brotaba del suelo, iba a hacer nacer en Paul una suerte de pasión, un desafío entre él y la materia bruta, desafío que no iba a tardar en contestar.

No era raro encontrar un jovencito que vagabundeaba por los campos del lote 50 de lo más entretenido con las perforadoras, hablando con los técnicos y hasta empleando términos especializados como si fuera uno más de aquellos hombres.

Si bien el joven Paul se revelaba muy buen alumno en los campos petrolíferos, no ocurría lo mismo en la escuela. Su padre, hombre estricto que quería que su hijo tuviera bien claro que "el dinero no se encuentra en los árboles", decidió, en 1906, que una temporada en la Harvard Military Academy sería sin duda un excelente remedio para inculcarle los valores de la disciplina personal.

Después de su estada en esa academia, Paul emprendió estudios universitarios mientras que, en las vacaciones de verano, continuaba trabajando como obrero en las concesiones petrolíferas de su padre. No obstante, este último había insistido en que se lo tratara como a los demás operarios. Le pagaba el salario de un obrero común, es decir tres dólares por día de doce horas de trabajo. Paul debía, como los otros, obedecer las instrucciones y cumplir la tarea que se le asignaba.

Se adaptó muy pronto a esta vida y le parecía vivir plenamente en contacto con esos obreros. ¡Muy de otro modo se sentía en la universidad, donde tenía la impresión de que eso no lo llevaba a ninguna parte!

Desalentado por el sistema de enseñanza estadounidense, el cual, según él, asfixiaba la libertad individual, Paul Getty dejó los Estados Unidos en 1912 para ir a proseguir sus estudios en Oxford, Inglaterra. Esa venerable institución lo entusiasmó, y pasó allí un año estudiando economía y ciencias políticas. Obtuvo su diploma con facilidad y volvió a los Estados Unidos para encontrarse frente a cuatro posibilidades de futuro.

Sus estudios, e incluso su personalidad, lo empujaban hacia el lado de las letras. Deseaba ser escritor. Por otro lado, su pasión por las ciencias políticas lo incitaba a entrar en el cuerpo diplomático estadounidense. Además, como acababa de estallar la Primera Guerra Mundial, se había inscripto en la fuerza aérea con la esperanza de convertirse en piloto. Por último, quedaba otra opción, que no había considerado mucho y no le atraía como las demás, que era la de entrar en el mundo de los negocios. Siguiendo los consejos de su padre, que le pidió trabajara un año entero en los negocios antes de tomar una decisión definitiva en cuanto a su futuro, Paul volvió a partir rumbo a Oklahoma, pero esta vez en calidad de prospector. El arreglo dispuesto con George era el siguiente: por un salario de 100 dólares mensuales, Paul se encargaría de realizar prospecciones minerales. Su padre financiaría la compra de concesiones y los beneficios se repartirían entre ambos, a razón del 70% para George y el 30% para Paul.

Pasaron meses y las cosas no marchaban. Más tarde, Paul confesaría que muchas veces pensó en abandonarlo todo. Pero, en cambio, siguió adelante, porque la idea del fracaso le resultaba sencillamente insoportable.

"No es que me guste el éxito por el éxito, pero cuando me comprometo en cualquier negocio, una especie de irresistible dinámica interior me empuja a hacerlo todo para llegar a una conclusión satisfactoria. En la mayoría de los dominios en que me he aventurado, y en la mayoría de mis empresas, en general no he obtenido más que éxitos. Y cuando así no era, ponía lo mejor de mí para no volver a reproducir los errores que acababa de cometer."

Hacia el fin de ese año se presentó una oportunidad. Sabiendo que estaba a la venta una perforación particularmente prometedora, el joven hizo lo imposible por obtenerla. Imaginó entonces una treta para vencer a los otros prospectores mucho más afortunados, también ellos resueltos a conseguir la concesión. Pidió a uno de sus amigos, vicepresidente de un banco local, que lo representara al salir las licitaciones y pujara por él, pero sin revelar su identidad. Los otros prospectores, al creer que el banquero pujaba por la cuenta de una compañía grande, vacilaron en hacer subir las puestas. Paul había ganado. Obtuvo la concesión por la suma ridícula de 500 dólares. ¡Cuando fácilmente podría haberse vendido a 15.000!

Esa concesión, el Loteo Nancy Taylor, fue el origen de la fortuna de John Paul Getty. Alentado por esa transacción, Getty formó enseguida una compañía que financiara la perforación. Sin embargo, debió conformarse con un magro 15% de las acciones, a falta de capital suficiente. El equipo de perforación y maniobras comenzó el trabajo. El propio Paul daba también una mano, llegando a trabajar 72 horas de un tirón.

Después de varios meses de ardua labor, a principios de 1916 los resultados esperados se materializaron. Los pozos daban 30 barriles de petróleo por hora, es decir, 700 por día. Para Getty, fue una revelación: ¡su vida estaba para siempre vinculada al oro negro!

Getty había puesto en marcha, instintivamente, un principio que iba a servirle toda la vida:

RECONOCER, TOMAR Y APROVECHAR LAS OCASIONES O LAS CIRCUNSTANCIAS DEL MERCADO.

No tardó en seguir una serie de nuevos descubrimientos y transacciones ventajosas, y a fines de ese mismo año John Paul Getty había acumulado su primer millón de dólares. ¡Tenía 23 años!

En esa época, la geología del petróleo todavía no había alcanzado un alto grado, y muchos especialistas sonreían ante la idea de encontrar petróleo con la ayuda de libros o de manera científica. La concepción popular afirmaba que, para encontrar el precioso mineral líquido, hacía falta poseer una especie de don, como el de los zahoríes. Getty, por el contrario, se lanzó con cuerpo y alma al estudio de la geología. De ese modo se colocó en posición aventajada con respecto a sus rivales y puso en acción un principio que sólo puede conducir al éxito:

> **REUNIR UNA SUMA DE CONOCIMIENTOS EN UN DOMINIO PARA POSEERLOS A FONDO, Y FIJAR SUS PENSAMIENTOS Y ORIENTAR SU ENERGÍA MENTAL EN LA META QUE SE QUIERE ALCANZAR.**

A los 24 años, Getty tomó una muy curiosa decisión para un hombre joven que emprende una carrera. ¡Decidió retirarse! En efecto, se encontraba millonario y creía que no podía ir más lejos, y decidió, sencillamente, poner un punto final a su aventura petrolera. California, con su clima maravilloso y sus bellas mujeres, era una tierra elegida para ese joven que deseaba pasarla bien. John Paul se volvió pronto muy popular en Los Angeles. Para muchos de sus biógrafos, ese período oscuro y poco conocido de la vida del millonario encuadra mal con el rigor, el orden y la disciplina que lo caracterizaban. Tampoco es de sorprender que, hacia fines de 1918, Getty se sintiera por completo a disgusto con esa vida de inacción; se dio cuenta de que estaba perdiendo el tiempo.

Saliendo de su retiro prematuro, Getty conservó, no obstante, una enseñanza de esos "años locos". En adelante sabía que:

> **AL DINERO DEBE CONSIDERÁRSELO NO COMO UN FIN EN SÍ MISMO, SINO COMO UN MEDIO.**

Imbuido de este principio, volvió al trabajo con ahínco, determinado a llegar hasta las últimas consecuencias de su decisión. Iba a librar batalla simultáneamente en dos frentes. Continuó sirviendo a los intereses de su padre, pero al mismo tiempo decidió trabajar en su propio beneficio, gracias a su fortuna personal. Sin embargo, la primera transacción a su nombre terminó con un fracaso estrepitoso que le costó la suma de 100.000 dólares. Habiendo comprado una concesión encargó a un tercero que realizara la operación, pues él estaba muy ocupado con los negocios de su padre y debía viajar de continuo entre California y Oklahoma. El trabajo fue descuidado y Getty comprendió que había cometido un error. ¡Pagó los gastos jurándose que nunca nadie volvería a representarlo!

De ahí en más, él se encargaría de todo personalmente. "A partir de ese día, ya se tratara de los negocios que llevaba con mi padre o de mi trabajo independiente, fui siempre mi propio amo y señor en las operaciones de perforación."

> "OTRO SECRETO ES NO DELEGAR JAMÁS
> LA PROPIA AUTORIDAD, MÁS QUE EN
> LO QUE SEA ESTRICTAMENTE ADMINISTRATIVO."

> "SI USTED DESEA QUE ALGO
> SE HAGA BIEN, HÁGALO USTED MISMO,
> DECÍA BENJAMIN FRANKLIN.
> ¡Y ESO ES LO QUE HAGO YO!

Aplicando rigurosamente estos principios, apenas cinco años después de iniciar sus propias operaciones de perforación, el activo neto de John Paul Getty alcanzaba alrededor de los 3 millones de dólares, invertidos casi por entero en las concesiones petrolíferas. Paul estaba en lo cierto el día en que decidió ser su propio amo.

Entre las décadas de 1920 y 1930, además de triplicar su fortuna, Paul Getty se casó. Iba a casarse y divorciarse cinco veces. Más tarde confesará con candidez: "¿Cómo pude ser capaz de construir mi propio automóvil, horadar pozos de petróleo, dirigir una fábrica aeronáutica, fundar y dirigir un imperio económico, y sin embargo no pude llevar a buen término una sola de mis relaciones matrimoniales?"

En abril de 1930 irrumpió el duelo en la familia Getty. George Franklin, de 75 años, falleció como consecuencia de una crisis cardíaca. Paul perdió no sólo al padre sino a un amigo y consejero. Como Paul poseía fortuna personal, su padre no le legó más que 500.000 dólares. Todo el resto pasó a las manos de su esposa. La fortuna de George estaba evaluada en 15 millones de dólares. Para compensar, de allí en adelante Paul se encargaría del destino de la Minnehoma Oil Company y de la Sociedad George F. Getty como presidente.

Por desgracia, después de la muerte de su padre, Paul comprendió que su espíritu de iniciativa, su gusto por el riesgo calculado, sus ganas de ver a lo grande y sus ambiciones se adaptaban mal a las ideas conservadoras de la anciana que era su madre, en lo concerniente a la política y las orientaciones futuras de los intereses Getty.

La crisis económica hacía estragos en los Estados Unidos. Muchos prospectores lo habían perdido todo y más de un imperio se había desmoronado de un día para otro. La sola idea de una expansión aterraba a todos los millonarios de la época, salvo los más avisados. Hasta los consejeros financieros de Paul lo incitaron a liquidarlo todo, a causa de la coyuntura económica. Pero Paul no veía en absoluto las cosas del mismo modo. Para él, era el momento de comprar, no de vender.

> **GETTY TENÍA UNA CONFIANZA INDEFECTIBLE EN EL FUTURO.**

Entonces compró. En medio de la más fuerte recesión económica, se puso a comprar varias concesiones petroleras a precios reducidos. Como confesará más tarde:

> **"EL HOMBRE DE NEGOCIOS QUE VA A CONTRACORRIENTE DE LA OPINIÓN PREPONDERANTE DEBE ESPERAR QUE SE LE OPONGAN, SE LE RÍAN Y LO MALDIGAN. ¡ESO ES LO QUE HA FORMADO MI RIQUEZA!"**

Ante sus competidores, Paul poseía otra ventaja más:

> **¡VEÍA GRANDE!**

Este estado mental llevó a Getty a concebir la idea de una empresa petrolera completamente autónoma, a partir del petróleo bruto e incluyendo el transporte y el refinado, e incluso la exportación del producto terminado. Así, no tendría necesidad de intermediarios a veces costosos para vender su producto y podría alzarse con importantes beneficios. Fue así como se lanzó a la búsqueda de una refinería que pudiera adquirir. Había una en particular que le interesaba mucho, la Tide Water Associated Oil Company; sin embargo, los dirigentes de esa compañía se negaban sistemáticamente a pasar bajo el control de Getty. Fue el principio de una larga batalla. En 1932, en su propio nombre, Paul compró 1.200 acciones de esa empresa al costo de 2.50 dólares cada una. Seis semanas después compró otras 39.000, en la esperanza de que el consejo de administración de la Sociedad Getty y la Minnehoma lo sostuvieran en la lucha.

No obstante, la visión expansionista de su hijo inquietaba a la anciana señora Getty. Fue entonces cuando Sarah se negó de plano a apoyar a su hijo en esa guerra financiera y a desembolsar el capital que le pedía. Y fue más lejos aún: directamente lo eliminó de los intereses Getty.

Pero Paul había dado ya un paso muy grande. Decidió entonces jugarse el todo por el todo: fundó su propia compañía y transfirió a ésta todas las acciones que poseía en la empresa familiar. Luego decidió lanzarse con todo para conseguir tomar el control de la Tide Water. Fue entonces cuando se enteró de que el verdadero dueño de esa compañía era la gigantesca Standard Oil, monstruo financiero creado por Rockefeller. "De haberlo sabido desde el principio —escribió después—, seguramente no habría comenzado por comprar acciones de la Tide Water, pues un minúsculo empresario independiente como yo no tenía la menor posibilidad de medirse con una de las compañías petroleras más poderosas del mundo. Pero cuando me pusieron al tanto de los hechos, ya me había comprometido demasiado para poder retirarme del juego."

A fuerza de trabajo, y también de astucia, David pudo vencer a Goliat. En 1952, después de veinte años de una guerra financiera incesante, John Paul Getty se aseguró la mayoría en el consejo de administración.

> **"UNA VEZ COMPROMETIDO EN UN PARTIDO, ME ESFUERZO SIEMPRE POR DEVOLVER LA PELOTA, HAGO TODO LO POSIBLE POR VENCER A MI ADVERSARIO."**

El ascenso vertiginoso de este hombre parecía no tener ningún límite. A esa altura John Paul Getty pasaba parte del tiempo en Europa, velando por sus intereses, que iban imponiéndose también en el viejo continente. Su política expansionista y las operaciones internacionales que esperaba realizar lo llevaban a vivir de continuo con las valijas en la mano. Recordaba con emoción ese período febril y cautivante. Vivía en cuartos de hotel, sin dejar de viajar de un lado a otro, llevando consigo ropas e instrumentos de trabajo. Su oficina se encontraba allí donde su secretaria abría el portafolio de cuero marrón que encerraba los ASUNTOS URGENTES.

Las jornadas de trabajo de doce horas eran moneda corriente y más tarde confesó que llegó a trabajar catorce horas o más.

En 1938 Paul dejó momentáneamente la industria petrolera y compró el famoso Hotel Pierre de Nueva York, por 2.300.000 dólares, menos de un cuarto de su valor original. Además, Getty comenzó a invertir en el arte y se convirtió rápidamente en uno de los coleccionistas más ricos y más envidiados del mundo entero. Construyó un museo, el Museo Getty, y hasta escribió un tratado sobre arte.

Cuando estalló la Segunda Guerra Mundial, Getty volvió a ofrecerse para servir en el ejército. Sin embargo, en Washington los dirigentes tenían otra idea del modo como él podía servir a su patria. En efecto, mediante las diversas transacciones realizadas para tomar el control de la Tide Water, Getty había adquirido una compañía, la Spartan, que incluía una fábrica de piezas para aviones. Pero esa fábrica estaba tan mal administrada que la mayor parte de los fabricantes preferían no tener nada que ver con ella. Le pidieron entonces a Getty que pasara los años de guerra al frente de la Spartan Aircraft, con el fin de tornarla productiva y sostener con eso el esfuerzo de la guerra.

Getty se dedicó a su tarea con la misma disciplina rigurosa con que se consagraba a sus otros negocios, y en muy poco tiempo la Spartan recibía los elogios de los constructores de aviones por la calidad de sus productos. El Pentágono llegó incluso a enviar a Getty una carta de felicitación por el magnífico trabajo realizado. Durante esos pocos años, ¡la fábrica había septuplicado su superficie y el número de empleados había pasado de algunos cientos a más de 5.000!

Al final de la guerra, para John Paul Getty se tornó imperativo poner un pie en el Medio Oriente, del que se decía era fabulosamente rico en petróleo. Empero, atacar ese nuevo mercado codiciado por todos los grandes productores del globo no iba a ser tarea fácil. Pero Getty había logrado obtener una concesión en un territorio llamado la "zona neutra", entre Arabia Saudita y Kuwait. Esa zona había sido desdeñada por los grandes petroleros y Paul pudo obtener la concesión en la parte perteneciente a Arabia. Desde luego, había que ponerle precio. Tenía que pagar 55 centavos por barril, restituir el 25% de los beneficios netos al gobierno y respetar toda clase de cláusulas concernientes a los empleados de origen árabe. Para muchos, ¡Getty había cometido una locura al firmar semejante contrato! Más de uno creía incluso que iba a dejar allí hasta la camisa.

Al principio de sus operaciones, casi estuvo a punto de darles la razón, pues durante cuatro años no brotó de los pozos una sola gota de petróleo. Eso duró hasta 1952.

¡Sin embargo, Getty no se desalentó!

Su sexto sentido le decía que no había duda alguna a este respecto: el petróleo estaba allí, sólo había que encontrarlo, lo cual ocurriría tarde o temprano. Su perseverancia no fue en vano, pues en 1953 las perforadoras tocaron una primera napa de petróleo oculta en las profundidades. A continuación Getty emprendió otras perforaciones de exploración, siempre en el interior de la zona neutra, perforaciones que revelaron una región fabulosamente rica en petróleo. El anticonformismo de Getty y su modo, muy suyo, de ignorar a los profetas de la desgracia le permitieron amasar, una vez más, una cuantiosa fortuna.

"Personalmente, y sean cuales fueren mis otras cualidades y defectos —confesará—, jamás supe ser conformista, es decir que jamás supe plegarme a eso que yo definiría como una cierta sabiduría convencional. Más de una vez he podido constatar que no hay nada más sospechoso, más falso, que esa sabiduría convencional. Y eso en todos los campos de la vida."

John Paul Getty, con su inmensa fortuna, había disfrutado durante mucho tiempo del anonimato hasta el día de 1957 en que la revista *Fortune* publicó un artículo que presentaba a las diez fortunas mayores de los Estados Unidos. El nombre de John Paul Getty figuraba a la cabeza de la lista. Los diarios se ocuparon también del asunto y muy pronto el nombre de Getty estaba en boca de todos. Lo apodaban ¡"el hombre más rico del mundo"!

Formaba parte de ese grupo de seres privilegiados, esos individuos excepcionales que ya no pueden calcular su fortuna personal. El decía, además, que, si uno es capaz de calcular su fortuna, es que todavía no ha alcanzado la cifra fabulosa del millar de millones de dólares.

¿Cómo, en los numerosos campos en que Getty ejerció su genio para los negocios, ese hombre llegó a convertirse en "el hombre más rico del mundo"? ¿Cuál es esa actitud mental, ese secreto que conduce a las más altas cumbres de la gloria y la fortuna? Getty nos lo revela a su modo:

"Yo divido a los hombres en cuatro categorías.

"En un grupo se encuentran aquellos que trabajan mejor cuando lo hacen por entero para sí mismos y llevan adelante su propia empresa. Esos hombres no desean ser empleados por nadie. Quieren ser completamente independientes.

"Después están los hombres que, por numerosas razones, no desean lanzarse a los negocios por su cuenta pero obtienen los mejores y más notables resultados cuando son empleados por otros y participan en los beneficios de la empresa.

"La tercera categoría cuenta a los individuos que no aspiran más que a ser empleados asalariados, que son reacios a correr riesgos y trabajan mejor cuando son empleados por otros y se benefician con la seguridad de un salario.

"Por último, están aquellos que trabajan para otros y no están motivados por ninguna necesidad ni deseo de realizar un proyecto. Se conforman con lo que tienen y no desean probar ninguna acción que ponga en peligro su seguridad.

> **"LE GUSTE A USTED O NO, EXISTE ALGO QUE SE LLAMA 'LA MENTALIDAD DEL MILLONARIO'."**

"Hay una manera de pensar que conduce a un individuo delante de los otros en el camino del éxito. En breve, la mentalidad del millonario está siempre y sobre todo consciente de los costos y se orienta hacia la realización de beneficios. Es susceptible de encontrarse entre las personas de la primera categoría. La mentalidad de millonario se encuentra muy rara vez entre los individuos de la tercera categoría y es totalmente inexistente entre los hombres de la cuarta."

¡Está en usted decidir en qué categoría quiere

clasificarse! Sólo depende de usted tomar las riendas de su destino, y tenga presente que el hombre, a diferencia de otras especies, posee un inmenso privilegio: ¡el de ELEGIR!

John Paul Getty murió en Sutton Place, su residencia de Inglaterra, el 6 de junio de 1976. Tenía 83 años y dejó a sus herederos (numerosos) el espinoso problema de repartir una herencia evaluada en más de ¡cuatro mil millones de dólares!

* * *

Como conclusión de este capítulo, recuerde este principio. La mejor decisión que usted puede tomar es actuar. Ahora. El éxito no espera, y pasa de largo ante los temerosos que no se atreven a tomarlo del cuello. Entonces, actúe de inmediato. Todos los que triunfaron fueron hombres de acción.

Algunos objetarán que, precisamente, lo que los paraliza es que ellos no son hombres de acción. Tienen miedo. Miedo de lo desconocido, del fracaso, del riesgo.

> ## EL MEJOR REMEDIO CONTRA EL MIEDO ES LA ACCIÓN.

Es por esta razón que no hay que esperar a no tener miedo para actuar. Actúe ya mismo, pese a su miedo. El miedo se desvanecerá durante la acción. Y al actuar, usted desarrollará un hábito. Un hábito capital. Precisamente, el de actuar. El filósofo Thackeray escribió a este respecto una reflexión de gran profundidad: "Siembra un pensamiento y cosecharás una acción; siembra una acción y recogerás un hábito; siembra un hábito y recogerás un carácter; siembra un carácter y cosecharás un destino".

CAPÍTULO 4

La mejor manera de enriquecerse: hacer lo que a uno le gusta

"Me hubiera gustado dedicarme a los negocios, pero no tenía talento para eso."

"Mi sueño era ser escritor, pero mi padre desaprobaba mi vocación y me convertí en funcionario."

"En mi trabajo me aburro, pero hay tanto desempleo que mejor es no hacerme ilusiones."

"Siempre soñé con ser abogado, pero no creo tener el talento necesario para seguir mis estudios de Derecho. Así que preferí hacer otra cosa."

¿Cuántas veces escuchamos palabras como ésta alrededor de nosotros, en variantes más o menos diferentes, pero de significado similar? ¿Cuántas veces usted mismo no ha pronunciado algo semejante? Sobre diez personas, ¿cuántas pueden jactarse de gustar realmente de su trabajo? Muy pocas. Pues, lamentablemente, la mayoría de la gente no ama lo que hace. Y lo más dramático es que están convencidos de que no pueden hacer nada, de que jamás sabrán modificar su situación, en suma, de que el azar de la fortuna (o más bien de la mala fortuna) los ha condenado a una vida mediocre.

Si usted se encuentra en esa situación, si su trabajo no le gusta y es para usted una fuente de constante frustración, reflexione un instante en lo siguiente: ¿No le parece grave, incluso trágico, morirse sin haber hecho lo que le hubiera gustado hacer?

¿No le parece que usted merece algo mejor que eso? ¿No considera que la sociedad le ha jugado una muy mala pasada si le ha impedido hacer lo que usted quería? Ha sido más fuerte que usted. Lo ha quebrado...

Considere una jornada común de su existencia. Trabaja usted ocho horas por día, en un trabajo que le desagrada, y duerme otras ocho horas diarias. Le quedan entonces ocho horas, ocho desdichadas horas que por lo general empleará en recuperarse y tratar de olvidar las frustraciones acumuladas durante la jornada. ¿Le parece que eso es vida? Sin duda, no. Y, no obstante, usted continúa con ella. Porque se cree obligado.

Esta concepción pasiva y fatalista es errónea. Nada lo obliga a continuar con un trabajo que no le gusta. Usted puede hacer otra cosa. Existe para usted un trabajo que puede apasionarlo y que tal vez sea tanto o más remunerativo que el que realiza en la actualidad. Y usted puede comenzar a ejercerlo. Rápidamente. Inmediatamente. No se trata de promesas en el aire. ¿Por qué no podría usted desempeñar ese trabajo en el momento en que lee estas líneas? ¿La vida está tan mal hecha que lo frustra a usted constantemente en eso que usted tanto desea? ¡No! La vida no está tan mal hecha. Ella le da en la medida exacta de su fe y su imagen mental.

> **LA VIDA LE DA EN LA MEDIDA EXACTA
> DE LO QUE USTED EXIGE DE ELLA.**

Lo que le impide a la mayoría de la gente hacer lo que desea es que no creen que eso sea posible. Lo que esperan de la vida, el aburrimiento, la frustración, los obstáculos, los ingresos mediocres, ¡pues bien!, eso es lo que obtienen, en virtud de leyes que ya hemos mencionado antes. Como un hombre piensa, así es su vida.

Reflexione en su condición actual y sobre todo en la manera como la concibe. Si usted no hace exactamente lo que quisiera, si desde siempre ha negado sus sueños más profundos, analícese. Escriba sin más demora la lista de las razones que lo empujan a creer que no puede hacer lo que realmente desea.

_____

_____

_____

_____

_____

_____

_____

_____

Ahora que ha redactado esta lista, retómela punto por punto y reflexione en cada uno de ellos. ¿Esos obstáculos son verdaderamente válidos? Sean los que fueren, a menos que se trate de un caso de profunda debilidad o de analfabetismo (dos casos evidentemente excluidos, pues de lo contrario usted no estaría leyendo este libro), no pueden resistir un análisis serio y realista. Insistimos en la palabra realista pues la tendencia general es de tachar de irrealistas a las ambiciones legítimas de los seres.

Esta represión de los gustos y las aspiraciones profundas empieza por lo general muy temprano, a menudo en la primera infancia. Y sin embargo, para ser feliz, para expandirse, hay que tener el coraje de ser uno mismo. Durante demasiado tiempo usted ha aceptado ser sofocado, ha renegado de lo que es en nombre del conformismo. Se trata de un error. Pero, afortunadamente, nada es irreversible.

Al analizar la lista de razones que ha redactado, quizás usted habrá advertido que esas razones se parecen extrañamente a las que impiden enriquecerse a la gente. Esta coincidencia de lo más natural no se debe al azar. En efecto (y sin duda esto lo sorprenderá), se puede establecer como principio que para hacer dinero, para hacer mucho dinero, hay que comenzar por hacer lo que nos gusta. Y esto, por una razón muy simple. Es una suerte de círculo... cómo decir... ¡virtuoso!

Si usted no ama lo que hace, no puede hacerlo bien: es un principio absoluto. Cuando el corazón está ausente, la energía también lo está. La motivación es fundamental. Si a usted no le gusta lo que hace, lo hará de manera mediocre, o en todo caso, cosa segura, no lo hará tan bien como si le apasionara. De lo cual se desprende que su empleador, o el público (si usted trabaja por su cuenta) no podrán quedar satisfechos en un 100% con lo que usted hace.

Si usted es empleado, no tiene grandes posibilidades de obtener un ascenso interesante o un aumento sustancial de su sueldo. Si se dedica a los negocios, lo más probable es que su empresa no prospere. Sus compensaciones económicas serán proporcionales, es decir, magras. Al encontrarse mal remunerado, usted ama aún menos a su trabajo, y lo hace aún más mediocremente. Este sí es un círculo vicioso.

Otra consecuencia deplorable. Uno nunca trabaja solo, sino siempre con otros. Si a usted no le gusta su trabajo, su entusiasmo será débil, y no podrá entusiasmar a los demás. También lo contrario es cierto. Y por esta razón una de las claves esenciales del éxito es hacer lo que a uno le gusta.

El excelente autor Mark McCormack, en su obra *What They Don't Teach You at Harvard Business School*, escribió con respecto al tema del aburrimiento una página muy esclarecedora que nos permitimos citar, tomándonos la libertad de subrayar los fragmentos que más nos interesan:

"El aburrimiento sobreviene cuando la curva de adquisición de conocimientos se aplana. Esto puede ocurrirle a cualquiera y en cualquier nivel de la empresa. En realidad, el aburrimiento se abate con más frecuencia sobre aquellos que han triunfado y que tienen mayor necesidad que los demás de ser estimulados y desafiados.

"Si usted conoce bien su trabajo, o si sabe demasiado bien cuál es el botón que debe apretar, desconfíe; el aburrimiento lo acecha. Lo que yo hago, sencillamente, es ingeniármelas para que eso no me suceda.

"Yo redefino siempre mi trabajo, me cargo de

nuevas tareas, me cuestiono constantemente, me planteo nuevos desafíos. Si alcanzo una meta, personal o profesional, de inmediato me pongo a estudiar otro objetivo, más ambicioso que el anterior. Es así, creo yo, como uno mejora en su trabajo y como se torna cada vez más importante en su empresa."

Y prosigue de manera muy impresionante: "Si usted se aburre, es culpa suya. No se esfuerza por volver interesante su trabajo. También debe de ser por eso que nadie le ofrece algo mejor. Descubra qué es lo que le gusta y entonces triunfará".

Reflexione en este principio en apariencia simple, por no decir banal, con el que el autor concluye este pasaje: "Descubra qué es lo que le gusta hacer y entonces triunfará".

Cuando afirmamos que a uno tiene que gustarle su trabajo para poder triunfar, es preciso que comprenda lo que queremos decir. De ningún modo deseamos sugerir con ello un trabajo ideal, es decir algo por entero desprovisto de frustraciones, de decepciones, de dificultades. No nos referimos precisamente a un paraíso de todos los días. Pero es algo un poco como un gran amor. El vínculo profundo que en este caso une a dos seres los hace olvidar o superar las frustraciones y los obstáculos pasajeros.

A veces, ciertas personas vacilan y no saben si les gusta o no su trabajo. Hay que agregar, en su descargo, que hasta los diez hombres ricos, que por unanimidad confesaron una gran pasión por su trabajo, han atravesado períodos de desaliento, de depresión e incluso de dudas; estados pasajeros, pero bien reales. Si usted desea saber si realmente le gusta su trabajo, le sugerimos un pequeño *test* muy simple pero de una eficacia casi absoluta, para lo cual debe responder a la siguiente pregunta:

SI USTED GANARA UN MILLÓN DE DÓLARES MAÑANA, ¿SEGUIRÍA HACIENDO EL TRABAJO QUE HACE ACTUALMENTE?

Si respondió por la afirmativa, bravo, es que usted realmente ama a su trabajo. Además, todos los hombres ricos que analizamos en este libro respondieron de esa manera. Su vida es la prueba viviente de que su trabajo era su pasión. No sólo disponían de un millón de dólares, sino de varios cientos de millones...

A menudo oímos esta reflexión, al respecto de personas muy ricas (reflexión que en general hacen los que no lo son y, además, no aman su trabajo): "Si yo estuviera en el lugar de ellos, la pasaría muy bien..."

Esas personas no comprenden que, aunque el dinero es un motivo importante para los hombres ricos, lo que los impulsa a actuar es más bien la pasión por lo que hacen y el deseo de emprender constantemente nuevas cosas, aceptar desafíos, correr nuevos riesgos.

Es por esto que la mayoría de las hombres ricos rara vez se toma vacaciones. Es cierto, sus numerosas obligaciones no son ajenas a ello, pero se debe sobre todo a que su trabajo los apasiona. Trabajar es para ellos un placer, una pasión. Es por esa razón que a menudo trabajan hasta tan tarde, y que no vacilan en trabajar jornadas de 15 y hasta 18 horas.

Y tranquilícese: ese considerable trabajo no los ha matado. Lejos de eso. Además, la mayoría de los hombres ricos ha conocido una gran longevidad. Y no sólo han vivido hasta viejos, sino que en su mayor parte han trabajado hasta la muerte. La jubilación, para ellos, es una palabra desprovista de sentido. ¿No contrasta con los que planifican toda su (triste) existencia en función de la jubilación, y se regocijan de esas medidas "progresivas" que proponen jubilaciones anticipadas? En efecto, en cierto modo, esas personas se han retirado ya, aunque tengan 30 ó 40 años. Si así se puede decir, es como si hubieran tomado licencia de ellos mismos, han olvidado quiénes son, son una suerte de muertos vivientes.

Si usted desea llegar a viejo y ser feliz, haga lo que le gusta. Se ha establecido que una de las principales causas del envejecimiento es la frustración y el estrés. Para conservar una eterna juventud interior, hay que respetar los deseos del corazón y hacer lo que se ama.

Steven Spielberg hizo un día la siguiente observación: "El mayor peligro de la fama es volverse perezoso".

Pero, sin duda, bromeaba. Pues, pese a su fortuna, calculada en más de mil millones de dólares, se afirma que trabaja cien horas por semana cuando se halla en filmación. Y filma de continuo, como lo demuestran sus sucesivos filmes, todos de tanto éxito.

Entre los hombres ricos, y entre los que hacen lo que les gusta, parece haber una curiosa subversión de valores en lo referente a su actitud para con el trabajo. La mayoría de las personas asisten al trabajo de mala gana los lunes por la mañana y esperan con impaciencia el viernes a la tarde, cuando por fin pueden descansar de la penosa tarea que han debido soportar durante cinco días. Por lo tanto, sólo viven de verdad dos días sobre siete. Sin contar que, por lo general, el sábado es un día de "aflojamiento" y que ya el domingo anuncia la sombra lúgubre y monótona del lunes. Para los hombres ricos, en cambio, y para todos aquellos que aman su trabajo, eso no tiene sentido. Mientras que la mayoría de la gente acoge de buen grado el momento de las vacaciones, para los hombres ricos es casi un castigo. Por lo menos, es seguro que no las anhelan.

El gran matemático y filósofo francés Pascal hizo un día esta reflexión profunda:

"El pasado y el presente son nuestros medios; sólo el futuro es nuestro fin. Así, no vivimos nunca pero esperamos vivir, y, siempre dispuestos a ser felices, es inevitable que no lo seamos jamás".

¿No es el caso de aquellos que no viven más que para ver llegar el fin de semana? De ese modo no viven, sino que esperan vivir, y jamás llegan a ser felices. No sólo nunca son felices, sino que, en general, tampoco triunfan jamás.

Thomas Watson, uno de los padres de la formidable multinacional IBM, repetía de continuo a sus vendedores: "Jamás conocerán el éxito si no llegan a convencerse de que la venta es lo más interesante que hay en el mundo".

Y: "Deben guardar un lugar para el trabajo en su corazón y poner su corazón en el trabajo".

La siguiente confidencia muestra que no nos tornábamos irónicos al afirmar que privar a un hombre rico de su trabajo es como castigarlo. Además, el propio Honda emplea la palabra castigo. "Cuando me ven trabajar en el laboratorio, algunos dice que el comandante está en traje de campaña. ¡Sin embargo, Dios sabe que no voy al laboratorio con un sentimiento trágico y militar! ¡Voy allí por la sencilla razón de que amo trabajar, y no porque sea el presidente me voy a privar de ese placer! ¿Por qué un hombre, con el pretexto de que es el director de una empresa, tiene que quedarse todo el día sentado detrás de su escritorio contando las horas con los dedos? Por supuesto, hay otras maneras de ocuparse; creo que hay otros dirigentes que se interesan por los números y el status y no les gusta bajar a los talleres. Pero para un ingeniero como yo sería de lo más penoso consagrarse a la contabilidad, ¡sobre todo cuando tengo la oportunidad de tener excelentes expertos en la materia! Supongo que ser presidente no constituye un castigo... si así fuera, habría encontrado algún amigo fiel que me previniera."

He aquí, entonces, algunos principios que conviene recordar:

1. USTED PUEDE HACER LO QUE LE GUSTA, SI PONE LA DETERMINACIÓN Y LA ENERGÍA NECESARIAS.

2. EL EMPLEO O LA PROFESIÓN IDEAL PARA USTED EXISTE. AHORA. ES PRECISO QUE COMIENCE POR CREERLO.

3. ES INEXACTO QUE HAYA QUE HACER ALGO DESAGRADABLE PARA GANARSE LA VIDA.

4. MAS AÚN, LA ÚNICA MANERA DE SER FELIZ Y HACER MUCHO DINERO ES HACIENDO LO QUE REALMENTE LE GUSTA. ENTONCES SERÁ DOBLEMENTE

GANADOR. NO SÓLO SERÁ FELIZ EN SU TRABAJO, SINO QUE GANARÁ MÁS DINERO.

5. SOLO USTED PUEDE DECIDIR SU DESTINO Y HACER LO QUE LE GUSTA, SIN QUE IMPORTEN LOS OBSTÁCULOS EXTERIORES.

6. EL MAYOR OBSTÁCULO A SU ÉXITO ESTÁ EN USTED. ES USTED QUIEN SE IMPIDE HACER LO QUE LE GUSTA, ES USTED QUIEN NO CREE QUE ESO SEA POSIBLE. PARA USTED, ESO SÓLO ES VÁLIDO PARA LOS DEMÁS.

7. ATRÉVASE A HACER LO QUE QUIERE. PROHÍBASE EL MIEDO. AL FIN TRIUNFARÁ.

En nuestros días, es frecuente el divorcio entre los pensamientos y los sentimientos. Tratamos de racionalizarlo todo. Negamos los sentimientos. Ahogamos los sueños. No creemos que haya que poner el corazón en el trabajo. Nos contentamos con poner la cabeza. Lamentablemente, la mayoría de las personas olvida que el ser humano es un todo. Cuando el corazón no está, el éxito tampoco viene. O, si viene, no dura mucho. Hemos visto que, para que nuestros sueños se hagan realidad, hay que apoyarlos con nuestro deseo, un deseo ardiente, constante, y con nuestros sentimientos. Si su corazón está ausente de su trabajo, apresúrese a hacer otra cosa, antes de que tenga que lamentarlo. O pruebe encontrarle una nueva dimensión a su trabajo, descubrir nuevos desafíos. Tenga por usted mismo ese respeto elemental. No reniegue de lo que es. Usted vale más que eso. No está obligado a sufrir una existencia monótona.

Muchos hombres y mujeres que han triunfado,

y entre ellos los hombres de que hablamos en este libro, han tenido mala prensa entre cierto público, pese a la admiración o la envidia que provocan. A menudo se cree que no son más que vulgares materialistas, máquinas de hacer dinero, fríos calculadores desprovistos de todo sentimiento humano. Lo que se olvida es que todos esos hombres fueron hombres de pasión, y que muchos de ellos fueron ante todo hombres de corazón, especie de románticos del mundo de los negocios, a su manera. Eran portadores de un sueño, un sueño que a menudo venía de su primera infancia, y pusieron todo su corazón para cumplirlo, dispuestos a todos los sacrificios para lograrlo.

Uno de los más hermosos ejemplos de este tipo de hombre es sin duda el genial realizador Steven Spielberg, cuyos inicios difíciles relataremos. Nada puede parecer más insensato, más idealista, que desear vivir del cine. Sin embargo, un joven sin un centavo, y sin relaciones, que hasta se había negado a asistir a la facultad de cine, llegó a realizar ese sueño.

Steven Spielberg:
un hombre de corazón que llegó
a millonario

"When you wish upon a star,
Makes no difference who you are,
Anything your heart desires will come... to... you." *
(Canción de *Pinocho*, de Walt Disney)

Julio de 1985. Por tercera vez, la prestigiosa revista *Time* consagraba su tapa a Steven Spielberg, el "super-star" de Hollywood. El primer reportaje de importancia salió tras la aparición de *Tiburón*, en 1975, mientras el animal gigante hacía las delicias de los amantes de ese tipo de filmes.

Después, en 1982, un segundo reportaje saluda a *E.T.* y *Poltergeist*.

Lamentablemente, la guerra de las Malvinas, entre Inglaterra y la Argentina, destronó a Spielberg de los principales titulares.

La última de las notas se presentaba como un homenaje a ese "Peter Pan" que se empeñaba, película tras película, en llevarnos al reino a la vez maravilloso y pesadillesco de la infancia.

Pues su obra se trata en realidad de la infancia

* Cuando le pedimos un deseo a una estrella, no importa quién seas; cualquier cosa que desee tu corazón vendrá... a... ti.

(la suya). Denise Worrell, de *Time*, lo explica así: "Emprender una nota sobre la vida y la obra de Spielberg no es otra cosa que volver al universo de nuestra infancia". Ese es todo el secreto de su obra magistral que ha hecho de él el director más poderoso de la capital del cine y hasta del mundo entero, y que le ha permitido adquirir una verdadera fortuna haciendo lo que deseaba su corazón.

El Spielberg adulto (¡si podemos utilizar ese término al referirnos a él!) cree todavía en los "hermanos de sangre". Cada conversación con él nos hace revivir los rituales secretos de la infancia, en que se hacían juramentos solemnes de amistad eterna.

Pero el universo de Spielberg no es sólo eso. Es también la oscuridad amenazadora, una oscuridad habitada por entes desconocidos, poblada por los sueños espantosos de nuestros propios miedos. El miedo que se transforma lentamente en maravillamiento, lo ordinario que se transfigura en extraordinario, viaje trastornante de la oscuridad a la luz: ¡camino que nos lleva a revivir nuestras obsesiones y descubrir de nuevo esa felicidad inefable que guardamos preciosamente en el fondo de nuestro corazón!

¡Inútil aclarar que Steven Spielberg vive con la cabeza en las nubes! Aunque tenga los pies firmemente apoyados en la tierra, esta tierra de clase media, y viva sin problemas económicos en las afueras de una gran ciudad de los Estados Unidos. Pero todo eso no es más que una apariencia. El mismo lo confiesa: "¡Creo sinceramente que soy Peter Pan!" No es de asombrar que se lo compare con tanta frecuencia con su ídolo (o, al menos, uno de sus ídolos), Walt Disney. Como Disney, él ve todo (y filma todo) como si tuviera la estatura de un niño. ¡A su universo escénico lo ve con los ojos de un niño!

Más aún, su obra refleja la angustia sorda e inexplicada de otros de sus mentores: Alfred Hitchcock.

Pero además, ¡hay HUMOR! ¡Siempre el humor! Pues el humor es el último bastión de la dicha de la infancia... Siempre ubicando a sus personajes en las circunstancias más extraordinarias.

En una palabra, lo que él hace ¡es MAGIA!

El padre de este universo mágico que hace nuestras delicias en los cines nació el 18 de diciembre de 1947, en Cincinnati.

Su primer recuerdo es, además, sintomático de ese mundo fantástico que nos revelará más tarde. Spielberg relata que, en su primer recuerdo, inolvidable, todo era oscuridad. Después, un color, y tras él... ¡el misterio! De pronto, la luz. Un cuarto muy iluminado y, al fondo, una serie de viejos barbudos con sombreros negros: ¿sabios venidos de otro mundo? Muy al fondo del cuarto, una suerte de plataforma elevada surge de la luz rojiza casi enceguecedora. El misterio es aún más angustiante, los sentidos quedan como ahogados en esa atmósfera fuera de lo común... Este recuerdo asemeja torpemente una escena de sus filmes. Y sin embargo... se trata simplemente de una visita que hicieron sus padres a una sinagoga de Cincinnati. ¡Spielberg tenía entonces apenas seis meses!

Esta fascinación por lo extraño se convirtió en él en parte integrante de su ser. "Siempre me interesaron los fenómenos extraños, esas 'luces en la noche', desde que era muy chico y vivía en Arizona. Allá el cielo es muy claro, por la noche y las noches estrelladas son moneda corriente. Recuerdo que una vez mi padre me despertó a las tres de la madrugada y me llevó hasta la ladera de una colina; allí, tendidos sobre la hierba, ¡observamos una fantástica lluvia de meteoritos! ¡Era algo extraordinario! Yo no tenía en la cabeza más que una idea: descubrir el origen de esos puntos luminosos allá arriba."

Y agrega: "Yo nací el mismo año, 1947, en que el aviador Kenneth Arnold percibió lo que después iban a denominar 'plato volador'. Ya antes más de 10.000 personas habían tenido experiencias semejantes, pero fue después de ese año que se apoderó de la gente una verdadera psicosis. Yo crecí en esa atmósfera de paranoia. Pero yo, en lugar de sentir miedo, trataba de imaginar ¡cómo sería ver de cerca a alguien que venía de... allá arriba!"

El medio familiar iba a jugar un papel preponderante en la obra de Spielberg. Su padre era ingeniero eléctrico y fue miembro del equipo que construyó las primeras computadoras. A fines de la década de 1940 y principios de la siguiente, la industria informática se difundía por todo el país. También los Spielberg se trasladaban a menudo. En trece años, Steven pasó de Cincinnati a Haddonfield, New Jersey, luego a Scottsdale, en Arizona, y finalmente a Saratoga, un suburbio de San José, California. No bien se acostumbraba a su nuevo domicilio, cuenta ¡enseguida aparecía en su casa un cartel de "En venta"!

Según sus propias palabras, sus padres no se parecían en nada. Ambos eran apasionados por la música clásica y adoraban a sus hijos. ¡Sus únicos puntos en común! Su padre era maniático del detalle, de la puntualidad, en suma, una verdadera computadora. Lo cual hizo decir a Steven que su padre sólo hablaba dos idiomas: inglés... ¡y el de las computadoras!

El joven Spielberg no compartía en absoluto esa visión, y se lo hizo comprender a sus padres a su manera particular: "Cuando tenía más o menos once años, mi padre nos reunió a todos en la cocina. Tenía en la mano un minúsculo transistor. Y nos dijo '¡Esto es el futuro!' Yo tomé el transistor, me lo puse en la boca y... ¡lo tragué! Papá se echó a reír pero de pronto dejó de causarle la más mínima gracia. El clima se puso tenso. Era uno de esos instantes en que se enfrentaban dos mundos diametralmente opuestos. Esa fue, a mi manera, una declaración de: ése es TU mundo, ¡no el mío!"

Pero su madre desbordaba energía. Era el eje alrededor del cual giraba el resto de la familia. Pianista de formación clásica, a menudo ofrecía recitales en compañía de sus amigas, también músicas. En esos momentos su padre se encontraba con sus propios amigos y colegas, para discutir el modo de realizar una trampa para ratones computadorizada. Para el joven Steven, su único refugio era su cuarto. "¡La puerta de mi cuarto ha permanecido cerrada casi toda mi vida!", comentó más adelante. ¡Llegaba incluso a tapar los orificios con mantas, para no oír ni el piano de su madre ni las conversaciones de su padre!

Su primer contacto con el cine se produjo cuando su madre le regaló a su padre, para su cumpleaños, una cámara filmadora, "para conservar los recuerdos de la familia". Pero el padre, decididamente, no tenía talento para el cine. El joven Steven, que entonces tenía 12 años, quedó fascinado por esa cámara 8 mm, aunque no por las proezas fílmicas de su padre. "¡Como todo el mundo —confesó más tarde—, tuve que sufrir esas sesiones de filmaciones caseras!" La cámara se movía siempre o el tema se tornaba invisible tras una bruma de la lente fuera de foco; en suma, toda la colección de errores desfiló bajo los ojos horrorizados del cineasta en potencia. Era más de lo que podía soportar. Un día, durante una de esas sesiones torturantes, declaró muy tranquilo a su padre: "No sabes sostener la cámara como hay que hacerlo... ¡Lo que haces no tiene ningún sentido!" Su padre, sin perder la calma, tomó la cámara, se la dio y le dijo: "¡Toma! ¡De ahora en adelante eres tú el cineasta de la familia!"

Fue a partir de ese instante que Steven mantuvo, según sus propias palabras, "la retina pegada al objetivo de una cámara".

¡FUE UNA VERDADERA OBSESIÓN!

"PARA MÍ, ERA EL MEDIO DE EVASION IDEAL."

Era la puerta abierta a un mundo de fantasía, mundo del que nos iba a hacer una brillante demostración más tarde, la vía real de la evasión, lejos de lo real, de lo cotidiano, de la escuela con los matones que le daban miedo, de los miedos en la oscuridad, y sobre todo... sobre todo, lejos de sus padres, que no se llevaban nada bien y estaban ya en camino a una separación.

ADEMÁS, ÉL TENÍA UNA SOLA META: HACER PELÍCULAS.

¡Pero todavía estaba muy lejos de conseguirla!

Por el momento debía soportar las incesantes querellas de sus padres, en California del Norte. Por supuesto, no discutían delante de los niños, pero Steven era lúcido: "Creo que ellos nunca se dieron cuenta realmente de hasta qué punto nosotros éramos conscientes de su desdicha. No había violencia; sólo una atmósfera de malestar desesperado que se podía cortar con un cuchillo. Durante años pensé que la palabra 'divorcio' era la más fea que podía existir. El sonido de sus conversaciones se expandía por todas partes en los cuartos, por los conductos de la calefacción. Mis hermanas y yo nos pasábamos toda la noche oyéndolos discutir, negándonos a rendirnos ante la evidencia. Y para nosotros era el pánico. Mis hermanas estallaban en sollozos y nos abrazábamos unos a otros."

¡Era del horror de esa realidad que quería escapar Steven! ¡Y también de muchos otros! ¡Como que era un niño! "Yo tenía todos los miedos de los niños." Es decir: miedo a una presencia malvada oculta bajo la cama, miedo a los personajes monstruosos que esperaban pacientemente en el placard, miedo a esas cosas terribles que iban a hacerle esos personajes inventados a la sombra de la noche. Ese árbol maléfico de *Poltergeist*, Steven lo vio durante años desde su ventana de niño, y fue motivo de pesadillas que después sus personajes vivirían en la pantalla. En suma, el universo inquietante y a menudo maléfico de sus filmes habitaba ya en él.

¡Para él, era una realidad cotidiana!

Fue gracias al ojo mágico de la cámara que llegó a exorcizar a sus demonios y hacer de ellos sus aliados, que le facilitaron el camino al éxito.

"¡HICE DE MI SUEÑO UNA REALIDAD!"

Allí está toda la clave del increíble éxito de Steven Spielberg, quien, a los 36 años, ha amasado una inmensa fortuna y se ha convertido en uno de los personajes más poderosos del mundo del cine. ¡El DISNEY de los tiempos modernos!

Su pasión por la cámara y las "luces en el cielo" no tardó en provocar esta primera chispa: su primera película. De aficionado, desde luego. Ese filme, *Fright*, fue realizado ¡en 1964! Tenía entonces 16 años y fue su primera obra de ciencia ficción. "¡140 minutos de 'Nosotros versus Ellos'!", dirá más tarde. Ya poseía en su currículo una decena de realizaciones semejantes, desde que heredara la cámara de su padre. Pero ésa fue su primera "obra" de verdad, al menos a sus ojos. Con un presupuesto de 300 dólares, inflado después a 500 (hábito que mantendrá a lo largo de su carrera, ¡para gran desesperación de los financiadores de sus películas!). Fue su primer éxito comercial. Papá invitó a sus amigos, conocidos, parientes... y ¡lograron reunir la suma de 600 dólares para cubrir los gastos! ¡Un éxito en toda la línea!

Sin embargo, su carrera iba a comenzar realmente con otro filme, y sobre todo gracias a un encuentro fortuito en las playas californianas. Fue en 1967. Steven conoció a un hombre que estaba tan deseoso de producir películas como lo estaba él de dirigirlas. Pero la diferencia sustancial entre ambos era que el primero era... ¡millonario! Se trataba de Dennis Hoffman, propietario de una compañía de aparatos ópticos. Hoffman vio algunas realizaciones de Steven en 8 y 16 mm y quedó entusiasmado. Le dio 10.000 dólares para hacer un cortometraje. Para Spielberg, esa suma era una fortuna. No obstante, el hombre le puso una condición: quería que su nombre apareciera en la película. Es decir que en los títulos se leería: *Amblin*, de Dennis Hoffman, en lugar de *Amblin*, de Steven Spielberg. "No vacilé un segundo y respondí 'sí'. Tomé el dinero y salí a hacer mi primera película en 35 mm. ¡Para mí fue toda una oportunidad!"

Steven conoció también en esa ocasión a otro apasionado de la cámara: Allen Daviau, que compartió con él éxitos y fracasos. Los dos jóvenes no sabían muy bien dónde estaba parados, pero había algo que sabían perfectamente: ¡iban camino al éxito! ¡No tenían la menor duda! Ese optimismo casi delirante nunca abandonó a Spielberg.

Amblin , que narra la historia de un muchacho y una chica adolescentes que viajan a dedo hasta California, obtuvo gran éxito, a tal punto que el pequeño filme impresionó vivamente al mandamás de la compañía Universal Television, Sid Sheinberg.

"En realidad, todo el mérito de ese éxito se lo debo a mi amigo Chuck Silvers. Fue él quien le hizo ver el filme a Sheinberg. (Además, esa película se presentó en 1969 en los festivales de cine de Venecia y Atlanta.) Al día siguiente Sheinberg me llamó por teléfono y me invitó a ir a verlo a su oficina. ¡Una verdadera historia de Cenicienta!"

A esos estudios de la Universal Spielberg los

conocía bien. En efecto, a los 17 años había ido a visitar a unos primos de Canoga Park, y ellos lo llevaron a ver los estudios de la Universal. Steven quería ver los *plateaux* de filmación. Fue de un lado a otro, viéndolo todo, maravillado. Un hombre lo detuvo, le preguntó qué hacía allí (se había "colado" para extender la visita por su cuenta). Con toda calma, Steven le explicó su pasión por el cine, lo que había hecho, lo que deseaba hacer, etc. Ese hombre, que era Chuck Silvers, fue el artesano de la carrera de Steven. Divertido por ese muchachito de tan manifiesta audacia (¡no cualquiera entra en los estudios de la Universal, sobre todo durante una filmación!), Silvers lo invitó y lo hizo recorrer todo el lugar. Al día siguiente, munido de un pase, Steven volvió y le mostró a Silvers sus filmes en 8 mm. Este quedó favorablemente impresionado (lo cual explica su entusiasmo al ver *Amblin* unos años más tarde).

Si para Silvers todo se detuvo allí, para Steven se transformó directamente en una obsesión. Dos días después, de traje y corbata, bien peinado, con un portafolio en la mano (el de su padre, "no llevaba dentro más que un sandwich y dos tabletas de chocolate"), pasó delante de la guardia de seguridad y entró en las oficinas de la Universal. Durante todo el verano estableció allí su domicilio. Encontró un escritorio desocupado, un teléfono y se instaló con sus cosas. Llegó a la audacia de escribir su nombre en el anuario del inmueble, y vagabundeaba por los corredores y pasillos, observando cada una de las mil y una operaciones de la filmación de una película. Esperaba vagamente que un día alguien, la Providencia (?), le diera algo que hacer... pero eso no se produjo nunca.

Descorazonado, Steven se marchó como había entrado, sin que nadie notara su presencia.

Por sorprendente que resulte, esa vez su encuentro con Sheinberg, el gran jefe, iba a permitirle entrar de manera oficial en las oficinas de la Universal, para hacer exactamente lo mismo: ¡NADA!

"Es un proceso extremadamente arduo —dice Steven refiriéndose al tema de ese período de su vida—. Extremadamente penoso y sumamente molesto. Prácticamente acampé a la puerta de numerosos dirigentes de la compañía, y pasó mucho tiempo antes de que me dieran permiso para hacer algo. Es muy simple: yo era demasiado joven y en la Universal no creían en la juventud. ¡Afuera tampoco!"

> SPIELBERG TENÍA FE. CREÍA EN SU TALENTO. SABÍA QUE ERA CAPAZ DE GRANDES COSAS A PESAR DE SER JOVEN. ¡ESA OCASIÓN TAN ESPERADA, ÉL IBA A CREARLA!

Le suplicó tanto y tan bien a Sid que éste cedió un poco y obtuvo un trabajo para Steven. Steven tenía lo que deseaba: iba a trabajar en un filme —piloto para una nueva serie de televisión—. Era *Night Gallery*, seguidilla de la muy célebre *Twilight Zone*, de Rod Serling. Lamentablemente para Steven, iba a dirigir a una de las actrices más... "acerbas" de toda la colonia hollywoodense: ¡Joan Crawford! ¡Estaba metido en camisa de once varas!

Salió bastante bien de la prueba, pese a su total

falta de experiencia. Pero era el principio... ¡O así al menos lo creía él!

Steven tuvo derecho a la dirección de un episodio de *Marcus Welvy, M. D.* después *Dr. Kildare,* después... *¡después nada! ¡Nothing!*

¡Durante todo un año, nada! Suplicó, lloró, amenazó... pero su contrato estipulaba con claridad, en letras pequeñas que él no había leído, en su entusiasmo juvenil, que debía someterse por entero a las decisiones de la Universal. ¡No era cuestión de ocupar sus horas vacías haciendo filmes de aficionado! Ahí cayó en la trampa y, cuando le ofrecieron rodar series para televisión, aceptó apresurado. ¡Cualquier cosa, mientras no sea la nada! Pero, al fin de cuentas, habría preferido la nada. Empero, esto le permitió conocer todos los secretos del oficio. Aprendió tanto y tan bien que pronto fue capaz de encargarse de todo un *plateau* , salvo el maquillaje. ¡Iba conociendo cada vez más a fondo su profesión!

En medio de ese año tan ocupado, 1971, Steven estaba listo ya para la "gran ocasión". Fue su secretaria quien, sin ninguna vergüenza, compró la revista *Playboy* e hizo leer a Steven el relato de ciencia ficción *Duel* , de Richard Matheson; la historia de un representante de comercio, tipo tranquilo, que se ve en apuros con un camión cisterna cuyo conductor demencial trata de matarlo sin razón alguna. *Duel* es el relato de esa carrera contra la muerte en las rutas accidentadas de las montañas Rocallosas.

Spielberg rodó *Duel* en dieciséis días meticulosamente planificados, en el cañón Soledad, en California. Fue presentado en la red ABC en la emisión *Movie of the Week* (La película de la semana), el 13 de noviembre de 1971. Dos años después, el filme recibiría una Mención Especial del jurado en el festival de televisión de Montecarlo. La delirante acogida que obtuvo el filme de Spielberg por parte del público europeo impresionó a los directivos de la Universal, que por cierto no esperaban semejante fenómeno. Y entonces debieron rendirse ante la evidencia: ¡tenían en sus manos a un joven director pleno de talento!

Con un magro presupuesto de 450.000 dólares, el joven había logrado producirles beneficios de 6 millones de dólares. ¡Cómo no iba a impresionar a los directivos de la Universal, para quienes primero estaba el dinero, y después el cine...!

Pero antes de que se dieran cuenta de su talento (hubo que esperar dos años a que los ecos europeos de *Duel* llegaran a los patrones de la Universal), Spielberg tuvo que seguir dirigiendo para la televisión. A los 25 años era ésa aún su principal ocupación, hasta que al fin se conocieron los resultados (financieros, desde luego) de la exhibición de *Duel*. Steven sabía bien que ahora ya nadie podía detenerlo. ¡Ya nada ni nadie podía impedirle hacer lo que más deseaba: películas!

Lo invitaron a la torre de marfil, donde los dueños le preguntaron con toda amabilidad: "¿Por casualidad no tendrá en la cabeza otra idea para un filme?"

¡Qué pregunta idiota!

Spielberg debutó... ¡como guionista!

Recorrió varios estudios de cine, dejando aquí y allá algunos guiones que había tenido (de sobra) tiempo de escribir durante sus años de ocio en la Universal. En la 20th. Century Fox, a Richard D. Zanuck y David Brown les gustó un breve texto titulado *Ace, Eli and Rodger of the Skies*. Filmaron la película, pero Spielberg no participó de ningún modo activo. Y el filme no obtuvo nada de éxito. Las ganancias fueron de magros 13.400 dólares al cabo de una semana de exhibición en Washington y Baltimore, ¡y eso que la dieron en 16 salas!

Sin embargo, Zanuck y Brown iban a ser nuevamente los instrumentos del avance de Spielberg. Despedidos de la Century Fox, el dúo pasó a la dirección de la Universal. Y esta vez se quedaron encantados con el guión de *The Sugarland Express*. A Steven todavía le costaba mucho imponerse como director, pero la llegada del dúo Zanuck-Brown le iba a dar el empujón tan esperado.

La historia era muy simple: una mujer, recién salida de prisión, ayuda a su amante a evadirse. Los dos secuestran a un policía caminero con el objeto de recuperar a su hijo, adoptado de un día para el otro, y al que nunca más volverán a ver. El tema parecía correr el riesgo de convertirse en un melodrama patético, pero en las manos de Spielberg cambió, y la crítica de cine Pauline Kael, del *New York Times*, lo describió como "uno de los *debuts* más fantásticos en la historia del cine".

Pese al desastre financiero de *The Sugarland Express*, ¡las intuiciones de Zanuck-Brown revelaron ser exactas!

Pero el dinero es el patrón de éxito en Hollywood. Y mientras que el gran éxito *The Sting* (El golpe) había cosechado la suma fabulosa de 68.450.000 dólares a fines de 1974, *The Sugarland Express* no había podido dar más que 2.890.000!

Sin embargo ¡Spielberg aprendía! ¡A hacerse de aliados! ¡Y de colaboradores! Aprendía a comprender los aspectos de esta regla de oro: ¡tener confianza en los hombres capaces que asumen puestos claves y están por completo de acuerdo con el ideal, con la visión de uno!

Y eso ocurría con el camarógrafo Vilmos Zsigmond, el dúo Zanuck-Brown y otros que iban a surgir a lo largo de la carrera de Spielberg. Sobre todo el compositor John Williams, que compuso la música de seis películas de Spielberg en diez años, ¡las seis que obtuvieron mayor éxito!

¡Después se produjo la explosión! ¡Genio, sencillamente! ¡Realizó *Tiburón*! "No soy violento —declaró Spielberg después—. Pero sabía que *Tiburón* iba a llegarle a la gente. Era una experiencia de terror. Pero fue una verdadera pesadilla en lo que se refiere a la filmación. ¡Hacer ese filme no me causó ningún placer!"

En efecto, la Universal poseía los derechos del libro de Peter Benchley, pero no sabía qué hacer con él. A Spielberg le encantaba ese guión pero ignoraba por completo en lo que se metía. ¡Fueron 155 días de filmación, cuando se habían previsto apenas 52! El presupuesto no cesaba de aumentar. Se utilizaron varios tiburones gigantes (tres), cada uno de los cuales pesaba alrededor de 3.000 kilos y costaba 150.000 dólares. Dada la complejidad de esas máquinas, hubo que agregar 3 millones suplementarios al presupuesto inicial de 8 millones de dólares. Veinte personas participaron en la construcción de Bruce (apodo con el que se llamaba al famoso tiburón), y había otros 13 que se encargaban del manejo de los aparatos necesarios para hacer funcionar esa enorme máquina.

La filmación volvió loco a todo el mundo. Aislados en la costa de Nueva Inglaterra, ante elementos desfavorables, muchos ya no sabían qué hacer con sus vidas. "¡Algunos caminaban por la playa y gritaban mirando al cielo!", confesó más tarde Richard Dreyfuss, uno de los actores del filme.

Todos, incluido Spielberg, estaban tan desalentados que sólo tenían una idea en la cabeza: ¡salir de allí! Dreyfuss confesó que la película le parecía el "nabo" más grande la historia del cine. Y sin embargo...

El filme fue considerado como la más horrorosa de las producciones del año. La acogida del público fue delirante. El 5 de septiembre de 1975, es decir 80 días después del estreno en casi 1.000 cines de los Estados Unidos y Canadá, y con un presupuesto promocional de 2.500.000 dólares, *Tiburón* había ya eclipsado los récords establecidos por *El exorcista, El golpe, Lo que el viento se llevó* y *La novicia rebelde* . Finalmente, llegó a eclipsar incluso a *El padrino* , para convertirse en la película número uno, en cuanto a dinero cosechado, de todos los tiempos.

¡A tal punto que el corresponsal del *Washington Post* en Cuba confesó saber de buena fuente que Fidel Castro había comprado dos copias piratas para el público de su país!

Tiburón era una verdadera mina de oro. ¡Unicamente por redactar los contratos de las diferentes firmas que vendían los productos derivados de la película, la firma International Creative Management facturó 6 millones de dólares! ¡A razón del 10% de comisión!

La Universal quería, evidentemente, que Spielberg realizara una segunda parte. Pero él se negó de plano. En 1975 tenía ya otros planes. Lo único que dijo fue que Richard Dreyfuss sería nuevamente el protagonista de su próximo filme, y que se trataría de un filme "único".

¡Y creía en lo que decía! Perfeccionista como era, Spielberg llevó aún más lejos sus posibilidades, exigiendo el máximo al talento que sabía poseía.

Y el resultado fue... *¡Encuentros cercanos del tercer tipo!*

"Ese muchacho nunca lo va a lograr", comentaron los directivos de la Universal cuando se enteraron del gigantesco proyecto.

¡Pero Spielberg creía, ciegamente!

"No es un filme de ciencia-ficción, ni un filme futurista —decía—. Es un filme sobre gente que CREE. ¡Seis millones de estadounidenses creen que los OVNI nos visitan de manera regular!"

Spielberg ya sabía de memoria su credo del cine para que el público reaccionara favorablemente a una película:

En primer lugar, los personajes. Después, lo demás. En otras palabras: ¡una historia creíble!

Pero en Hollywood era... primero el dinero, ¡el cine después! ¡Y el proyecto era, como la película, colosal! Truffaut (que actuaba en el filme), habituado a una atmósfera intimista durante la filmación, estaba por entero abrumado por el gigantismo de la operación. Los responsables de iluminación, de las maquetas, del sonido, todos eran de lo mejor en su especialidad. ¡Sin tener en cuenta el precio! La criatura creada por el gran maestro Carlo Rambaldi, ese extraterrestre que se ve surgir de la nave madre en el final casi religioso, costó la modesta suma de 3,5 millones de dólares.

Pero cuando la película se estrenó, en noviembre de 1977, los críticos se le echaron encima. "Será un fracaso", comentó lacónicamente Willian

Flanagan, de la revista *New York* . Las acciones de la Universal perdieron en total 18 millones de dólares a causa del pánico creado por la reacción de los críticos después del preestreno en Dallas.

Sin embargo, el público le reservó un recibimiento fuera de serie. ¡Aún mayor que el de *Tiburón* ! ¡Todos los que habían participado en la película, en mayor o menor medida, se volvieron célebres en todo el mundo! ¡Al cabo de sólo un mes en los cines, *Encuentros cercanos* se convirtió en el noveno éxito del año 1977! En 1978 había pasado al tercer puesto y así continuó... ¡hasta que apareció *E.T.* !

Después de esos dos super-éxitos, Spielberg conoció un revés. Se trató de *I Wanna Hold Your Hand* , en 1978. Película sobre el fenómeno de los Beatles, llegó demasiado tarde, en una época en que los Beatles ya no constituían un tema actual. Resultado: ¡nada! Después, *1941,* una farsa sobre el pánico que se apoderó de California, tras el bombardeo de una ciudad costera por un submarino japonés. Fracaso monstruoso pero necesario. Spielberg no manejaba la comedia. No sabía nada de eso. *1941* se lo hizo comprender. ¡De manera muy dura! "¡Fue una lamentable necesidad! ¡Lamentable para el público! ¡Necesaria para el director!", fueron las palabras de un crítico. Spielberg comprendió la lección. ¡En adelante se atendría a hacer lo que sabía, y nada más!

Su manía perfeccionista lo aguijoneaba siempre. Así realizó *Encuentros cercanos del tercer tipo, edición especial.* Después, *Used Cars,* en 1980. ¡Un nuevo fracaso!

Sin embargo, estos fracasos no lo desalentaron. Sobre todo porque poco antes, en unas vacaciones en Hawai, había conocido a George Lucas, cuya famosa *Star Wars* había conquistado al público. Germinó la idea de unir sus esfuerzos y el dúo se encontró pronto en los sets de filmación con un guión salido directamente de los dibujos animados de la década de 1940. *¡Los aventureros del arca perdida!*

Spielberg siempre había tenido ganas de filmar una película al estilo de James Bond. ¡Era entonces, o nunca! Pero el proyecto fue rechazado por todos los más "importantes", salvo... la Paramount Pictures, que impuso condiciones sumamente exigentes. Ya se conocía en el ambiente la propensión del dúo Lucas-Spielberg a presupuestos casi tan colosales como el éxito de sus filmes; entonces... ¡prudencia!

La filmación comenzó en junio de 1980 y duró 73 días, mientras que la Paramount había previsto 87. Se rodó en Hawai, Túnez, y los interiores en Elstree, California. Para ahorrar, se hicieron prodigios. Así, se había previsto utilizar a 2.000 árabes para las escenas de las excavaciones en el desierto; pero luego lograron emplear a sólo 600, a los cuales, mediante trucos, se hizo aparecer como si fueran cuatro veces más. La zona de las excavaciones debía abarcar 200 acres; se arreglaron con 70, con lo cual ahorraron 750.000 dólares. ¡Esa suma se empleó para alquilar 4.500 serpientes a una agencia danesa! Y el famoso duelo de látigo y cimitarra, que Ford volvió en su favor utilizando una pistola, ahorró todo un día, o más, de filmación. Idea genial que iba a dar la vuelta al mundo.

Ese filme era mejor que Bond, declaró Lucas. Tenía razón. Cuando se estrenó, en junio de 1981, al mismo tiempo que *For Your Eyes Only* , la última película de James Bond, ¡el filme del célebre dúo triplicó los beneficios obtenidos por el de Bond! En París, quinientas personas se quedaron sin verla el día del estreno, pues las localidades se habían agotado. *Los aventureros del arca perdida* se ubicó en el quinto puesto de los más grandes éxitos de la historia del cine, con beneficios de 224 millones de dólares que fueron a la cuenta de la Paramount... ¡que al principio no creía en el proyecto!

Para Spielberg, el aspecto más importante de la filmación de esa película fue que por primera vez había dado un paso más en la aplicación de la regla de oro de la delegación de poderes: había empleado a un segundo equipo de filmación, que se ocupaba de las escenas secundarias mientras él se consagraba a las más importantes, con Harrison Ford y las otras estrellas.

Un viejo sueño subsistía en la mente de Spielberg: ¡hacer una película con y para niños! Truffaut ya lo había alentado con estas palabras: "¡Es maravilloso con los chicos!", que había declarado al verlo trabajar con el joven Carey Cuffey en *Encuentros cercanos*. Para Spielberg, que guardaba de la infancia el sentido de maravillamiento y misterio, ¡ese sueño se convirtió en una obsesión!

Antes de *E.T.* , siempre había sido incapaz de hacerle frente a la "verdadera vida". **"Siempre tenía que embellecerla, agregarle adornos."** *E.T.* será su "resurrección".

Pero si la idea se abría lentamente paso desde su corazón hasta su mente, y trabajaba incansablemente en el guión con sus colaboradores, la filmación en sí todavía estaba lejos. Antes de comenzarla tenía que exorcizar otro demonio: ¡el

MIEDO!

Ese miedo se remontaba a aquellos lejanos días en que una grieta en la pared le hacía creer en la invasión de criaturas amenazadoras, en que las ramas de un árbol se animaban con intenciones malvadas al caer el día, en que un muñeco cobraba vida y atacaba al niño petrificado, aterrado bajo las frazadas... Ese miedo, ese pánico, tenía que expresarlo, debía deshacerse de él de una vez por todas.

¡Y así salió *Poltergeist* !

¡Su primer filme de horror! ¡Y qué horror!

Mientras lo filmaba, Spielberg no hacía más que respetar este principio duramente aprendido:

**NO HACER LO QUE UNO NO CONOCE BIEN
Y TAMPOCO HABLAR
DE LO QUE UNO NO SABE.**

¡Y ese terror a la noche, él lo vivía todavía, encerrado en el hueco de sus recuerdos! *Poltergeist* nació de la fusión de dos viejos proyectos fílmicos abandonados por el camino. Decidió presentar la vida de los niños en un suburbio (ese suburbio que tan bien conocía), ¡pero mostrar los dos lados de la moneda! Así como el rodaje de *E.T.* se realizó con el nombre provisorio de *La vida de un chico* , podría decirse que *Poltergeist* habría podido llamarse *La vida de una niña.*

El mismo escribió el guión, de las 8 de la mañana a las 4 de la tarde, día tras día, únicas horas a las que realmente podía escribir. Para la dirección llamó a un experto del género, Tobe Hooper, director del tristemente célebre *Texas Chainsaw Massacre*

(1974), filme sumamente controvertido y prohibido en numerosos lugares. Cuando empezó la filmación, en los estudios de la MGM, el 11 de mayo de 1981, Spielberg asistió al *set* todos los días, hora tras hora, salvo durante tres días del lapso promocional y el estreno de *El arca perdida*. Su presencia provocaba diversas fricciones. En efecto, era Spielberg quien estaba dirigiendo el filme, y no Hooper. Este no se mostraba lo bastante riguroso, pero Spielberg comprendió entonces la lección:

> ¡NUNCA MÁS HARÉ DIRIGIR A OTRO
> UN FILME CUYO GUIÓN HE ESCRITO YO!
> ES DECIR, SIEMPRE QUE SE PUEDA,
> HAY QUE CONTROLAR TODO PERSONALMENTE.

Tan exigente consigo mismo como con los otros, Spielberg realizó una proeza con *Poltergeist*. Lo cual hizo decir a Mike Wood, especialista de efectos sonoros: "... ¡él pedirá que haga cosas que están justo en el límite de lo imposible!"

La filmación de *Poltergeist* costó 11 millones de dólares, ¡pero el éxito fue instantáneo!

Y después vino el terremoto de *E.T.* ¡La gran obra! ¡La MAGIA!

Cuando, en una conferencia de prensa en Cannes, le preguntaron cómo había realizado *E.T.*, respondió simplemente: "¡Con amor!"

"Creo sinceramente que esa película es una de las mejores que he realizado. Es la que más me llega al corazón, junto con, quizás, *Encuentros cercanos.*" Con un presupuesto "miserable" (comparativamente, con respecto a otras películas suyas) de

10,5 millones de dólares, Spielberg realizó la hazaña de provocar ese encantamiento mágico que hasta el momento sólo el gran Disney era capaz de lograr.

Spielberg dirá: "Yo quería una criatura que una madre pudiera amar. No la quería ni sublime ni beatífica. En realidad, E.T. es el más humano de todos los personajes del filme. Hicieron falta doce corazones humanos para provocar un solo latido de su corazón. Además, ¡no costó ni la mitad de lo que nos habría costado Marlon Brando!"

¡Exito sin precedentes! *E.T.* superó en tres veces las recaudaciones del mejor filme del año. Fue el mayor éxito de toda la historia del cine. Incomparable. La revista *Le Point* no vaciló en afirmar que *E.T.* significaba "Extrema Ternura". Eso era, justamente, lo que pensaban sus creadores al realizarla.

En sólo 44 días de exhibición, ese pequeño filme ascendió vertiginosamente al quinto puesto en la historia del cine.

Spielberg afirmó: "*E.T.* será el *Peter Pan* de esta generación. Los chicos permanecerán para siempre en el Continente de Nunca Jamás y no envejecerán nunca. Ya se sabe: envejecer es volverse duro... ¡volverse viejo!"

Viejo de corazón, sin duda. Cosa a la que no se arriesga en absoluto Steven Spielberg.

Padre de familia (ha tenido un hijo con su compañera, Amy Irving), Spielberg viaja todos los días entre su residencia, en Coldwater Canyon, y su lugar de trabajo, un soberbio estudio ultramoderno llamado "Amblin", ubicado en los terrenos de la Universal, en Hollywood. Ese lugar se parece extrañamente a esas moradas de la Frontera recreadas por Disney.

Allí Spielberg recibe a sus colaboradores. No es tanto un lugar de trabajo como un lugar de encuentros. Es allí donde Spielberg prepara sus próximas obras en medio de jardines y arroyos que reproducen un paraíso de infancia.

Ese hombre que le ha hecho ganar a Universal más de 800 millones de dólares solamente con *Tiburón* y *E.T.* se siente feliz en medio de todas esas personas que comparten su ideal y su visión. Un perro, Brandy, vagabundea amistosamente en ese oasis perdido entre los atareados estudios de la Universal. Allí "todo es orden y belleza, lujo, calma y voluptuosidad"... y AMOR, deberíamos agregar.

Fue ese amor por su arte el que le hizo donar varios millones de dólares para fundar una escuela de cine donde los aspirantes a cineastas puedan aprender su oficio.

> "SIEMPRE HAY QUE DEVOLVER AGUA A LOS POZOS DE DONDE SACAMOS DE BEBER. SI NO, TERMINARÍAN POR... ¡AGOTARSE!

¿Cuáles serán sus próximas obras después de *Twilight Zone, Amazing Stories, The Goonies*? Tal vez acometa otros temas. Lo inexplorado. *The Color Purple* fue ya una sorpresa. ¡Grande!

¿Ha ocurrido alguna vez no sorprendernos con Steven Spielberg, el mago?

El relato de los inicios de Steven Spielberg, y de su ascenso prodigioso, muestra que las preocupaciones monetarias, si bien son importantes para cualquier hombre de negocios, no siempre son determinantes. En efecto, es más el problema de hacerlo bien, de realizar una obra que complazca al gran público, lo que empuja a personas como Steven Spielberg a actuar. En apariencia hay una suerte de extraña paradoja. Todo ocurre como si, porque no buscaban los beneficios inmediatos, las personas como él llegaron a obtener lucros mucho mayores.

Henry Ford es otro de los que comparten esta filosofía, que en el fondo es una forma de humanismo y que modifica de manera considerable la imagen que uno suele hacerse de los hombres ricos, a quienes se cree viles explotadores. Muchos fragmentos de la biografía de Ford dan fe de este principio. Este que les ofrecemos sirve a modo de ejemplo: "Tomé la firme resolución de jamás entrar en una sociedad en la que el dinero tuviera preeminencia sobre el trabajo ni de la cual formaran parte banqueros o financistas. Resolví también, si llegaba a encontrarme con un negocio que afectara al interés general, renunciar absolutamente a él. Pues mis propias tentativas unidas a la observación de lo que pasa alrededor de mí, bastaron para convencerme de que las empresas, si se las mira sólo como un medio de ganar dinero, no presentan gran interés y no constituyen una pasión digna de un hombre serio que quiere realizar una obra. Por lo demás, todavía espero que me demuestren que ése es un buen medio de ganar dinero. Pues, en mi opinión, la única base de un negocio serio es la buena calidad de los productos."

Estas observaciones de Ford muestran uno de los grandes principios de la riqueza. En general, hay que comenzar por ver qué es lo que se puede ofrecer al público, qué servicios, qué productos, antes de comenzar a buscar la ganancia. El dinero viene después naturalmente, cuando el producto es de buena calidad o el servicio es competente. Conviértase en el mejor de su actividad, y el dinero fluirá, como por encanto. Como dijo el filósofo estadounidense Emerson: "El que construye la mejor trampa para ratones, pronuncia el mejor sermón, escribe el mejor libro, puede construir su morada en el seno de un bosque impenetrable; los clientes se encargarán de crear las rutas que los lleven a él".

¡Hay que atreverse a ser uno mismo!

A menudo se piensa que los hombres ricos son severos, conformistas, apegados a los valores tradicionales. El estudio de los diez hombres más ricos del mundo ha demostrado precisamente lo contrario.

Por supuesto, ser original no quiere decir procurar distinguirse deliberadamente por cualquier rasgo de carácter acentuado adrede o por ropas excéntricas. Los hombres que hemos analizado vestían habitualmente un sobrio traje común. Es en el nivel de la mentalidad y los métodos donde eran diferentes. Eran ellos mismos. Por lo demás, el hecho de que la mayoría no haya pasado por la escuela no es extraño tampoco a su originalidad. La escuela nivela el pensamiento y tiende sobre todo a suprimir la originalidad, pese a sus pretensiones liberales.

El conformismo del pensamiento impide ver los nuevos caminos, las soluciones diferentes y originales. Podemos dudar de la pertinencia, o en todo caso de la eficacia, de la enseñanza prodigada en las universidades para el éxito financiero. Además hay que notar que cada vez mayor número de grandes empresas estadounidenses —después del entusiasmo de la década de 1960, ilusionadas por el modelo racional de administración— comienzan a desconfiar de las formaciones académicas forzadas y privilegian cada vez más la experiencia en el campo de acción. En el Japón, por otra parte, las escuelas de negocios sencillamente no existen. Y sin embargo, ¿no se habla del milagro japonés?

Entiéndanos bien. No es que rechacemos el valor de la enseñanza. Lejos de ello. El desarrollo de la técnica torna necesarios los estudios superiores. Sólo decimos que todo lleva a creer que esos estudios son a menudo necesarios, aunque no resulten, en la mayoría de los casos, suficientes para alcanzar el éxito. Hace falta algo más, una chispa, cualidades de audacia y entusiasmo que la facultad no enseña, cuando no las embota.

Las sociedades, las escuelas, la educación en general, todo contribuye a nivelar a los individuos, a limar las diferencias, a aplacar las aspiraciones personales. Ese proceso comienza muy temprano en la vida del individuo y con frecuencia es insidioso, si no consciente. En efecto, las barreras y la inquietud de no ser como los otros, de "conformarse", determinan la teoría del subconsciente que ya hemos analizado antes.

Una pequeña voz interior queda, no obstante. Tímida, inquieta, murmura al individuo que la imagen que muestra en público no es la verdadera, que su real personalidad está oculta, inexpresada. La frustración, la tristeza, y en ciertos casos una sensación de muerte interior, se deben a esa especie de crimen contra sí mismo que cometen tantos individuos.

Si usted desea triunfar, sea diferente de los

demás. **Sea usted mismo.** Atrévase a afirmar su verdadera personalidad. No olvide que usted es único. Si se conforma a los demás, niega su personalidad profunda.

Repita las siguiente fórmulas:

DE DÍA EN DÍA, AFIRMO MÁS Y MÁS MI VERDADERA PERSONALIDAD.

SOY UN SER ÚNICO Y ME EXPRESO PLENAMENTE EN DIRECCIÓN AL ÉXITO Y LA RIQUEZA.

TENGO EL DERECHO Y EL DEBER DE SER YO MISMO.

MI ÉXITO SERÁ DE LA MEDIDA DE MI AFIRMACIÓN.

ME AFIRMO MÁS Y MÁS EN TODOS LOS CAMPOS DE MI EXISTENCIA.

CADA DIA, MULTIPLICO MI VALOR POR 100 Y MI ÉXITO AUMENTA EN CONSECUENCIA.

Uno de los hombres más ricos, y también de los más inconformistas del mundo, fue sin duda Howard Hughes. Por supuesto, su vida misteriosa se caracterizó por numerosas excentricidades que no pueden presentarse como modelos, pero no por ello deja de ser cierto que Hughes ilustra de manera espectacular el principio que afirma que para triunfar hay que ser uno mismo. El retrato que de él traza Max Gunther en su libro *Los millonarios* tiene algo de atrapante: "Llevaba sus negocios desde una cabina pública de teléfonos, un cuarto de hotel o cualquier lugar donde se encontrara. Para la consulta de toda información necesaria para la conducción de sus empresas, de una diversidad atroz, no tenía fichero alguno; lo tenía todo en la cabeza. Sus empleados, y hasta sus socios más próximos, jamás sabían dónde encontrarlo. Aparecía en sus empresas, sin ningún plan o programa formal, despistando a todos sus directores y desafiando el espíritu metódico de éstos.

"Si alguien deseaba ponerse en contacto con él, tenía que llamar a un número y esperar un empalme que podía ser, según las circunstancias, con Hollywood, Las Vegas o Houston. Uno le dejaba el mensaje a la secretaria. Podían pasar varias semanas hasta que, al fin —si Hughes tenía ganas—, llamaba desde una ciudad vecina o cualquier lugar del mundo. Para él, la hora de la llamada no tenía importancia; bien podía hacerla a la una de la mañana o a las cuatro de la tarde, según donde se encontrara."

Y el autor concluye así su retrato del extravagante Howard Hughes, que sin duda podría haber hecho suya la máxima de Montaigne ("para triunfar, hay que actuar como un sabio y tener aspecto de loco"): "Todas las estructuras clásicas del mundo de los negocios eran diferentes para Hughes: programas, horarios de trabajo y demás. Trabajaba cuando tenía ganas, a veces durante treinta y seis horas seguidas. La fiebre del trabajo podía atacarlo durante el fin de semana o después de medianoche. Un agente de prensa que lo conoció cuando estaba en la industria cinematográfica dijo de él: 'Era el tipo de hombre que daba vuelta todo lo que a uno le enseñan en la Facultad de Comercio de Harvard'. No respetaba ninguna regla, salvo las que dicen que uno tiene que hacer dinero".

Quizá el fin de esta cita contiene la clave de esos anticonformistas que han triunfado. Daban vuelta todas las reglas, menos las que dicen que uno debe hacer dinero.

Desconfíe de las trampas del conformismo, tanto más peligrosas cuanto que están muy difundidas y son en apariencia inofensivas. Es, además, una tendencia natural del ser humano, que, en nuestra opinión, semeja en cierto modo la ley del menor esfuerzo, hacer como la mayoría. Pero tenga en cuenta que la mayoría no sabe lo que es el éxito y por lo general lleva una existencia mediocre.

Ya trabaje usted por su cuenta o para alguien, sea usted mismo. Ray Kroc confió un día: "Creo que si dos de mis directivos pensaran de la misma forma, uno de ellos estaría de más".

Haga lo posible para no convertirse nunca en ése que está de más. ¡Por el contrario, que la originalidad de su visión, que su manera de pensar personal lo tornen indispensable!

Los diez hombres ricos de este estudio han demostrado una fuerte dosis de individualismo y anticonformismo. No tuvieron miedo de alejarse de los caminos trillados, de forjar métodos nuevos, de ser creativos. Aristóteles Onassis, el riquísimo armador griego, es uno de los que más alto llevaron la bandera del anticonformismo, y con más orgullo.

Los frutos que cosechó son innumerables. Sus métodos eran particulares. A menudo decía, sin que uno supiera si bromeaba o no, que su oficina era la libretita negra de direcciones y números de teléfono de la que no se desprendía nunca en sus viajes de un continente a otro para hacer prosperar su fortuna. Algo es seguro: esa libreta existía. Y Onassis tenía métodos que se parecían a los de Howard Hughes, aunque se tratara de personajes diametralmente opuestos. A Onassis le gustaban el lujo y el brillo mundano, mientras que Hughes terminó extrañamente su vida en una verdadera reclusión, atacado por lo que se afirmaba era un delirio paranoico: ¡triste fin para una mente tan brillante! Veamos ahora la vida apasionante de ese hombrecito al que muy pronto se dio en llamar "el gran Onassis".

Aristóteles Onassis
o
la audacia de ser
uno mismo

Aristóteles Onassis nació el 20 de enero de 1906 en Esmirna, una ciudad opulenta de la costa oeste de Turquía.

Entre los diez hombres ricos que hemos estudiado, Aristóteles Onassis ocupa un lugar aparte, en el mismo nivel que Getty y Rockefeller. Es que pertenecía a la clase de los dueños de megafortunas, cifradas en miles de millones de dólares. En razón de la vasta publicidad que le valieron sus amores tumultuosos con la célebre cantante lírica María Callas y después con la viuda del presidente Kennedy, Jacqueline Bouvier, Onassis entró en la leyenda. Y, como suele ocurrir en esos casos, se han dicho numerosas medias verdades y falsedades con respecto a él, la más importante de ellas referida a la modestia de sus orígenes. El rumor afirma, en efecto, que salió de una familia miserable, que su padre, para poder subsistir, se veía obligado a vender en las calles cachivaches que él mismo fabricaba, que su madre era mucama. Rumor que Onassis nunca trató de rectificar, al menos públicamente, pues desde luego contribuía a aumentar su gloria, con la que nunca dejó de soñar. Era consciente de la importancia de la imagen en el camino del éxito. Pero ya volveremos sobre esto más adelante.

La verdad es que el padre de Onassis, Sócrates, era un rico comerciante de un nivel social bastante elevado, pues ocupaba la presidencia del banco local y del hospital. Sin embargo, Onassis no fue de ningún modo un heredero. En efecto, como lo veremos después con mayor detalle, cuando, a los 17 años, a consecuencia de una disputa familiar, partió hacia América del Sur a la conquista de la fortuna, llevaba por toda suma 450 dólares, de los cuales el padre sólo le había dado 250.

Su padre consintió sólo a último momento en esa contribución, pues desaprobaba el viaje de su hijo. Debemos aclarar que la relación entre ambos estaba lejos de ser excelente y no se parecía en nada a la relación estrecha que caracterizaba a las familias griegas de la época. El padre de Aristóteles, de origen campesino, que había amasado su fortuna con la fuerza de sus manos, era hombre de disciplina rígida, casi espartana. Lo animaba un agudo sentido del deber y no era en absoluto cálido. Aristóteles, por su parte, se reveló muy pronto enemigo de esa disciplina. Fue un niño y un adolescente turbulento e indisciplinado, cosa que disgustaba a su padre. Otro hecho complicó la relación de ambos. La madre de Onassis, Penélope, murió cuando él tenía seis años. Apenas un año y medio después su padre volvió a casarse, con una mujer de nombre Helena. Onassis no aceptó nunca a esa madrastra, a la que consideró siempre una usurpadora.

En la escuela, el joven Onassis —como muchos,

como la mayoría de los hombres ricos— se reveló un burro notable y un revoltoso de primer orden, y lo expulsaron de varios colegios. Era casi siempre el último de la clase. Un profesor, al recordarlo, dirá: "Sus compañeros lo adoraban, pero tanto sus padres como sus profesores se desesperaban. Cuando todavía era muy chico se podía ver con facilidad que sería uno de esos que se destruyen o triunfan de la manera más brillante".

Si las notas escolares del joven Aristo (diminutivo con que lo llamaban desde chico y que tenía algo de premonitorio, respecto de la vida brillante que llevaría años después, a la manera de un verdadero *aristó*crata) no eran nada brillantes, en compensación sus disposiciones para el comercio (y la noción del dinero) se manifestaron en él muy precozmente, como lo testimonia la siguiente anécdota: uno de sus amigos había elaborado un modelo reducido de molino de viento, juguete rudimentario compuesto por una vela de papel fija a una aguja, a su vez fija a un trozo de madera. Orgulloso de su invento, el muchachito soñaba con producir varios modelos semejantes, con el objeto de venderlos.

—¿Cuánto pides por tu molino? —le preguntó Aristóteles a su amigo.

—Eh... No lo sé, digamos un alfiler...

—¡Pobre idiota! —exclamó Aristóteles—. Me pides un alfiler, cuando ya me das un alfiler, una vela y un pedazo de madera, sin contar el tiempo que has puesto en fabricar tu molino.

"Fue así cómo recibí mi primera lección sobre la verdadera noción de beneficio", concluye el amigo de Aristóteles. Sin duda, en ese momento ni imaginaba que acababa de recibir esa enseñanza de un futuro gran maestro de las finanzas.

Otra anécdota ilustra también el sentido precoz de Onassis para los negocios. Un día, un negocio de artículos escolares se incendió en su ciudad natal. Aristóteles compró a buen precio un lote de lápices invendibles pues el fuego los había dañado. Invirtió algún dinero en comprar dos sacapuntas y, con la ayuda de un compañero, acometió la tarea de poner los lápices en condiciones, haciendo desaparecer las partes arruinadas. A continuación los revendió a sus compañeros a un precio sumamente competitivo, pero que le permitió sacar un buen beneficio. El ejemplo puede parecer banal, y sin embargo Onassis no hará otra cosa años más tarde, cuando recuperó barcos arruinados para volver a ponerlos a flote. Sólo diferirá la magnitud del negocio.

Pese a los años, Aristóteles no mejoraba nada en la escuela. 1922 se anunciaba un mal año para él. Muchos de sus compañeros, ya recibidos, partían rumbo a las grandes universidades europeas. Por su parte, Aristóteles había fracasado en los exámenes y sus perspectivas futuras eran poco promisorias. Un compañero recuerda haberlo encontrado, unos días después de la entrega de diplomas, errando solo por un parque de la ciudad. Se esforzó por consolarlo.

—No te preocupes, Aristóteles. Ya verás, puedes volver a intentarlo el año próximo y entonces te irá bien, estoy seguro.

—Idiota —replicó Onassis—. ¿Crees que me voy a quedar en esta ciudad? Para mí, aquí son todos muy pequeños. No necesito diploma. ¡Un día te maravillarás de lo que llegaré a hacer!

El futuro demostró que no era una fanfarronada.

La adolescencia más bien rocambolesca de Onassis quedó ensombrecida por la invasión turca de 1922. Esmirna fue ocupada, los ciudadanos fueron asesinados sin piedad. El padre de Onassis, hombre conocido, fue encarcelado y, a los 16 años, Aristóteles se convirtió de pronto en el sostén de la familia. Para él fue un período sumamente difícil, durante el cual sus cualidades de diplomático y sobreviviente le sirvieron de mucho. Pero esa experiencia, si bien fue penosa, también resultó muy formadora para su carácter. En *Onassis el Grande*, los autores declaran: "Aristo emergió de la catástrofe de Esmirna con los sentimientos calmados. Las sombrías imágenes que había visto no se borraron jamás de su memoria, y las acompaña la profunda conciencia de haber poseído aptitudes para sobrevivir al drama. Apostó a su capacidad y le fue bien, fue recompensado. La fortuna sonreía a los audaces y él basó su concepción del mundo en esa convicción".

También aprovechó la invasión turca para hacer negocios, procurando alcohol de contrabando para el ejército enemigo, esforzándose por ganar los favores de los generales para facilitar la liberación de su padre, que estuvo más de un año en la cárcel.

Onassis debe en parte su éxito a su inmenso encanto y a su habilidad para las relaciones públicas. Algunos de sus contemporáneos lo han tachado de ser un verdadero camaleón. En efecto, sabía adaptarse a todos sus interlocutores con una flexibilidad de virtuoso. Había comprendido otro principio que le sirvió toda la vida y que él resume en estas palabras: "Por lo general descubrimos que, si uno le facilita las cosas a la gente, nos ganamos su simpatía".

Con respecto al tema del carácter formador de una existencia difícil, Onassis confió un día a Churchill, una de sus prestigiosas relaciones, que en ese momento visitaba el *Christina* , su teoría personal de las "necesidades históricas". Su experiencia le había enseñado a considerar que cuando la naturaleza provee un clima agradable y una alimentación abundante, el hombre no hace ninguna prueba de iniciativa y energía. Por el contrario, el hombre que debe vivir en condiciones precarias, que debe luchar para sobrevivir, tiene más posibilidades de adaptarse a todas las situaciones que le permitan triunfar allí donde otro fracasaría por falta de estímulos. Así, según Aristóteles, las pruebas y la desgracia son a menudo empujones que permiten al individuo encontrar recursos en sí mismo, hasta los más insospechados, recursos que le permiten superar y romper sus propios límites. La historia de su vida es, como veremos, un excelente ejemplo.

Sócrates, el padre de Onassis, no reconoció el papel providencial desempeñado por su hijo durante la ocupación enemiga y, una vez liberado, no dio muestras de permitirle seguir ocupando el lugar preponderante que Aristóteles tenía hasta ese momento. Aristóteles se sintió muy mal al volver a la sombra e incluso confesó después haber pasado varios meses penosos de impotencia. La ingratitud paterna y la impresión de Onassis de ser excluido del clan familiar sin duda influyeron en su decisión de probar suerte en América del Sur. En principio había soñado, naturalmente, con los Estados Unidos, pero obtener una visa no era cosa fácil en esa época, pues los postulantes eran muy numerosos.

Onassis se dirigió entonces a la Argentina: se decía que eran muchos los griegos que habían hecho fortuna allí.

Onassis desembarcó en Buenos Aires el 21 de septiembre de 1923, con una vieja valija en la mano y 450 dólares en el bolsillo. Poco le importaba. Llevaba consigo un valor mucho más precioso: la tenaz voluntad de probarle a su padre que él podía enriquecerse sin su tutela, y una confianza de la cual nunca iba a deshacerse a lo largo de toda su existencia.

Sin diploma, sin oficio, sin dinero ni relaciones influyentes, Onassis debió realizar diversos trabajos poco gloriosos. Fue sucesivamente ayudante de albañil, acarreador de ladrillos, lavaplatos y, al cabo de cierto tiempo, entró como aprendiz electricista en la United Telephone. Para un hombre que tenía una imagen tan ventajosa de sí mismo, no tenía mucho de que jactarse.

Poco tiempo después de su ingreso en la compañía telefónica, Onassis pidió ser transferido al equipo nocturno, pretextando que tenía otra cosa que hacer durante el día. Ambicioso, no pensaba pasar mucho tiempo soldando cables. Su sueño era montar un negocio, y el comercio del tabaco le iba a dar una ocasión.

En esa época, el tabaco griego gozaba de cierta reputación y, a los ojos de muchos conocedores, pasaba por uno de los mejores del mundo. Sin embargo, los problemas de importación y aprovisionamiento creaban una cierta escasez del producto. Habiéndolo comprendido, Onassis le escribió a su padre para que dispusiera las medidas necesarias en Grecia de modo de enviarle tabaco. Sócrates aceptó y Onassis recibió los primeros envíos. Los primeros pasos fueron decepcionantes. Onassis dejó el tabaco a diversos fabricantes, en la esperanza de que éstos lo llamaran para comprarle.

Pasaron algunas semanas sin que Onassis cerrara un solo trato. Comprendió entonces que, en lugar de perder el tiempo con los pequeños fabricantes, sería mejor apuntar a una presa grande, o sea Juan Gaona, director de una de las mayores empresas tabacaleras de la Argentina. Durante quince días, sin cansarse, Onassis se mantuvo cerca del edificio de Gaona, espiando sus idas y venidas. Intrigado por ese joven singular, Gaona terminó por invitarlo a subir a su oficina para saber qué era lo que deseaba. Desplegando todos sus talentos de vendedor, Onassis le expuso su propuesta. Gaona, favorablemente impresionado, lo envió a ver al director de compras, a quien Aristóteles envolvió gracias a una acertada utilización del nombre del patrón. Así consiguió su primer contrato: 10.000 dólares de tabaco, con la comisión habitual, es decir el 5%. Onassis repitió varias veces que los primeros 500 dólares así ganados fueron el comienzo de su prodigiosa fortuna. El segundo pedido, más importante, se elevó a 50.000 dólares, dejando a Onassis 2.500 de comisión. Todo ese dinero iba al banco, como reserva para proyectos futuros. Sabiamente, y haciendo gala de un sentido ejemplar del ahorro que le permitió después lanzarse realmente a los negocios, y sin ceder, Onassis vivía de su sueldo en la compañía de teléfonos. Su cuenta en el banco alcanzó muy pronto las cinco cifras.

A veces tenía que pedir prestado, mientras esperaba que sus clientes le pagaran. Pero rara vez pedía más de 3.000 dólares. Y, en todos los casos, se las ingeniaba para saldar enseguida sus deudas.

Por supuesto que más adelante, habiendo descubierto las virtudes del O.P.M. (*other people money*, el dinero de los otros), Onassis contraerá deudas de varios millones de dólares cuya devolución se extenderá a través de varios años. Pero cuando todavía estaba empezando uno de sus principios era devolver rápidamente sus deudas. Así, establecía su crédito en los bancos: ¡iba a tener gran necesidad de ellos en los años futuros!

Al cabo de un año de servicios (nocturnos), Onassis dejó la compañía telefónica, sin cerrar del todo la puerta, por las dudas, alegando que había tenido una idea que deseaba llevar a la práctica. Quería producir sus propios cigarrillos. Financió la operación gracias a los 25.000 dólares que había ahorrado con tanta paciencia, y pidiendo prestado otro tanto. Su buen crédito ya le daba frutos. Su pequeña empresa contó rápidamente más de treinta empleados, en su mayoría griegos sin empleo. No obstante su expansión, el negocio acusaba pérdidas regulares y Onassis decidió poner fin a la aventura. Su primera empresa independiente terminó en fracaso. Pero Onassis no se desalentó. Por el contrario, ese primer revés le redobló la energía. Después de todo, sus importaciones de tabaco seguían resultando muy lucrativas.

Empero, en el curso del verano de 1929, nuevos y excesivos impuestos al tabaco, determinados por el gobierno griego, comprometieron su actividad. Para Onassis fue la ocasión de volver a Grecia, donde no ponía los pies desde hacía seis años, para pleitear su causa ante las autoridades gubernamentales. La intervención que realizó dio frutos. Su sangre fría le sirvió. El ministro que había aceptado recibirlo estaba más ocupado en limpiarse las uñas con su cortapapeles que en escuchar los problemas del joven comerciante. Enseguida lo interrumpió para despedirlo. Pero Onassis no le hizo caso. "Le agradezco muchísimo —le dijo—, y si alguna vez nos volvemos a encontrar espero que preste más atención a mi propuesta. Yo pensaba que tenía usted mucho trabajo, pero veo que solamente le preocupan sus uñas. Para usted sus manos tienen más importancia que las exportaciones de nuestra patria."

Esta ducha fría tuvo un efecto inesperado. Impresionado, el ministro sostuvo con Onassis una conversación seria. Ulteriormente se reabrieron las negociaciones entre Grecia y Argentina.

Onassis aprovechó su estada en Grecia para reconciliarse con su padre. Ahora que había demostrado lo que podía hacer, Aristóteles gozaba de una mayor consideración por parte de su familia. Pero, pese a todo, volvió a la Argentina, no sólo para seguir importando tabaco: ahora pensaba en el comercio marítimo, el que iba a asegurar su fortuna.

Fue en Montevideo donde Onassis compró su primer barco. Barco es mucho decir, pues éste, con el casco herrumbrado, más parecía una ruina. No obstante, Onassis resolvió comprarlo, con la intención de dejarlo a nuevo. Todos sus amigos trataron de disuadirlo de semejante compra, afirmándole que fracasaría.

Ese estribillo todos los hombres ricos lo han oído alguna vez de las personas que los rodean. Lo que distingue al hombre rico del hombre común es que el primero ha desarrollado la facultad de ver lo posible allí donde los otros no ven más que lo imposible. Sin embargo, en el caso que nos ocupa, los que presionaban a Onassis a renunciar a esa compra a la vez estaban equivocados y en lo cierto. Pues el barco de 25 años, reflotado con gran costo, zozobró cuando un ciclón azotó el puerto de Montevideo. Decididamente, Onassis tuvo mala suerte. Aunque sus consejeros se equivocaban al querer desviarlo de la compra de ese barco, pues fue gracias a los barcos que Onassis hizo su colosal fortuna. Ese fracaso lo tornó más prudente. Afortunadamente, sus actividades de importador de tabaco seguían siendo muy rentables y absorbieron esa pérdida sin dificultad.

Hacia fines de 1932 llegó el tiempo de las grandes decisiones.

Su primer fracaso como armador no había desalentado a Aristóteles, que deseaba volver a invertir en ese campo. Los barcos le fascinaban. Lo animaba la certeza interior de que era en ese campo y en ningún otro donde triunfaría. Fue aumentando su fortuna, ya considerable en la época, hasta elevarse a 600.000 dólares. Y partió hacia Londres que en ese momento era la capital del mundo marino. ¡Onassis tenía apenas 26 años! Pero ya había adquirido cierta reputación de hábil comerciante, reputación más prestigiosa aún gracias a que el gobierno griego lo había nombrado consejero adjunto extraordinario en Buenos Aires. Esa función diplomática, por otra parte, nunca le ocupó demasiado tiempo.

El mercado de la época, afectado por la crisis mundial de 1929, favorecía notablemente a los inversores. Los barcos constituían una buena inversión, pues los precios se hallaban por debajo de su valor normal. Lo ideal era comprar barcos viejos de diez años. En el momento de su construcción habían costado un millón de dólares y se negociaban, en ese momento difícil, al precio irrisorio de 20.000 dólares (al menos, los de 9.000 toneladas), suma que representaba el valor de un Rolls Royce. Lo que, de chico, Onassis había hecho con los lápices arruinados por el fuego, lo hizo en esta ocasión, aunque a otra escala, con los barcos.

Pese a su presencia en Londres, donde había abierto oficinas, fue en Montreal donde Onassis, a 20.000 dólares cada uno, compró, en pleno invierno, sus dos primeros barcos, el *Miller* y el *Spinner*, que se apresuró a bautizar *Onassis Sócrates y Onassis Penélope* , en honor a sus padres. Para hacer dinero en la marina mercante, en esa época había que prever las fluctuaciones del flete y tomar en todo momento decisiones hábiles. Onassis poseía esas cualidades.

Además, era un optimista incurable. Aventurero, audaz, se distinguía de la mayoría de los armadores griegos establecidos en Londres. El no había conocido, al menos en tanto armador, la dura crisis económica. Por lo tanto no temía invertir.

Gracias a sus talentos diplomáticos naturales, Aristóteles logró abrirse paso rápidamente en los círculos influyentes. Hay que agregar que su ascenso social fue muy facilitado por una de sus primeras amantes serias, la muy bella noruega Ingeborg Dedichen, cuyo padre era un gran armador.

Otro rasgo de carácter que permitió triunfar a Onassis: sabía escuchar. Por cierto, es importante saber hablar. Y hablar bien. La elocuencia juega un gran papel en la facilidad de persuasión y para vender las propias ideas. Pero raros son los que saben escuchar. La mayoría de los hombres ricos han sabido comprender las virtudes de escuchar con atención. Escuchando se aprenden muchas cosas, no sólo sobre lo que habla el interlocutor, sino también sobre lo que esa persona *es* . Para poder influir sobre la gente y asegurarse su colaboración en el camino de la riqueza, hay que comenzar por saber a quién se tiene delante. Onassis poseía esa cualidad de manera muy desarrollada.

"Sin duda porque él no practicaba esa forma de ser —escribe el autor de *Aristóteles el Grande* —, Lord Moran no dejó de observar la facultad que tenía Onassis de escuchar intensamente a su interlocutor. Todos los que lo trataban íntimamente quedaban sorprendidos por ese don suyo. Cuando se encontraban en presencia del armador, éste les daba la impresión de atribuirles un valor excepcional."

En efecto, esta cualidad revela que Onassis habría sido un político fuera de serie. Ese don que tenía, él lo llevaba aún más lejos, como se ve en este pasaje de las memorias de su amante noruega: "Ese joven encantador que tan bien sabía conducirse para seducir de todos los modos, calcaba su actitud de la de su interlocutor".

Algunos verán en ello astucia, es decir hipocresía, y denunciarán esa suerte de mimetismo. Pero nosotros creemos que hay que ver en ello un forma de empatía —esa capacidad de ponerse en el lugar del otro— y sincero interés por el ser humano, pues Onassis demostró, durante toda su vida, una curiosidad incansable, además de una memoria en apariencia fenomenal. A menudo se lo comparaba con una verdadera esponja. Y si retenía tan bien era porque había sabido desarrollar en alto grado su facultad de atención.

El talento que consiste en saber escuchar a los demás es una de las cualidades esenciales de todo buen vendedor. Por lo tanto, no es de sorprender que Onassis haya sido un vendedor sin par. Walter Saunders, que era todo menos ingenuo (en la época en que conoció a Onassis era consejero fiscal de la prestigiosa compañía Metropolitan Life), describe en estos términos la impresión que le causó el armador griego: "Tuve la sensación de hallarme en presencia de un hombre lo bastante hábil para venderles hielo a los esquimales. Pero también tuve la sensación de que todos los detalles estaban perfectamente pensados".

La mayoría de los que trataron a Onassis fueron sensibles a sus virtudes persuasivas y quedaron impresionados por la sensación de que Onassis no improvisaba, sino que siempre dominaba toda la situación.

John Paul Getty, con quien Onassis tuvo un trato profesional y amistoso, guardó una excelente impresión de los talentos de negociador de Onassis: "Era uno de mis grandes amigos, y verlo trabajando era algo verdaderamente fascinante. Más de una vez me ha ocurrido discutir de negocios con él, y yo casi siempre me hallaba rodeado de todo un séquito de adjuntos, asistentes, jefes de servicios, abogados e ingenieros. En cambio Ari venía solo a la reunión, lo cual no le impedía salir muy bien parado en la discusión. En cada una de las empresas que él poseía o administraba, siempre hacía su tarea personalmente. El era su empresa y esa empresa era Aristóteles Onassis, y nadie más".

Christian Cafarakis, que durante más de seis años fue *maître d'hôtel* en el lujoso yate de Onassis, el *Christina* (bautizado así en honor a su hija), nos revela en el siguiente fragmento los secretos de la minuciosa preparación de Onassis la noche anterior a una negociación importante: "Una noche, yo estaba sobre el puente y descubrí un gran secreto, tal vez el de su éxito; este secreto era que, antes de asistir a una cita de negocios, el señor Onassis se planteaba en voz alta todas las preguntas que eventualmente tendría que responder. Esa noche, durante horas, se interrogó incansablemente. Respondió con exactitud, como si tuviera un público delante. A veces respondía al cabo de varios minutos de reflexión, a veces enseguida, a veces haciendo de cuenta que se encolerizaba. Comprendí que, cuando se presenta en algún lado a tratar un negocio, al igual que un actor, el señor Onassis repite su texto y ensaya su papel, tratando de adivinar por adelantado el de sus adversarios".

Onassis había comenzado a edificar su fortuna comprando barcos a precios bajos. Hizo lo mismo, en una escala más vasta, tras la Segunda Guerra Mundial. El gobierno de los Estados Unidos puso en venta buena parte de sus barcos *Liberty* . Onassis, después de superar con habilidad algunas molestias administrativas, adquirió 13 de esos cargueros de 1,5 millón de dólares que la marina estadounidense vendía a 500.000 dólares. Esos navíos resultaron después una importante fuente de recursos que permitió a Onassis construir su colosal fortuna. La guerra lo había favorecido: ninguno de esos barcos había sufrido daños, contrariamente a lo ocurrido con los comprados por competidores menos afortunados.

Fue en ese mismo año, 1946, que Onassis, que había roto definitivamente con su amante noruega, relación de varios años, decidió casarse, el 29 de diciembre, con Athina Livanos. Casamiento de amor, al parecer. Onassis tenía 40 años, Tina 17. Pero su extrema juventud no empañaba su enorme encanto. Parte del cual residía en que su padre no era otro que Stavros Livanos, considerado el más rico de los armadores griegos de Nueva York. Sin embargo, una alianza con él no interesó a Onassis, que, a lo largo de toda su vida, cultivó sus amistades entre sus relaciones de negocios.

Hacia fines de 1947, Onassis franqueó una nueva etapa en su prestigiosa carrera. Por primera vez iba a recurrir de manera sistemática al principio que dio en llamar O.P.M. (*other people money* , el dinero de los otros). Convenció a la Metropolitan Life Insurance Company de que le prestaran 40 millones de dólares para la construcción de barcos nuevos. La astucia era utilizar como colateral, es decir como garantía financiera, a una compañía petrolera cuyo transporte aseguraba Onassis y que le había firmado un contrato de la misma duración que el préstamo. Como las compañías petroleras gozaban de una credibilidad irreprochable, la financiación le fue acordada. De cierto modo, el organismo financiador le adelantaba el dinero más bien a la compañía petrolera que a Onassis. Cuando éste evocaba aquel episodio crucial de su carrera, no sin cierta fanfarronería, decía que "era como si le prestaran dinero a alguien que se proponía alquilarle una propiedad a Rockefeller. Que la casa tuviera agujeros en el techo no tenía importancia alguna; si Rockefeller consentía en alquilarla, con eso le bastaba al prestamista".

Ese principio está hoy muy difundido. Es el principio de la inversión inmobiliaria. Cuando se pide prestado para comprar un inmueble en cuotas, en realidad es a los locatarios a quienes les presta el banco. Y son ellos quienes devuelven el dinero. ¡Salvo que el inmueble, a fin de cuentas, pertenece al inversor! Ese principio que hoy parece banal en aquella época era revolucionario. La originalidad de Onassis era tanto mayor cuanto que iba contra la corriente de la mayoría de los armadores griegos de la época, cuyo principio sacrosanto era: "Barcos y pagos al contado".

Si era un innovador al apartarse de los métodos de sus rivales griegos, Onassis no había inventado, pese a sus pretensiones, el principio del O.P.M. La idea fue de un tal Daniel Ludwig, próspero comerciante estadounidense, primer inversor (su flota era muy superior a la de Onassis) y luego inversor inmobiliario. Fue en la década de 1930 que Ludwig elaboró lo que en la época podía parecer una verdadera martingala, antes de convertirse en práctica corriente. El concepto del O.P.M. germinó en su mente a consecuencia de la negativa de un banco a prestarle los fondos necesarios para la adquisición de un barco y su conversión en petrolero. Ludwig pensó entonces en ofrecer al banco la garantía de un contrato de locación de una sociedad petrolera que utilizaba los servicios de un buque del que él ya era dueño. El banco aceptó enseguida. Acababa de nacer el O.P.M. Si bien Onassis no lo inventó, su oportunismo y su anticonformismo hicieron que lo utilizara a fondo en una época en que parecía caer... en descrédito.

La fortuna de Onassis no cesó de crecer en los siguientes años. En 1953, en parte para diversificar sus negocios, en parte por su status social, Onassis tomó el control de la Société des Bains de Mer de

Mónaco y del Círculo de Extranjeros. Esto no tiene sentido para los legos, si no se menciona que esa sociedad poseía el célebre casino de Montecarlo, el Hotel de París, y algunos otros negocios. Al mismo tiempo, Onassis adquirió una fama súbita. Para el hombre de la calle, y también para el ambiente de las finanzas, Onassis se había convertido en el hombre que había comprado el Banco de Montecarlo. La vida brillante que llevaba no fue ajena a su divorcio, pues su esposa prefería una existencia menos agitada.

En 1956 Onassis estimaba su fortuna en 300 millones de dólares. Ese ciudadano del mundo que, además del griego, hablaba de corrido francés, español e inglés (y por lo general leía todas las mañanas los diarios en esos cuatro idiomas), habría podido sentarse a descansar sobre sus laureles. Aunque sabía tomarse su tiempo y gastar su dinero, Onassis nunca dejó de recorrer el mundo para incrementar su fortuna.

Hacia el fin de su vida, Onassis le preguntó a uno de sus contadores si le era posible establecer cuánto dinero poseía, en detalle.

"Señor, no es algo difícil —le respondió el contador—. Puedo darle esa respuesta de aquí a dos años, si todos sus contables y todas sus secretarias consagran todas sus horas de trabajo a calcular lo que usted tiene en el banco, el valor de sus sociedades, las sumas que le deben y las que debe usted."

"Y después dicen que soy rico", comentó Onassis, que poseía varios miles de millones de dólares.

A su muerte, ocurrida el 15 de marzo de 1975, seguía siendo imposible precisar con exactitud cuál era la fortuna de Aristóteles Onassis. Lo cual llenaba perfectamente el requisito dictado por John Paul Getty para determinar si un hombre es realmente rico: es decir, ¡la imposibilidad de evaluar con precisión su fortuna!

Onassis, contrariamente a muchos hombres ricos, no cedió jamás a la tentación de narrar su vida o dejar por escrito los principios que lo condujeron al éxito. No obstante, un día le confió a un periodista algunos consejos que, con el título de "Mis recetas para el éxito", fueron publicados por el diario *Success Unlimited*. Como sin duda lo notará el lector, esos consejos revelan la mayor parte de su psicología. Hay quienes sugieren que, para ser rico, hay que hacer como si uno ya lo fuera, de manera de impresionar favorablemente a los otros. Es dudoso que las reglas dictadas por Onassis hayan bastado para hacerle conocer el éxito fenomenal que consiguió. Pero seguramente no le fueron ajenas. Júzguelo usted mismo. Y no olvide que los siguientes consejos vienen de boca de un grande entre los grandes.

1. Cuide su cuerpo. Manténgase lo mejor posible. No se preocupe por incidentes. Míreme. No tengo nada de dios griego, pero no he perdido tiempo llorando por los aspectos poco agraciados de mi persona. Recuerde que nadie es tan feo como cree.

2. Coma con moderación; cuando tenga un estudio urgente que hacer, evite las comidas demasiado pesadas y los vinos. Pasar varias horas a la mesa, cuando el trabajo ya le acapara el tiempo, es la mejor forma de acortarse la vida.

3. Espere a que llegue la noche y no festeje hasta haber cumplido sus objetivos. Saboree una buena

cena, en compañía de amigos, y evite abordar temas de negocios en la mesa.

4. Haga el ejercicio necesario y manténgase en buena forma física. La práctica de yoga es recomendable, tanto para la mente como para el cuerpo. Si puede practicar yudo una hora o dos por semana, ese deporte lo liberará de todos sus complejos.

5. Mantenga la piel bronceada, aunque para ello deba recurrir a una lámpara. Para la mayoría de la gente, el bronceado invernal quiere decir que usted viene de un lugar soleado y para todo el mundo sol significa dinero.

6. Cuando ya cuide bien de su apariencia exterior, elija un modo de vida brillante. Establezca su domicilio en una linda casa, aunque no le alcance el dinero; allí tratará gente adinerada en pasillos y ascensores. Frecuente también los cafés elegantes, pero beba de a pequeños sorbos. Aprenderá enseguida que la sociedad acecha a los que llegan a ganar mucho dinero.

7. Si está corto de fondos, pida un préstamo. No pida nunca una suma pequeña. Pida lo que necesita y devuélvalo siempre, de preferencia lo antes posible.

8. No confíe sus problemas a nadie y deje que los otros crean que usted se divierte enormemente.

9. No duerma demasiado; al despertar, alguien puede decirle que ha sufrido un fracaso. Tres horas menos de sueño por noche durante un año le darán un mes y medio más de tiempo para triunfar.

* * *

No sé lo que me gustaría hacer...

Esta es una queja común en nuestros días. Parece reinar en nuestra sociedad una confusión a la cual poca gente escapa. Esta confusión es en gran medida atribuible al desmoronamiento de la transmisión tradicional de ocupación de padre a hijo. Los tiempos han cambiado. Las mujeres, cuyo papel se confinaba antes sobre todo a la maternidad, han accedido masiva y exitosamente al mercado de trabajo, y los hombres ya no se dedican automáticamente a seguir lo comenzado por sus padres. Además, muchas carreras modernas no se parecen en nada a las de antaño. Los cambios de empleo son frecuentes y a veces radicales. Tanto para las mujeres como para los hombres, la elección ya no resulta tan evidente. De hecho, como tan bien lo ha demostrado Alvin Tofler en *El shock del futuro*, vivimos actualmente en la sociedad de la hiperelección. Caminos casi infinitos se abren a las personas de toda edad, los roles tradicionales han perdido su atractivo.

Esta hiperelección conduce a una libertad absoluta. Y esta libertad engendra ebriedad, y también vértigo. "Lo molesto de la elección" adquiere todo un sentido. Uno ya no sabe dónde poner la cabeza. A cada instante, con elecciones y empleos tan efímeros, los individuos tienen la impresión de encontrarse en una encrucijada. Encrucijada que adopta la forma de abismos. Vertiginosos.

Los cambios rápidos, las mutaciones profundas y por así decirlo permanentes de la sociedad actual no son extraños al malestar de los individuos que no llegan a decidir el tipo de actividad profesional que les permitiría expandirse. Pero no se trata sólo de esto. Si bien hay mucha gente que plantea la queja que mencionamos al principio, es también porque durante mucho tiempo le han hecho ahogar sus aspiraciones, porque no escuchaban a su yo profundo. De tanto conformarse, uno termina por olvidar lo que en verdad es. De lo cual surge una verdadera confusión.

Esta confusión es tanto más grave cuanto que un individuo no sabe realmente lo que desea hacer, y mientras no tenga claras sus metas en la vida, es prácticamente imposible que triunfe. También es cierto lo contrario. Cuando uno sabe verdaderamente qué es lo que quiere, cuando el deseo es claro, las condiciones de su realización no tardan en manifestarse. A menudo, la realización de un deseo extremadamente preciso es casi inmediata.

El problema es que eso del deseo perfectamente claro, es decir desprovisto de toda duda, de toda ambigüedad y de toda contradicción, no está nada difundido. Y sin embargo, no es algo tan difícil de alcanzar. Basta, sencillamente, con proponérselo. La confusión de sus ambiciones programa a su subconsciente en consecuencia. Si sus aspiraciones no son claras, los resultados que obtenga no lo serán tampoco. Debe operarse en usted una metamorfosis, debe aprender a ver con claridad sus ambiciones y sus deseos. Debe modelarlos, cincelarlos para que se tornen restallantes de precisión.

¡No cometa el error de subestimar la importancia de este trabajo sobre usted mismo! Mientras no sepa con claridad lo que quiere, no lo obtendrá. Y, si no lo sabe en absoluto, bueno, los resultados serán semejantes a sus pensamientos. Recuerde la ley de la atracción.

Todos los hombres ricos demostraron la claridad de sus ambiciones. Muchos de ellos emplearon además la expresión siguiente: "Yo sabía". Su carrera, la elección de su vocación se traducía en una especie de intuición profunda, que no dejaba lugar a ninguna duda.

> **UNA DE LAS CLAVES DEL ÉXITO**
> **ES SABER PRECISAMENTE**
> **LO QUE UNO QUIERE HACER.**

Muchas personas atraviesan largos períodos de confusión y vacilación. No saben cómo hacer para superarlo. Lo más importante es tomar la decisión de cambiar ese rasgo fastidioso de su personalidad. Se puede hacer. Hasta es fácil. Muchos lo han hecho antes. La autosugestión es el mejor modo de llegar a esa transformación.

Relájese, descienda a usted mismo, líbrese a la introspección. Deje caer todas sus defensas y sus barreras habituales. Dé libre curso a sus pensamientos, su imaginación. Recuerde los viejos sueños que con el tiempo ha ido abandonando. Quizás en ellos resida el germen de su verdadera vocación.

Confíe la ecuación que lo confronta a su subconsciente antes de acostarse. Y repítase fórmulas como éstas:

MI SUBCONSCIENTE ME HACE DESCUBRIR INFALIBLEMENTE EL CAMPO DE ACTIVIDAD EN EL QUE TRIUNFARÉ PLENAMENTE Y ME PROCURARÁ TODO EL DINERO QUE NECESITO.

SOY DIGNO DE EJERCER UN OFICIO (O UNA PROFESIÓN) QUE ME GUSTE EN UN 100% Y QUE ME

PERMITA ENRIQUECERME MÁS ALLÁ DE MIS SUEÑOS.

SOY UN ÉXITO.

SOY UNA VICTORIA.

HAGO LO QUE DE VERDAD ME GUSTA Y ASÍ ME DESTACO Y MIS INGRESOS AUMENTAN CONTI-NUAMENTE.

SOY ÚNICO. MI VALOR SE MULTIPLICA Y ME PERMITE HACER UN TRABAJO QUE ME GUSTA Y QUE ES REMUNERADOR.

¡Déle esta orden a su subconsciente!

SUBCONSCIENTE AYÚDAME A DESCUBRIR QUÉ ES LO QUE VERDADERAMENTE ME GUSTA.

Duérmase con la certeza de que la respuesta está ya en usted y que ya ha obtenido lo que pidió. La potencia formidable de su subconsciente trabaja continuamente para usted, noche y día, por poco que usted lo haya orientado en la dirección adecua-da.

Además de estas poderosas técnicas introspec-tivas, usted puede también consultar a especialistas en orientación profesional, amigos, periódicos, revistas. En cada época hay modas. La tendencia actual es la informática. El autor del *best-seller* estadounidense *Megatrend* afirma que, desde 1985, el 75% de los empleos tienen alguna relación con la computación y la informática. Seguramente esta tendencia no disminuirá. De aquí al año 2000, es probable que todos los trabajos hayan sido tocados por los efectos de la revolución informática. Esto puede ser un indicio, una pista. Aunque la informática no le interese en sí misma, de todos modos le resultará útil.

Dicho esto, no es de ningún modo nuestra intención empujarlo a un campo de actividad más que a otro. Eso sería torpe y estúpido de nuestra parte. Pues no basta que algo sea moda para que a usted deba interesarle. En lugar de seguir la moda, siga su yo profundo. Manténgase alerta a las tendencias y a las nuevas corrientes, por supuesto, pero privilegie su elección personal.

Haga para usted mismo lo que ya hace para otros

Uno de los filones que puede pensar en explotar es el de ponerse por su cuenta en el campo en el que ya trabaja para otro. La experiencia ha demostrado que ése es uno de los caminos más seguros del éxito. Una de las razones de ello, que ya explicitaremos más en el próximo capítulo, es que usted tiene la ventaja de que ya conoce bien ese campo. Ahora bien, uno de los principios fundamentales del éxito es que hay que conocer a fondo el campo en el que se pretende triunfar. No poseer este conocimiento, no tener eso que se llama especialización (no confundir con superespecialización, como ya lo veremos en el capítulo siguiente), es una de las mayores causas de fracaso.

No sólo usted ya ha adquirido una cierta experiencia en ese campo, sino que, sea cual fuere su competencia, probablemente ya habrá cometido (sobre todo en los inicios) cierto número de errores, a veces costosos, que no repetirá. Es una suerte de economía. Por lo tanto, corre menos riesgo de fracasar al principio a causa de los mismos errores.

En los Estados Unidos, a este fenómeno se le llama *spin-off*, expresión que en francés denominanos *enjambrazón* pues recuerda al movimiento mediante el cual una colonia de abejas abandona el panal inicial para ir a establecer una nueva colonia. Piense en este principio, tan simple. Quizá le sirva de guía.

CAPÍTULO 5

Saber
lo que se hace

El secreto de la verdadera educación

Ya hemos hablado antes de la educación y su papel en el éxito. Hemos mostrado que varios de los diez hombres ricos que analizamos no se beneficiaron con una educación académica muy esmerada. Lo mismo ocurre con muchos millonarios, a tal punto que ciertos analistas llegan a preguntarse si los estudios no serán un obstáculo para el que quiere enriquecerse. Nosotros no iremos tan lejos. Además, para desalentar a los partidarios de esa hipótesis bastaría con citar el caso de John Paul Getty, que, como se recordará, fue diplomado de la prestigiosa universidad de Oxford, Inglaterra.

La instrucción académica no es en sí un mal, sobre todo en nuestra sociedad, donde la técnica y la ciencia alcanzan tal grado de refinamiento. Pero muchos autores han notado —al igual que muchos millonarios— que puede encerrar ciertos peligros, el primero de los cuales sería que los estudios actuales son tan largos que demoran de manera inevitable el momento en que el hombre puede lanzarse al fin a la conquista del mundo y los millones. A veces se pierden años decisivos. El que comienza a los 18 ó 20 años en sus intentos de enriquecerse dispone en general de una ventaja inicial de cinco o seis años, si no más, con respecto al universitario, y más sobre cualquiera que desee proseguir estudios aún más especializados.

En su obra *Los millonarios*, Max Gunther observa: "Es notable comprobar cuán pocos, entre los muy adinerados, han ido a la facultad o incluso a la escuela secundaria. Clement Stone abandonó los estudios pues estimaba que no tenían nada que ver con la meta que se había fijado: hacer dinero. Howard Hughes, que tenía el tiempo y todo el dinero necesario para asistir a una universidad, rechazó la idea, considerándola una pérdida de cuatro años. William Lear ni siquiera llegó a la escuela secundaria. Si la existencia de estos hombres no permite hacerse una idea general, sin embargo trasluciría una verdad: en los Estados Unidos, la facultad clásica no enseña nada o bien muy poco de lo relacionado con los modos de hacer una fortuna".

Durante la Primera Guerra Mundial, Henry Ford fue tratado de pacifista ignorante por un periodista. Ford, insultado, decidió demandar al diario. Así es como Napoleon Hill cuenta esta anécdota tan instructiva: "Cuando el asunto pasó a juicio, los abogados del diario trataron de demostrar que Ford era un ser inculto y, para ponerlo en dificultades, le formularon numerosas preguntas sobre temas variados e inesperados. Por ejemplo: '¿Quién era Benedict Harnold?', o '¿Cuántos soldados enviaron los ingleses a los Estados Unidos para sofocar la rebelión de 1776?' Fue entonces cuando Ford replicó: 'No conozco el número de soldados ingleses que vinieron como expedicionarios, pero oí decir que eran muchos más que los que volvieron a su patria'. Por último, excedido por el interrogatorio, lanzó a sus adversarios: 'Permítanme que les recuerde que en mi oficina tengo una cantidad de botones eléctricos. Me basta apoyar el dedo sobre uno de ellos para que acuda el hombre que responderá a cualquier pregunta relativa al tema del que me encargo personalmente y al cual consagro todos mis esfuerzos. Ahora, ¿serían ustedes tan amables de explicarme por qué, con el único objeto de responder a las preguntas de ustedes, yo debo tener el cerebro lleno de cultura general cuando estoy rodeado de colaboradores que suplen cualquier laguna o desconocimiento de mi parte?' La lógica de esta respuesta desarmó al abogado, y el público de la audiencia reconoció que las palabras de Ford eran las de un hombre inteligente e instruido".

Los largos estudios pueden igualmente acarrear el riesgo de embotar una cierta audacia, un cierto sentido de la iniciativa, el gusto del riesgo, pues la cerebralidad y el análisis (a ultranza) se privilegian a menudo a expensas de la acción, al punto de engendrar a veces un verdadero inmovilismo.

En *Los ricos y los super ricos* podemos leer lo siguiente: "Los educadores que predican como es debido los beneficios de la instrucción tratan desesperadamente de demostrar, con la ayuda de estadísticas, que, en conjunto, los individuos instruidos pueden aspirar a salarios más elevados que los ignorantes. Esta afirmación es exacta cuando se trata de ejecutivos medios de una empresa cuyas operaciones totales exigen un personal altamente calificado. En ese caso las remuneraciones varían en proporción con las responsabilidades y la productividad de cada uno. Pero nada es menos cierto en lo que concierne a los dueños de grandes fortunas. La instrucción puede ser, por el contrario, un serio *handicap* para el que quiere convertirse en millonario".

Y el autor prosigue así: "En efecto, la educación suele desarrollar en el individuo una cierta propensión a los escrúpulos. Esto lo perciben vagamente los neoconservadores que reprochan a las instituciones escolares su tendencia comunista. Pero los escrúpulos constituyen un obstáculo casi infranqueable para el aprendiz de millonario, que en todas las circunstancias, debe mostrarse oportunista. Sin embargo, por ambicioso que sea, si durante años ha adquirido el hábito de presentar rendiciones de cuentas fieles, de hacer traducciones exactas y experiencias de laboratorio minuciosas, su temperamento queda inevitablemente marcado por esa disciplina. Si se lanza a la conquista de la fortuna en un mundo en que las contraverdades hipócritas, las promesas falaces, son moneda corriente, tendrá que adaptar su comportamiento al medio en el cual evoluciona. Aunque triunfe, el proceso de esta adaptación lo pone en condiciones de inferioridad ante los ignorantes que no deben derrochar su energía en esfuerzos de ese tipo y se apoderan de todo lo que se les cruza por delante sin la menor inquietud".

No nos resta ahora más que aclarar que la educación también presenta ventajas positivas. Vivimos en una sociedad en la que un diploma puede abrir muchas puertas. Lo cual no significa, desde luego, que le asegurará el éxito. Pero a menudo le permite tener su primera oportunidad. Los conocimientos generales pueden, además, ser de gran utilidad. Como el éxito siempre se relaciona con los demás, pues uno nunca se enriquece solo, el conocimiento de la psicología, la sociología, la historia, etc., permite ampliar la visión y perfeccionar el juicio. Pero hay que recordar que esos conocimientos no serán verdaderamente válidos más que en la medida en que sepa usarlos para sus fines.

El punto más importante con respecto a la relación entre la educación y el éxito es el siguiente: SI BIEN MUCHOS HOMBRES RICOS NO HAN ASISTIDO MUCHO TIEMPO A LA ESCUELA, POR EL CONTRARIO TODOS SIN EXCEPCIÓN, SE HAN CONVERTIDO EN ESPECIALISTAS EN SU CAMPO DE ACTIVIDAD.

Todos, sin excepción, se las han arreglado para llegar a ser expertos en lo suyo y se han esforzado por saber lo más posible en ese campo. El no plegarse a esta exigencia conduce necesariamente al fracaso o a la mediocridad.

En su libro *Hacerse rico* , Getty establece las diez reglas que lo condujeron al éxito y que, en su opinión, han permitido enriquecerse a todos los millonarios que él conoció. No es casual que la primera regla que cita contenga los principios siguientes, que, como veremos, no sólo se aplican al que quiere montar un negocio o trabaja ya por su cuenta, sino también a todos los asalariados que desean subir rápidamente los escalones de la jerarquía y enriquecerse en consecuencia: "El hombre que desea lanzarse a los negocios por su cuenta debe elegir un campo de actividad que conozca y comprenda bien. Evidentemente, no sabrá todo lo que hay que saber desde el principio, pero no debería comenzar antes de haber adquirido una buena y sólida formación en el campo elegido".

Además, es por esta razón que, para aquellos que piensan dedicarse a los negocios, resulta más fácil hacerlo en el campo que conocen, en el que han trabajado para otros (*spin-off*). La regla enunciada por Getty, que parece ser, a sus ojos, la condición básica del éxito y que es repetida por muchos autores serios, no debe aplicarse sólo antes sino también durante toda la carrera del individuo.

El desarrollo espectacular de la información y la cantidad creciente de investigadores en todos los dominios hacen que los conocimientos evolucionen muy rápido. Vivimos en una sociedad en veloz mutación y, por decirlo así, constante. El individuo que desea triunfar debe vivir en un estado de instrucción permanente, buscando aprender sin cesar siempre más sobre su actividad. Lo que se aprende hoy puede no servir dentro de cinco o diez años. Para seguir la evolución rapidísima de la sociedad, hay que estar constantemente alerta, vivir en un estado de curiosidad permanente.

Al saber lo más posible sobre su campo de actividad, volverse el mejor es una regla absoluta. Esa es la forma de educación de los hombres ricos. Además, la mayoría de los empresarios de éxito, contrariamente a ciertos dirigentes de formación más académica, no tienen miedo de "ensuciarse las manos", es decir, trabajar al mismo nivel que cualquiera de sus obreros.

Su voluntad de saberlo todo en su especialidad puede, en algunos casos, parecer excesiva, o incluso maníaca, y sin embargo es esa determinación a llegar a lo más profundo, a tomar nota de los menores detalles, lo que muchas veces ha asegurado su éxito. Pues el éxito se debe con frecuencia a una serie de pequeños detalles que los que no triunfan encuentran insignificantes, o ni siquiera advierten.

Ray Kroc se torna casi lírico cuando habla de las hamburguesas, y confirma el principio que acabamos de enunciar: "Tomemos, por ejemplo, el pancito de la hamburguesa. Hay que tener una mente poética para encontrar belleza en esos pancitos. Y sin embargo, ¿es más extraordinario encontrar gráciles la textura y la forma suavemente redonda de esos pancitos, que pensar afectuosamente en el diseño de una mosca artificial para la pesca o en la textura y los colores del ala de una mariposa? No, si usted es un hombre de McDonald. No, si usted considera a ese pan como un elemento esencial en el arte de servir rápidamente una gran cantidad de comidas. Entonces, esa masa redonda de levadura se convierte en un objeto digno de un estudio serio".

La manera como Ray Kroc habla de las papas fritas no es menos sorprendente, en todo caso para el profano. Se diría que se trata de una verdadera novela policial en la que él busca descubrir el secreto del gusto maravilloso de las papas fritas de los hermanos McDonald, en la época en que todavía no les había comprado la empresa. Trató de mejorarlas constantemente hasta que encontró la fórmula ideal. Esfuerzos que, naturalmente, dieron buenos frutos, pues buena parte de la popularidad de McDonald se debe al sabor particularmente delicioso de sus papas fritas.

Spielberg es también un "maníaco" del cine, pues se mete en todos los niveles de la producción de cada película, desde el guión, es obvio, hasta la elección de los actores, la música, el montaje y los efectos especiales. No deja nada librado al azar y controla celosamente cada etapa.

Convertirse en el mejor en el propio campo de actividad, llegar a ser especialista en lo suyo, es todo lo contrario de la superespecialización. Como las acepciones de estos términos son diversas, establezcamos de entrada la distinción: especializarse es saber, o esforzarse por saber, todo con respecto al propio dominio; superespecializarse es no conocer más que una parte, conocerla a fondo, sin duda, pero en detrimento de otros aspectos. Lamentablemente, la educación actual suele tener la tendencia a producir personas superespecializadas. Pero ningún hombre rico puede considerarse entre los superespecializados. Cada uno de ellos conocía, o se esforzaba por conocer, todos los aspectos de su campo de actividad.

Honda, por ejemplo, no vacilaba en bajar a los talleres, incluso cuando era ya presidente de la empresa. Hombre sencillo pese a su prestigio, nunca dejó de querer aprender más, como lo muestra la historia de su vida.

"¡Yo seré
el Napoleón
de la mecánica!"

Soichiro Honda

Soichiro Honda nació en 1906 en una pequeña ciudad de Japón. Desde su más temprana infancia, los motores ejercieron en él una fascinación misteriosa. En verdad, rara vez una vocación se declara de manera tan precoz. En efecto, Honda evoca en sus recuerdos que ya a la edad de dos o tres años experimentaba una viva emoción al ver, y sobre todo al oír, una máquina que descascaraba arroz en una granja vecina. "Esa fue mi primera música —dice—; yo percibía, desde nuestra casa de madera, el humito blanco que desprendía. Un día le pedí a mi abuelo que me llevara allí. Después se transformó en un hábito (...). Amaba el olor del combustible, que apestaba, el ruido que hacía, las nubes de humo que lanzaba, y me pasaba horas agachado observando la máquina mientras mi abuelo me apresuraba a volver a casa."

Ese gusto precoz por las máquinas, Honda lo heredó de su padre. Mientras que todas las familias del pueblo se dedicaban exclusivamente a la agricultura, el padre de Soichiro, haciendo grupo aparte, se apasionaba por todo lo concerniente a las nuevas tecnologías modernas de principios de siglo. Así, poseía un taller de reparaciones para las máquinas agrícolas, y más tarde abrió un taller de bicicletas. De algún modo le abría el camino a su hijo, para que éste pudiera iniciarse desde muy joven en el misterio de las máquinas. A causa de sus actividades, los apacibles habitantes del pueblito japonés no demoraron en considerar un marginal al padre de Soichiro. Predijeron fracasos y ruina para su familia. ¿Cuántas veces iba a oír Soichiro esas profecías de desgracias a lo largo de su fabulosa odisea? Pero cada vez demostró que la música chillona de esas voces pesimistas no podía aniquilar su fe.

En la escuela, el joven Honda se reveló mal alumno. Gracias a sus astutos cálculos de perspectiva, siempre lograba ubicarse en clase en un lugar que quedara fuera del campo de visión del maestro. Allí se encontraba a sus anchas para soñar o pensar en alguna invención diabólica. "En la escuela obtenía malas notas. Eso no me causaba ninguna pena. Mi universo estaba en otra parte, entre las máquinas, los motores y las bicicletas." Ya a los ocho años construyó él solo una primera bicicleta. Y si no le gustaba estudiar, era también porque la naturaleza le había dado un cuerpo feo, o al menos débil. El complejo de inferioridad que concibió a causa de ello influyó bastante en su férrea voluntad de distinguirse a cualquier precio, pero tomando otras sendas. Su caso, como por otra parte el del joven Spielberg, es otro ejemplo de las virtudes a veces sorprendentes de la frustración, de las cuales ciertos individuos pueden extraer enormes beneficios.

El joven Honda sufría mucho por salir siempre entre los últimos en las competencias deportivas e incluso en las carreras a pie organizadas entre pueblos. En la escuela, encontraba siempre alguna excusa para declararse enfermo en las clases de educación física. Ese cuerpo débil, él quería magnificarlo a través de las máquinas. Así era como iba a desquitarse. Sus palabras con respecto a esto son más que lúcidas: "Le tomé el gusto a las competencias de motos o automóviles porque así podía ganar, y a mí me encantaba ganar. De ese modo me vengaba de los otros, de mis pobres capacidades físicas, de mi cuerpo; yo podía utilizar para ganar otros talentos, mi cabeza y mis manos. Entonces me enamoré de las máquinas, que ayudaban a mi cuerpo a ganar y a hacer de mí un vencedor".

Un día, Soichiro quiso aprender a nadar. En la escuela, los grandes sabían nadar en su mayoría. Honda le preguntó a uno de ellos su secreto.

"¡Oh, es muy simple! —le replicó el chico más grande—. Lo único que debes hacer es tragarte un medaka y entonces podrás hacer como él, y sentirte feliz en el río." El medaka es un pececito muy pequeño, negro, nada atractivo pues se parece a un renacuajo. Ingenuo, el joven Honda se fue al río, atrapó un medaka, no sin esfuerzo y repugnancia, y se lo tragó según la prescripción del maestro de natación improvisado. Además, había tenido la precaución de beber una gran cantidad de agua, de manera de tornar más confortable la muerte del pececito. Conmovedora atención. Más o menos confiado en las virtudes de esa martingala, el joven Soichiro se tiró al agua, pero, como ya se dará cuenta, se fue a pique. Afortunadamente, ¡no era

253

del todo tonto y no se tiró a aguas demasiado profundas! Después de varios intentos infructuosos, pero sobre todo después de haber tragado muchísima agua, se rindió a la evidencia: el milagro no se producía siempre. ¿Habría omitido seguir alguna instrucción del chico más grande? ¿Tal vez la naturaleza lo había condenado, a causa de su constitución endeble, a no poder disfrutar jamás de los placeres de la natación? Contrariado pero no resignado, Honda volvió a ver al grande para quitarse las dudas.

"Tú eres muy robusto —le explicó el chico—. Vuelve al río. Traga un medaka más grande y verás cómo funciona."

El consejo, además de haber sido dado con gran seguridad, poseía la virtud de tener una apariencia científica. Muy contento, y obstinado como era, nuestro neófito volvió al río y le costó mucho encontrar un medaka de la dimensión recomendada. Hay que agregar que esos pececitos son muy rápidos y hábiles. Como se imaginará, esa segunda tentativa tuvo el mismo resultado que la primera. Sin embargo, el japonesito todavía no se había resignado a la idea de que nunca podría nadar como los otros chicos de su edad. Se puso a recorrer el borde del río y repitió varias veces la experiencia: tragaba un medaka, se zambullía. Al fin, aprendió a nadar. El milagro se hizo. "Unos años más tarde comprendí que el milagro residía en mi voluntad y en mis tentativas frustradas, en que, a fuerza de tragar agua, había aprendido a nadar (...). Creer profundamente en una cosa nos permite a todos encontrar en nosotros mismos una fuerza inmensa, y superarnos".

Si nos hemos demorado en esta anécdota, no es

tanto por su rareza sino porque ilustra de manera divertida un principio fundamental del éxito: la necesidad absoluta de la fe.

¡LLEGAR A SER EL NAPOLEÓN DE LA MECÁNICA!

Un personaje ilustre iba a marcar considerablemente, al inspirarlo con su ejemplo, al joven Honda: Napoleón. Supo de su existencia gracias a su padre, pero no disponía de muchos detalles sobre él. "Físicamente me lo imaginaba como un hombre tan grande y fuerte como su poder y su fama. Cuando, años más tarde, me enteré, leyendo libros de historia, de que era de baja estatura, no me decepcioné. Yo mismo no era muy alto y me resultaba evidente que no se mide la grandeza de un hombre por su estatura física, sino por sus actos, por la huella que deja en la historia de los hombres.

"Supe que Napoleón era de orígenes modestos, que quizás su familia vivía de manera muy pobre (...). Por lo tanto, no era necesario nacer noble o rico para triunfar en la vida. Había otras cualidades que daban derecho al éxito. El coraje, la perseverancia, el gusto soñador por la ambición."

Además, reforzando su admiración por ese prestigioso modelo, y al mismo tiempo programándolo de manera positiva (lo cual es raro), su padre le repetía constantemente: "Cuando seas grande, serás un hombre famoso y poderoso... como Napoleón". El joven Soichiro no tardó en encontrar puntos en común entre su héroe y él. El gran general, como él, era bajo. Al igual que él, sus orígenes eran modestos. Además, Napoleón había

nacido en una isla, como Honda, y había conseguido conquistar un continente. "Lo que más conser-
vé de ese hombre fue una suerte de moral, de
filosofía, que guió todas sus orientaciones futuras;
las de pequeño estudiante de familia pobre que
logró mofarse de los reyes y declarar la revolución
para dominar al Occidente entero. Y yo también,
algún día, iba a ser como Napoleón, el modelo de
todas mis ambiciones infantiles, porque todos tenemos derecho a conservar nuestros sueños locos."

Poco intelectual por naturaleza, Honda se dedi-
caba a la lectura de una sola cosa: una revista
técnica llamada *El mundo de las ruedas* . Fue en
una de las páginas de esa revista donde encontró un
día un pequeño aviso que pedía los servicios de un
aprendiz de mecánico para la compañía Hart
Shokai, de Tokyo. Se presentó al empleo. Unos días
más tarde recibió una respuesta positiva. A su
padre le costó un poco aceptar que abandonara sus
estudios para partir hacia la capital. Soichiro tenía
15 años.

El puesto que se le confió al joven Honda no
correspondía a sus ambiciones ni a sus expectativas. En lugar de ser aprendiz de mecánico, se
convirtió de algún modo en *baby-sitter* del recién
nacido de la familia de su empleador. Es que su
patrón consideró que era demasiado joven para
que se le confiara la reparación de un motor. "¡Qué
humillación! Estaba tan cerca de la meta, y sin
embargo no podía alcanzarla. Eso aumentó mi
voluntad. Habría sido muy torpe de mi parte
plantar al bebé y volver a mi casa, desalentado,
haciendo desaparecer así toda esperanza de formación mecánica. Dicen que en cada hombre queda
una 'huella' del cerebro de Dios. Yo creo que debo

a esa huella, que me dio paciencia y la determinación de quedarme en Tokyo, hasta esperar que se presentara la ocasión, el haber podido aguardar el momento propicio para empezar verdaderamente en lo que me interesaba." Honda supo extraer provecho de la situación. Mientras cuidaba al bebé, que llevaba a la espalda, Honda se paseaba por el taller de reparaciones, observando minuciosamente las maniobras y operaciones que allí se realizaban. Así pudo adquirir un sentido general de la mecánica, mucho más vasto que si se hubiera visto limitado a ejecutar una tarea específica.

El negocio prosperaba, y el señor Saka Kibara, el dueño, decidió que quizá era ya tiempo de enviar a Soichiro a su primer puesto de trabajo, y ése fue en verdad un gran día para Soichiro: entró en el universo maravilloso de la mecánica. El joven aprendiz no tardó en demostrarse un mecánico dotado. Ni un ruido sospechoso, ni una pérdida de aceite se le escapaban. Pasó así seis años de su vida profundizando sus conocimientos de la mecánica. A los 20 años, el patrón lo llamó a su oficina para preguntarle si no deseaba regresar a su pueblo natal. El joven creyó al principio que el patrón quería decirle con eso que ya no necesitaba sus servicios. Pero había compredido mal las intenciones del hombre. Kibara, que preveía para él un porvenir brillante, le propuso abrir una sucursal en la ciudad de Hamamatsu, pues allí iba creciendo una importante clientela. De más está decir que el joven Honda aceptó con entusiasmo ese desafío, sobre todo porque le permitía regresar con su familia, de la que vivía separado desde hacía tantos años.

"Me convertí al fin en un hombre independiente, un hombre de verdad, dueño de sus brazos, sus piernas, su cerebro, su destino, sus horarios y de los riesgos que sabría correr." Esa sensación de libertad sólo la sienten los que montan un negocio propio. El estudio de la vida de los diez hombres ricos ha demostrado que ese sentimiento parece compensar con creces la inquietud que engendra el hecho de quemar las naves. Sin embargo, parece que hace falta una disposición de carácter especial para "echarse al agua" sin quedar paralizado por la angustia de la incertidumbre material de los principios.

Durante la larga ausencia de Honda muchas cosas habían cambiado en su apacible pueblo natal. Entre otras, habían abierto sus puertas dos o tres talleres mecánicos. Honda creía que él iba a ser el único. Ahora iba tener que competir con sus rivales, encontrar un medio de ser y trabajar mejor que los otros. Nuestro hombre no demoró en comprender que, para triunfar con su taller, tenía que hacer dos cosas bien definidas: En primer lugar, aceptar las reparaciones difíciles que desalentaban a los mecánicos de otros talleres; después proceder con la mayor rapidez posible, para que el cliente no tuviera que privarse de su vehículo durante muchos días. Con métodos semejantes, Honda no demoró en hacerse una sólida reputación. A veces no vacilaba en trabajar toda la noche para poder entregar por la mañana un trabajo urgente. Estaba dispuesto a pagar ese precio. Su genio inventivo, siempre despierto, se manifestó en esa época de manera particular. En ese entonces los rayos de las ruedas de los vehículos eran de madera, material que no resistía bien las embestidas de los caminos. Honda tuvo la idea de reemplazar la madera por metal. La ida era simple. Pero había que tenerla.

A los 30 años, Honda firmaba su primera matrícula de inventor. Sus rayos de acero conocieron gran éxito y se exportaron a todo el mundo. "Ese invento me hizo saborear los frutos de la paciencia artesanal de la aventura industrial. Dirigir un taller o un negocio es como conducir un autobús. Hay que parar en todos los pueblos y recoger la clientela local, pero no se puede ir más allá, a grandes distancias. Es cierto, se puede vivir feliz de esa manera, pero yo tenía la ambición de ir más lejos y a más velocidad".

Poco a poco fue germinando en su mente la idea de montar un negocio totalmente propio, romper con su patrón de Tokyo para fundar su propia empresa. ¿En qué campo? Los pistones parecían ofrecer posibilidades interesantes. Pero sus socios, más conservadores, no compartían el mismo entusiasmo. Al fin los convenció. E invirtió todos sus ahorros para fundar la Tokai Seiki, empresa industrial de producción de segmentos de pistón. Sin embargo, las primeras pruebas no fueron nada fructíferas, pues el segmento que fabricaba Honda no poseía la elasticidad necesaria y era invendible. Honda recuerda la reacción de sus amigos al respecto de tal fracaso: "Muchos de mis amigos venían a decirme que me convenía quedarme en mi taller, ir agrandándolo de a poco y dedicarme a hacer prosperar mi negocio en lugar de lanzarme a aventuras inciertas. En esa operación había invertido todo el dinero que tenía ahorrado. Me sentía responsable de las personas a las que había arrastrado conmigo y me decía que, a los 30 años, al cerrar el taller, tal vez había dejado pasar mi oportunidad y había quemado ya todas mis naves". Bajo el peso del fracaso y la responsabilidad, Honda cayó gravemente enfermo. Pero al cabo de una convalecencia de dos meses volvió a la carga, resuelto a superar el problema de sus pistones.

Como es de imaginar, las fundiciones de la región se negaban a revelar sus secretos de fabricación. Honda tenía que descubrirlos solo. Se empeñó noche y día en encontrar la solución, pero sin éxito: los pistones que él producía seguían siendo duros como la piedra. Aun con la mayor determinación del mundo, Honda tuvo que rendirse a la evidencia: le faltaban conocimientos técnicos para ir más lejos.

Sin duda muchos, en el lugar de Honda, habrían renunciado a esa altura, pero él, haciendo a un lado su orgullo, aceptó volver a las aulas. Se inscribió en la universidad con el objeto de estudiar ingeniería. Cada mañana asistía a clase y, en cuanto terminaban los cursos, volvía apresuradamente al taller, tratando de poner en práctica lo que había aprendido. Su permanencia en la universidad duró dos años, y concluyó con una expulsión. Es que, obstinado en lo suyo, Soichiro sólo había asistido a los cursos que concernían a la fabricación de segmentos, evitando todos los otros. "Yo era como un hombre hambriento al que se le quiere explicar largamente las leyes generales de la dietética y sus consecuencias y aplicaciones, en lugar de darle de comer." Honda trató en vano de explicarle su caso al director. El no iba a buscar un diploma, sino conocimientos. Lo cual ofuscó al director.

Honda regresó a su fábrica, lleno de nuevos conocimientos, y terminó produciendo pistones con todas las características requeridas. Había ganado la partida. Gracias a los sostenidos esfuerzos de Honda, la Tokai Seiki fue afirmando progresivamente su posición en el mercado y comenzó a disfrutar de una excelente reputación. Sin embargo, la Segunda Guerra frenó el progreso de la empresa. En efecto, en junio de 1945 las fábricas de Honda fueron destruidas por las bombas estadounidenses.

En 1946, después de la guerra, tras un año sabático que empleó para elaborar diversos inventos, y para reflexionar, Honda, siempre optimista pese a la morosidad general, decidió crear solo, para salvaguardar su total independencia, el laboratorio de investigaciones técnicas Honda. Tenía una pequeña idea en la cabeza. La situación del país parecía desesperada para la mayor parte de los industriales. Pero el dignóstico de Honda era muy otro. Los transportes comunitarios habían sido prácticamente destruidos por los bombardeos. No quedaban, para asegurar el servicio, más que algunos trenes y autobuses, insuficientes. Los automóviles eran escasos, como también la nafta, cuyo precio había subido mucho. Desde luego, los japoneses habían vuelto a la bicicleta, que era el medio de transporte más difundido. La idea de Honda era simple, pero brillante. Y, sobre todo, se adecuaba a una necesidad general de la población: fabricar un motor que se adaptara a la bicicleta y se convirtiera, con pocos gastos, en una suerte de ciclomotor.

Al principio Honda se contentó con transformar los motores revendidos a bajo precio por el ejército. El éxito fue inmediato. Ante la creciente demanda, y como el ejército había agotado todo su *stock*, Honda debió elaborar su propio motor, el modelo A Honda. El recién nacido de Soichiro fue bautizado enseguida "bike motor". El éxito de esos motores fue en parte atribuible al hecho de que Honda había logrado desarrollar un medio ingenioso para reducir el consumo de nafta, mediante una mezcla de resina y nafta y un carburante apto a recibirla.

Alentado por la buena marcha de sus negocios, Honda abrió, en febrero de 1948, una fábrica más grande de montaje de motores. Pero no podía detenerse allí. Tenía que ir más allá: fabricar motos. El proyecto parecía utópico, o insensato. Desde la derrota japonesa, no había, por así decirlo, una sola moto en el país. Y el retraso tecnológico de Japón era serio. No obstante, el 24 de septiembre de 1948, Honda creó la Honda Motor Company. Las primeras pruebas fueron más bien decepcionantes, pues las estructuras de las motos no resistían el peso del motor. Pero en agosto de 1949 se hallaba en pie el primer prototipo de moto. Se lo bautizó "Dream". La nueva moto tenía sólo 98 cc de cilindrada, una potencia de 3 CV. Para Honda era, sin embargo, la moto de sus sueños. Respondía a sus sueños de velocidad de cuando era niño.

Empero, pese a este primer éxito, la producción de la moto "Dream" engendró numerosas dificultades financieras. El mercado era inestable y limitado, sin contar la quiebra de varios distribuidores. Honda sufrió rápidamente graves pérdidas que lo pusieron al borde de la bancarrota. El, que era fundamentalmente un inventor, se reveló un mal gestor. Su inteligencia le hizo comprender esa debilidad de su personaldiad. El mismo confesará después: "Si yo hubiera debido cuidar solo de mi empresa, muy rápidamente habría ido a la quiebra".

Pero uno de sus antiguos amigos fue a ver a Takeo Fujisawa, un gestionario de gran talento, que fue quien de cierto modo salvó a la sociedad Honda. Esta asociación decisiva del genio soñador y el genio gestor es un buen ejemplo del principio que afirma que "el éxito no se hace solo". Con respecto a la importancia del factor humano, Honda dirá: "Cuando hago el balance —provisorio— de una vida, mido cuánta importancia tienen las amistades y las relaciones, cuánto más valen que todos los inventos de máquinas, pues ellas nos permiten multiplicar nuestra visión de las cosas y asociarnos a mil experiencias diferentes que de otro modo no habríamos conocido".

Lejos de desalentarse por el fracaso de la moto "Dream", Honda elaboró un nuevo modelo revolucionario, más rápido y silencioso que el anterior. Diez años más tarde, ese mismo modelo iba a ser copiado por todos los fabricantes del mundo. "En el fondo —confesará Honda— no lamenté las primeras reacciones del público, pues ellas me obligaron a exigir más a mis talentos e imaginar un motor muy avanzado a su época." Buena prueba de que en cada fracaso, por resonante que sea, se encuentra el germen de un beneficio mayor, de que no hay que dejarse abatir por el infortunio.

La máquina obtuvo un éxito monstruo, y muy pronto se fabricaban 900 unidades por mes. Honda tuvo que pensar en una producción mayor, en modernizar la fábrica, hasta en abrir otras. Para ello le hacían falta capitales, muchos yenes. Para alguien que no pertenecía al *establishment* japonés, que era un *self-made man* en todo el sentido de la palabra, no resultaba muy fácil convencer a los bancos de que le prestaran dinero. Pero Honda se mostró convincente y finalmente los banqueros le otorgaron el dinero necesario. Modernizó enseguida la fábrica y produjo masivamente un nuevo ciclomotor, a razón de 25.000 unidades por mes, con una red de 13.000 concesionarios Honda. El hombre se volvió pronto millonario, pues era dueño de cinco fábricas que llevaban su nombre.

A Honda le quedaba todavía otro desafío, el de mostrar al mundo que Japón, por su intermedio, sabía construir motos tan fiables y rápidas como las europeas. "Partí de la convicción simple de que, si otros llegaban a construir máquinas tan rápidas, no existía razón alguna para que yo no pudiera hacer lo mismo."

Honda viajó a Europa y compró las mejores motos entonces disponibles en el mercado. De regreso en su país, las desarmó, las estudió meticulosamente y creó a partir de ellas su propia moto de carrera. Las motos Honda participaron muy pronto en competencias. No demoraron en ganar premios. En el transcurso de algunos años, la reputación de la marca Honda franqueó todas las fronteras, y los diferentes modelos, del *scooter* al de carrera, inundaron el mercado. Además, con el correr de los años se establecieron filiales en todo el mundo, desde los Estados Unidos hasta Alemania, Francia, Inglaterra, Suiza, Bélgica, Australia, Canadá, Brasil, México, Perú, Tailandia...

"Había llegado el momento de lanzarme a la realización de otro sueño. Intentar la victoria en Fórmula 1: era un poco como tentar lo imposible. Pero había tomado mi decisión. Pondría en ello el tiempo que hiciera falta, pero nada podría impedirme vencer." Lo que había conseguido con las motos quiso hacerlo con los automóviles. Y, en 1962, la Sociedad Honda declaró oficialmente que se lanzaría al mundo de la fabricación de automóviles. Al pequeño japonés no le aguardaba una tarea fácil y, como David, debía afrontar un duelo semejante: con el Goliat de los Estados Unidos, que dominaban el mercado.

Tal como lo había hecho con las motos, fue mediante las competencias como se instaló en el mercado. Eligió hacer su ingreso en el mundo hermético de la Fórmula 1. Pese a las innumerables dificultades iniciales, el 24 de octubre de 1965 Honda vio que se cumplía su sueño: uno de sus autos obtenía el primer puesto en una gran competencia. Los autos Honda habían superado a rivales tan prestigiosos como los Ferrari y Lotus, que llevaban muchos años de competencias e investigaciones.

Fortalecido por sus primeros éxitos, Honda resolvió, en 1967, fabricar vehículos destinados al gran público. Fiel a la inspiración que le había hecho construir motos de consumo económico, Honda se propuso fabricar vehículos pequeños. Su instinto le sirvió más allá de las expectativas, pues la crisis del petróleo de los años 1970, en ese momento todavía imprevisible, le iba a dar al fabricante japonés una formidable ventaja sobre sus competidores, concentrados sobre todo en coches grandes. En efecto, en el momento del *shock* petrolero sus rivales debieron repensar por entero sus vehículos en función del ahorro de combustible. La industria estadounidense iba a tardar diez años en repensar toda su filosofía del automóvil.

Mientras los rivales pensaban, Honda inundó el

mercado con un autito que los consumidores le arrancaban de las manos: el Honda Civic. Además, Honda fue uno de los primeros fabricantes en munir a sus vehículos de un sistema anticontaminación. Así, cuando muchos gobiernos legislaban a este respecto, él ya estaba listo a responder a las nuevas normas, mientras que sus rivales demoraron en adaptar a todos sus vehículos a las nuevas reglamentaciones. Otro factor preponderante en el éxito espectacular de Honda fue, sin duda, la robotización precoz de sus fábricas, que maravilló a todo el mundo.

El éxito espectacular de Honda es sobre todo instructivo en el sentido en que ilustra no sólo el principio de que se puede triunfar a partir de nada, sino sobre todo que se puede hacerlo en circunstancias exteriores extremadamente precarias. Poco después de la guerra, Japón era, en efecto, un país arruinado donde el salario medio era de unos 1000 dólares por año. Fue gracias a individuos como Honda que ocurrió lo que se ha dado en llamar "el milagro japonés". Recuerde el ejemplo de este pequeño Napoleón japonés cuando ponga como excusa que las condiciones económicas no son propicias a su enriquecimiento.

A través de los años, Honda ha ido confesando los grandes principios de su éxito, que consignó al fin en sus memorias. Para concluir el relato sorprendente de su vida, les presentamos su filosofía del éxito, que él ha resumido en cinco puntos:

1. Actuar siempre con ambición y juventud.

2. Respetar las teorías sanas, encontrar las ideas nuevas y emplear nuestro tiempo para el mejor

rendimiento.

3. Encontrar placer en nuestro trabajo y hacerlo en condiciones agradables.

4. Buscar constantemente una cadencia armoniosa del trabajo.

5. Tener siempre presente el valor de la investigación y el esfuerzo.

CAPÍTULO 6

La magia del objetivo

Una vez que usted ha encontrado el campo de actividad en el que quiere destacarse y enriquecerse —teniendo ya los medios—, hay otra regla que debe seguir absolutamente. Como muchas de las reglas del éxito enunciadas antes, le parecerá simple, o simplista. Pero permítanos citar, al respecto de la simplicidad, un pasaje muy interesante del libro *El precio de la excelencia* . Dicen que el que puede más puede menos. Podríamos parafrasear esta máxima diciendo que lo que vale para las grandes compañías vale igualmente para los individuos. Pues no hay que olvidar que las grandes compañías han sido pequeñas al principio y, por regla general, las ha originado un individuo, uno solo, cuyos valores, entusiasmo y sueños la han hecho posible. Cedamos la pluma a los autores Thomas Peters y Robert Waterman, que hablan de la paradoja de la simplicidad:

"Concluiremos con una contradicción en apariencia extraña. La llamaremos la regla del idiota inteligente. Muchos administradores actuales, de formación universitaria o equivalente, quizás sean demasiado inteligentes. Son los que cambian de dirección todo el tiempo, los que hacen malabarismos con modelos de cien variables, los que conciben sistemas estimulantes y complicados, los que inventan las matrices. Los que tienen planes estratégicos de 200 páginas y documentos de 500 páginas para describir las necesidades del mercado, que no representan más que una etapa en los ejercicios de evolución del producto.

"Nuestros amigos 'más idiotas' son diferentes. No llegan a comprender por qué todos los productos no pueden ser de la mejor calidad. No llegan a comprender por qué cada cliente no puede obtener un servicio personalizado, incluso en el campo de los chips. Toman una botella defectuosa como una afrenta personal (recuerden la historia de Heineken). No llegan a comprender por qué es imposible obtener un flujo continuo de nuevos productos, o por qué un obrero no puede hacer una sugerencia cada quince días. Son los verdaderos simples mentales: los simplistas. Sí, la palabra simplista puede tener una connotación negativa, pero las personas que dirigen las mejores empresas son un poco simplistas."

En verdad, esta conclusión no sorprenderá más que a aquellos que no son lo bastante "simplistas" y que, en general, por esa razón no han triunfado verdaderamente, o no más allá de cierto límite. Para creer que uno puede hacerse millonario, que se puede hacer tanto dinero como se desea, para creer en los propios sueños, para hacer oídos sordos a los sarcasmos de los otros, hace falta una buena dosis de "ingenuidad", de "simplicidad". Las personas demasiado racionales, demasiado "inteligentes", pueden triunfar. Pero a menudo su "inteligencia" limita su éxito, que rara vez alcanza niveles espectaculares.

Para comprender y creer en la regla que vamos a enunciar, hace falta simplicidad. Muchas de las personas a las que les hemos hablado de ella han sonreído al escucharla, cuando no se han burlado directamente. En cambio, mucha gente a la que hemos conocido en el curso de la redacción de esta obra nos ha confesado que comenzó a hacer realmente mucho más dinero a partir del momento en que empezó a seguir esta regla. Muchos de esos hombres, que por otra parte trabajaban en campos de actividad por entero diferentes, se han vuelto varias veces millonarios. Además, los diez hombres ricos no han ido en contra de ella. Es la siguiente:

> **HAY QUE FIJARSE UN OBJETIVO PRECISO; UN MONTO Y UN PLAZO PARA ALCANZARLO.**

Tal vez usted esté sonriendo ya o esté pensando que los autores de este libro le están haciendo perder el tiempo. Y sin embargo, lo que le ha impedido triunfar hasta ahora es el no haberse sometido a esta regla. O, si su éxito ha sido limitado, es porque usted no ha sabido utilizar correctamente el poder del objetivo, limitándose subconscientemente.

No olvide esto: la gente que fracasa jamás tiene objetivos precisos. O, más secretamente, más sutilmente, por todo tipo de razones a menudo subconscientes, se han fijado un objetivo muy bajo, y así lo alcanzan. Constantemente. Año tras año. En otras palabras, y sin que ello sea una verdadera paradoja, su fracaso es un éxito.

Ese principio evoca en nuestra mente una anécdota ya muy citada por varios autores. Es la de un vendedor de seguros que no llegaba nunca a vender más de 5.000 dólares de primas por mes. Cuando se le aseguró una zona en la que el promedio de ventas era bajo, y muy inferior a esa suma, pudo, pese a todo, alcanzar ese objetivo, que en ese caso era un éxito. Pero cuando lo pusieron en una zona llena de potencial donde los otros vendedores tenían desempeños ampliamente superiores, no pudo ni siquiera superar su promedio de 5.000 dólares, lo cual evidentemente era poco para esa zona. En realidad, el problema de ese hombre era un problema de objetivo y de imagen (ya veremos, más adelante, cómo ambos conceptos están íntimamente relacionados). No creía poder vender más (o menos) de 5.000 dólares, y había fijado en consecuencia su objetivo inconsciente. Ello es una prueba espectacular del poder del subconsciente y del hecho de que es tan difícil o tan fácil para él hacernos alcanzar cualquier objetivo.

Reflexione en su experiencia. Lo que a usted le ocurre, ¿no está siempre directamente relacionado con su objetivo? El que tiene un objetivo flojo, incierto, o no tiene objetivo en absoluto, obtiene resultados acordes. El que tiene un objetivo preciso y pone en marcha un plan para alcanzarlo, siempre lo consigue.

¿Por qué? La teoría del subconsciente nos da la solución. En realidad, un objetivo es una manera, sin duda la más simple, la más eficaz, de programar el subconsciente. Es una suerte de contraseña, indispensable, para entrar en el mundo del éxito. ¿Y sabe usted lo mejor del asunto? Es que no sólo usted no trabajará necesariamente más para alcanzar ese objetivo, sino que tal vez trabaje menos, sobre todo si es usted de esos que trabajan mucho pero no tienen la impresión de recoger los frutos legítimos de sus esfuerzos.

Compréndanos bien. En general es necesario trabajar, a menudo mucho, para triunfar. Pero se puede trabajar menos y obtener resultados superiores. Y se puede trabajar una cantidad de horas igual a la que se ha trabajado siempre, pero multiplicando los resultados. Una vez más, el secreto reside en el objetivo.

Una cosa es segura, incluso entre las personas trabajadoras y dotadas de todas las cualidades para triunfar: la mayoría de la gente no tiene objetivos precisos, cuantificados como es debido. La mayoría se conforma con desear una vaga mejoría de su suerte, sin pensar nunca en atreverse a ponerle una cifra que la defina.

Piense en su propio caso. ¿Cuál es su objetivo para el año próximo? ¿Cuánto quiere ganar? ¿20.000 dólares? ¿30.000? ¿50.000? ¿100.000? ¿Medio millón? ¿Un millón?

Si usted trabaja y es asalariado, sabe que, si la situación sigue su curso normal y usted no hace nada especial para cambiarla, tendrá derecho a cierto aumento de sueldo, por lo general bastante magro. Si se conforma con eso, mejor para usted. Pero si desea una mejoría sustancial —de lo más legítima— de su suerte, entonces pregúntese qué objetivo se ha fijado. Muchos empleados, que se quejan de sus pobres ingresos, afirman que su situación no tiene salida, que aunque se fijen un objetivo no tendrían tiempo para encontrar los medios de alcanzarlo. No es más que una excusa.

Si la situación o el puesto que usted ocupa no

tiene posibilidades tangibles de aumento o ascenso, y por lo tanto se torna contradictoria con el objetivo que usted se ha fijado, hágase la firme resolución, pese a sus obligaciones familiares, de que, a partir de determinada hora (digamos cuando sale del trabajo), consagrará una hora y media diaria a la búsqueda de nuevos caminos. Es la única manera de salir. Y probablemente no sea tan difícil como usted piensa. Pero si usted abandona todo esfuerzo y no dedica tiempo a esa búsqueda, tendrá pocas probabilidades de mejorar su suerte, por no decir ninguna.

Si desea una mejoría sustancial, pregúntese qué objetivo se ha fijado (y qué esfuerzos debe hacer para alcanzarlo). Si no hace otra cosa que alimentar vagas ambiciones diciéndose "si yo pudiera...", sin referirse con precisión a un ascenso, un empleo mejor, etc., el "milagro" que usted espera no se producirá.

¡Usted vale lo que cree que vale!

Comencemos por un test muy simple. Tome un papel y, tras un instante de reflexión, anote la suma que le gustaría ganar el año próximo. ¿Lo hizo? Bien. Ahora, lea bien lo que sigue:

> CUANDO USTED ESTABLECIÓ SU OBJETIVO,
> LO HIZO NECESARIAMENTE
> EN FUNCIÓN DE LA IMAGEN
> QUE TIENE DE USTED MISMO.

Así, si usted gana 25.000 dólares por año, tal vez haya comenzado por anotar que desearía ganar

40.000 el año próximo. Pero enseguida lo pensó mejor y anotó 30.000, quizás 32.000 si se encuentra en un día optimista. El razonamiento que usted ha hecho de forma subconsciente es que usted no vale lo suficiente para ganar 40.000 dólares, pues no cuenta con las cualidades o el talento necesarios para semejante remuneración, o que, en su situación, es imposible que las circunstancias lo lleven a alcanzar tamaño objetivo. En otras palabras, usted vale lo que cree que vale. Sin embargo, las razones que usted ha evocado en su mente han sido todas aceptables y lógicas. No son ni lo uno ni lo otro. Son, lisa y llanamente, productos de la imagen que usted tiene de usted mismo.

¡Apunte alto!

Recuerde el gran principio que ya le hemos mencionado: El mayor límite que puede imponerse un hombre es su límite mental. Ya hemos establecido que un hombre vale lo que cree valer. Por regla general, la mayoría de la gente se subestima aunque parezca tenerse confianza. Raras son las personas que, en el fondo de sí mismas, consideran que tienen un real valor. Cada uno sufre, más o menos, de una suerte de complejo de inferioridad que hace que crea que no merece el éxito, la estima de los demás y el dinero en abundancia.

La mejor manera de aumentar su valor es aumentar su imagen de usted mismo. Ya hemos visto antes las técnicas necesarias para efectuar ese trabajo capital en usted mismo. Una de las maneras decisivas de completar ese trabajo es trabajar con un objetivo monetario.

Haga el ejercicio siguiente. Usted ya se ha fijado

un objetivo. Multiplíquelo directamente por dos. Y evalúe con honestidad su reacción. ¿Se había usted fijado, digamos, 40.000 dólares por año? ¿Por qué no 80.000? ¿Cómo se siente frente a este objetivo? ¿Lo considera totalmente descabellado? ¿Irrealizable? ¿Le parece demasiado? En cierto sentido tiene usted razón, pues son muy pocos los que pueden disfrutar de semejantes ingresos. No obstante, cada año hay miles de personas en todo el mundo que llegan a millonarias. Y miles de personas con ingresos ampliamente superiores a los 100.000 dólares.

Todos los hombres y las mujeres ricos han comenzado por tener de sí mismos la imagen (y por lo tanto el valor) de un millonario, antes de llegar a serlo. El primer año, no se fije, sin embargo, una suma que le parezca inalcanzable. Vaya por etapas. Pero fíjese un objetivo ambicioso. Si usted apunta alto, aunque luego baje un poco de todos modos obtendrá un resultado satisfactorio. Pero si no apunta alto y además no llega a la meta fijada, se decepcionará y no obtendrá más que progreso débil.

La utilización del objetivo cuantificado es una verdadera magia. La primera vez que uno aplica este método lo hace con una cierta dosis de escepticismo que limita sus ambiciones. Pero cuando se obtiene una primera victoria, ya sabe que puede, y debe, fijarse metas más elevadas. ¿Y sabe usted qué es lo que, en general, sorprende más a los que se fijan un objetivo por primera vez? Que lo alcanzan. ¡No sólo lo alcanzan, sino que a menudo lo sobrepasan! Hágase usted mismo el desafío de superar su objetivo. Es un juego apasionante que en general da dividendos asombrosos. Tal vez lo alcance en seis meses cuando usted esperaba hacerlo en un año. Usted será el primero en beneficiarse.

> ## ¡USTED VALE MUCHO MÁS DE LO QUE CREE!

Usted vale infinitamente más de lo que piensa. Lo que ocurre es que nunca se lo han dicho. Y quizás haya quienes quisieran convencerlo de lo contrario. Recuerde bien esto: la inteligencia, el trabajo, la motivación, la imaginación y la disciplina, además de la experiencia, seguramente tienen gran importancia en el éxito, ¿pero cuánta gente contamos alrededor de nosotros que están llenos de esas cualidades y sin embargo no triunfan o no lo hacen en la medida de sus valores? ¿Será tal vez su caso? Pese a sus cualidades y esfuerzos, el éxito le rehúye, inexplicablemente. En cambio, sin duda conoce usted a muchas personas, en su oficina o empresa, por ejemplo, que no parecen dotados de cualidades particulares —y que en realidad no las poseen— y que sin embargo obtienen ese aumento de sueldo que usted merece, o presentan a fin de año un balance financiero que hace estremecer de placer a sus socios y accionistas.

La verdadera razón no es la suerte ni el azar. Esas personas tienen una imagen de sí mismas diferente y se han fijado un objetivo preciso. Creen sinceramente, visceralmente, que merecen esos ingresos sustanciales. No existe ninguna duda en su mente a ese respecto. En cuanto a usted, es probable que en el fondo de usted mismo, sin darse cuenta, no crea merecer ingresos importantes.

¡Rompa sus límites mentales y redoble su valor

apuntando lo más alto posible! Y recuerde que, en realidad, no es más difícil para su subconsciente hacerle alcanzar un objetivo más alto que uno bajo. De ese modo, dará un paso adelante en su camino hacia el éxito.

Escriba su objetivo

"La disciplina a la cual uno se entrega al escribir la cosas es el primer paso hacia la realización. En la conversación se pueden esquivar los problemas, a menudo sin darse cuenta. Pero cuando reúne sus ideas en un papel, debe atender todos los detalles. Así es más difícil abusarse... o abusar de los otros."

El que escribió estas líneas resonantes y plenas de fineza psicológica fue Lee Iacocca.

Tómese el tiempo de releer el principio de esta cita, reflexión de un hombre que ha demostrado, en el curso de los años, cualidades excepcionales de dirigente y creador, pues, entre otras cosas, se lo considera el padre del famoso Ford Mustang, que sedujo a toda una generación.

"La disciplina a la cual uno se entrega al escribir las cosas es el primer paso hacia la realización..." No se trata de una afirmación banal. Está llena de sentido. La verdad es que el hecho de escribir el objetivo lo torna concreto. Ya no queda en el claroscuro de la conciencia. Escribir el objetivo equivale a hacer un primer gesto, un acto: es verdaderamente el primer paso hacia la realización. Y como siempre hay que dar el primer paso antes de poder dar los siguientes, juzgue usted la importancia de este acto en apariencia banal.

La segunda ventaja que explica Lee Iacocca es

que al escribir el objetivo uno no puede abusarse, hacerse trampas a sí mismo. Del mismo modo, no tenga miedo de proclamar su objetivo, o al menos de confesarlo a sus seres más próximos. Por supuesto, corre el riesgo de exponerse a burlas y sarcasmos. Pero tranquilícese. Los diez hombres ricos, sin excepción, pasaron por eso en una u otra ocasión, así como todos los que alcanzaron el éxito financiero. Estos últimos nunca se reirán de usted. Tal vez sonrían, pero será una sonrisa cómplice, porque comprenderán que también usted ha descubierto el secreto y que no tardará en unírseles, en el círculo de los ganadores. En cuanto a los otros, reciba sus risas con indiferencia. Muy pronto será usted quien ría... ¡de ellos! Usted conoce una verdad que ellos ignoran y que no quieren compartir:

> **UNA META PRECISA ES EL PUNTO DE PARTIDA DE TODA REALIZACIÓN.**

La magnífica obsesión

Convierta su objetivo en una magnífica obsesión. Escríbala en diversos lugares. Manténgala a la vista. Y sobre todo téngala siempre presente. Un gran principio de la mente afirma *que la energía va adonde va el pensamiento* . En virtud de este principio, y haciendo de él una suerte de idea fija, todas sus energías (y las hay insospechadas) contribuirán para llevarlo al éxito. Más aún: gracias al trabajo misterioso de su subconsciente, las circunstancias y las personas lo ayudarán de manera nueva, y al principio asombrosa, a realizar su objetivo. El objetivo es como una lente de aumento. Focaliza sus energías en un punto. Y el fuego del éxito no tardará en arder.

Esta idea fija, que algunos autores denominan también monoideísmo (del griego "mono" e "idea", una sola idea), permite no sólo redoblar su energía y su coeficiente de éxito, sino que le previene contra un mal tan grave e infinitamente pernicioso como la dispersión. Todos los hombres ricos han sido habitados por una idea fija, y ese objetivo los ha conducido infaliblemente al éxito.

Otra ventaja de la magnífica obsesión es que permite orientar con mucho más facilidad la vida profesional y la vida en general. ¿Cómo? Muy sencillo. Todo lo que contribuya a acercarlo a su objetivo debe ser alentado. Todo lo que lo aleje debe ser rechazado. ¿Cómo saber si algo lo aleja o lo acerca a su objetivo? En los casos confusos, será su subconsciente, que estará programado en este sentido, el que se lo indicará con seguridad, a su modo habitual, gracias a una intuición, una lectura, el consejo de un amigo o un colaborador.

Uno de los hombres ricos que fue permanentemente animado por una magnífica obsesión fue Walt Disney, como lo muestra su vida.

Walt Disney
o
la magnífica obsesión
de un hombre
eternamente joven...

¿Quién de nosotros, jóvenes o viejos, no ha visto *Disneylandia* en la televisión, y a ese señor de aspecto cordial y un poco cándido, sentado a su escritorio, que nos habla de los animales o, con un libro en la mano, nos invita a los universos fabulosos de sus personajes? Esa imagen de Disney, la que nos queda, es la de un hombre en la cima de su gloria. ¿Pero quién puede decir si, para algunos, no fue sólo el animador de un programa de televisión? Sin embargo, ambas imágenes tienen su parte de verdad, aunque ambas disfracen la audacia y la perseverancia del gran innovador y del trabajador empeñoso que él fue.

La vida de Disney puede resumirse en una ética que fue también la de los grandes nombres de las finanzas o el arte:

> **TRABAJAR CON AHÍNCO,**
> **PERSEVERAR PARA TRIUNFAR Y, SOBRE TODO,**
> **TENER UNA MAGNÍFICA OBSESIÓN.**

Walter Elias Disney nació en Chicago el 5 de diciembre de 1901. Su madre, Flora Call, era de origen germano-estadounidense, mientras que su padre, Elias Disney, era un canadiense de cepa irlandesa. El año 1901 fue también el año en el que Theodor "Teddy" Roosevelt llegó a presidente de los Estados Unidos. Su investidura marcó el inicio de una época para la cual el éxito era sinónimo de trabajo y audacia. La riqueza parecía accesible a cualquiera, independientemente de sus orígenes, que estuviera dispuesto a asegurarse el dominio del propio destino mediante sus esfuerzos.

La infancia del muchachito Disney iba a quedar marcada por varias mudanzas sucesivas pues el padre, aunque interesado por los negocios, no mostraba habilidad para conducirlos y los reveses de fortuna eran para él moneda corriente. Elias Disney era ese tipo de hombre dispuesto a ir a cualquier rincón de la Tierra con tal de poner la mano en un negocio próspero. Por desgracia, su sueño no se cumplió nunca. Sin embargo, para su hijo las cosas iban a ser diferentes.

En 1906, la familia Disney se instaló en Marceline, en Missouri, donde el padre de Walt acababa de comprar una granja. La vida en el campo y el contacto directo con la naturaleza despertaron en el joven la pasión por los animales, que iban a convertirse en las estrellas de sus dibujos animados. Walt recordaba mejor, con los años, a esos pequeños animales de la granja que a las personas que conoció durante su estada en Marceline.

No obstante, había un personaje que iba a quedar grabado para siempre en su memoria: el tío Ed. Incapaz de ganarse la vida pues era un poco simple de mente, ese tío era alojado gratuitamente por los diversos miembros de la familia. Ese curioso personaje se ganó muy pronto el corazón del niño. A los ojos de Walt, Ed representaba a un adulto por completo diferente de los demás: era libre de hacer lo que quería y parecía completamente feliz. Disney cuenta a este respecto: "El tío Ed era la amabilidad personificada. Tal vez no poseía todas sus facultades mentales, pero disfrutaba mucho de la vida, a su manera. Sabía el nombre de todos los animales y todas las plantas y reconocía a los pájaros por su canto. Los paseos en su compañía eran mi mayor dicha. (...) Jamás conocí un ser más feliz y más dulce. El representaba, a mis ojos, la alegría de vivir, en su forma más simple y más pura. ¡Era para preguntarse quién estaba loco: él o los otros!

De ese tío un poco raro, Disney iba a extraer una gran lección, que aplicará a lo largo de toda su existencia:

> **PARA TRIUNFAR REALMENTE,**
> **PARA ABRIRSE CAMINO Y SER FELIZ,**
> **¡HAY QUE HACER LO QUE UNO AMA!**

Por el momento, el joven Disney se aplicaba con todas sus ganas a dibujar, a partir del momento en que su tía Margaret le regaló un cuaderno y unos lápices de colores. Se pasaba horas enteras en el bosque, observando a los animales, para luego fijarlos en su cuaderno.

Pero, como consecuencia de las malas cosechas, la situación económica de la familia se tornó precaria. Fue así como, en 1910, debieron vender la granja y toda la familia marchó rumbo a Kansas City. Con el dinero obtenido por la venta, Elias Disney pudo comprar una concesión de distribución de diarios. Los bellos días de infancia despreocupada terminaron para Walt. Lo aguardaban las duras realidades de la ciudad y el trabajo. Con su hermano mayor, Roy, el joven Walt, que aún no tenía diez años, debía levantarse a las tres de la mañana para ir a esperar la llegada del camión de entrega de los periódicos. Después seguía una larga marcha por la ciudad, y por las calles grises de Kansas City se podía ver a un chico, a veces transido de frío o bajo la lluvia, que parecía quebrarse bajo el peso de un bulto desmesuradamente enorme para su tamaño. A veces el frío era tan intenso que Disney se acostaba en el piso, en los umbrales de las casas, para encontrar un poco de calor y descanso.

Elias Disney se encargaba personalmente de que sus hijos cumplieran su trabajo con minucia y rigor. Walt debió sufrir más de una vez las iras de su padre, porque algún cliente algo fastidioso se quejaba de que él había entregado el diario con unos minutos de retraso o empapado por la lluvia. Durante toda su vida, Walt Disney se despertaba cada tanto sobresaltado y bañado en transpiración porque acababa de soñar que se había olvidado de entregarle el diario a un cliente y que, por lo tanto, debía enfrentar la cólera paterna.

Para llegar a fin de mes, la madre de Walt solía

ayudar a su marido, que era representante de una lechería de la región. A menudo, después de entregar los diarios, Walt iba a encontrarse con su madre, para darle una mano. No podía habituarse a verla realizando tareas tan pesadas, y eso despertaba en él muchas preguntas: ¿trabajar como burros toda una vida para no tener a cambio más que un salario miserable? ¿Realmente era eso todo lo que se podía esperar de la existencia? ¿No había modo de salir de ese ciclo infernal?

Sin embargo, a juzgar por las opulentas entradas de las mansiones donde Walt repartía los diarios, sí había una salida; él veía los magníficos juguetes que poseían los hijos de los ricos, tirados con negligencia en un rincón. A veces no podía evitar la tentación de jugar unos segundos con el trencito o el autito que veía. Después, al cabo de unos instantes, lo dejaba donde lo había encontrado y volvía a su trabajo.

Sin duda, esos hechos contribuyeron a hacerle comprender que las personas se dividen en dos categorías: los que triunfan y los otros.

SE JURÓ FORMAR PARTE
DE LOS QUE TRIUNFAN.

Había otra cosa que irritaba al canillita. Desde la partida de su hermano Roy, su padre había empleado a otros chicos para cumplir con todo el reparto. Lo que más frustraba a Walt era que a los otros chicos, que hacían el mismo trabajo que él, ¡su padre les pagaba! ¡Y él no recibía un céntimo! Pese a su insistencia, Elias Disney cerró el tema con un terminante: "¡Yo te alimento, yo te visto, no

285

tienes nada que reclamar!"

Durante los seis años en que Walt Disney repartió diarios para su padre, jamás recibió un centavo. Empero, conseguía algo de dinero, para sus gastos, por otros medios. Por ejemplo, tuvo la ingeniosa idea, a espaldas de su padre, de repartir diarios a nuevos clientes reclutados en otro sector de la ciudad. Además, consiguió un empleo de mandadero de un confitero. Es decir que, sumando todo, el muchachito gozaba de cierta autonomía económica. Toda su vida tuvo una sola meta: ¡ser su propio amo y señor!

Con la Primera Guerra Mundial la situación se puso mala y Elias Disney tuvo que vender su concesión de diarios. La familia se instaló en Chicago, donde el padre compró una parte de una pequeña fábrica de confituras. Walt trabajó allí algún tiempo, pero pisar frutas y almacenar cajas de conservas todo el día resultaba tarea muy aburrida para un joven de 16 años que soñaba con la aventura. Sobre todo después de enterarse de que su hermano se había enrolado en el ejército. Pese a las clases de dibujo y caricatura que tomaba en la escuela de Bellas Artes de Chicago, la tentación fue más fuerte. Se enroló como ambulanciero voluntario para la Cruz Roja, aunque para ello haya tenido que mentir sobre su edad. ¡No había terminado su adiestramiento, cuando se firmó el armisticio! Pero por una conjunción de circunstancias, una unidad especial de la que él formaba parte fue designada para marchar a Francia para ocuparse de la repatriación de los soldados estadounidenses heridos en el frente.

Sus superiores no tardaron en descubrir que ese joven ambulanciero un poco especial poseía gran talento para el dibujo. En lugar de conducir las ambulancias, a partir de ese momento Walt realizó sus primeros afiches, destinados a guiar a los soldados hacia los diferentes servicios médicos. Con la ayuda de un amigo, el joven ambulanciero utilizó su talento también para fines menos humanitarios. Para hacer un poco de dinero, su amigo tuvo la idea de recuperar, en los campos de batalla, cascos de guerra alemanes y revenderlos a los soldados estadounidenses que volvían al país, ¡como trofeo de guerra!

Conociendo los talentos artísticos de Disney, el amigo en cuestión le preguntó si era posible darles un toque realista a esos preciosos "souvenirs". Con su especial talento y una mezcla de pinturas de mala calidad, que se descascaraba casi enseguida de aplicada, Walt consiguió dar la impresión de un objeto que había servido en combates durante años. Terminada la operación, sólo hacía falta perforar los cascos con una bala y pegarles, en el interior, ¡un mechón de cabello! ¡Era un trofeo de guerra que iba a ser el "orgullo" del feliz propietario y alimentar muchos "valientes recuerdos" de guerra!

Esa temporada en Francia transformó al adolescente un poco soñador en un hombre maduro y muy resuelto. "Fue durante los once meses que pasé en Francia —dice— cuando adquirí la verdadera experiencia de la vida. (...) Fue en ese período cuando aprendí lo que es la independencia."

**¡DE ALLÍ EN ADELANTE
SÓLO SUPE CONTAR CONMIGO MISMO!**

A su regreso, Elias Disney ya tenía trazado el porvenir para su hijo: trabajaría en la fábrica de confituras y se prepararía para, un día, tomarla a su cargo. Sin embargo, Walt veía un porvenir muy diferente para sí mismo. Quería, ante todo, hacer lo que más le gustaba: ¡dibujar! Pese a la viva oposición de su padre, a quien le parecía casi inmoral ganarse la vida con un lápiz, Walt no cedió. Más aún: para poner fin a una discusión que amenazaba con eternizarse, sencillamente abandonó su hogar paterno para ir a instalarse en Kansas, donde vivía su hermano, Roy.

Apenas llegado a Kansas City, Disney se dirigió a las oficinas del *Star*, un importante diario de la ciudad. Lamentablemente, el director le hizo comprender, de manera expeditiva, que no tenía para él ningún trabajo como dibujante y que lo mejor sería que buscara en otro lado. A pesar de la poca amabilidad con que fue atendido, el joven Disney no se desalentó. Unos días después volvió al mismo diario, pero esa vez pidió hablar con el jefe de personal. Tuvo el cuidado de ponerse su uniforme militar, cuestión de parecer más serio y responsable. Después de las primeras frases de presentación, el jefe de personal lo interrumpió secamente:

—Lo lamento, pero es usted demasiado mayor.

—¡Pero si apenas tengo 17 años! —exclamó Disney.

—De todos modos, este tipo de empleo es muy poco remunerativo.

—No me importa tanto el sueldo. Lo que deseo es trabajar como dibujante.

—¿Qué experiencia tiene?

—Bueno... Hice varios dibujos en el ejército, donde conducía ambulancias.

—¡En ese caso, joven, diríjase al Ministerio de Transportes!

Sin duda, el jefe de personal no imaginaba que ese joven al que acababa de cerrarle la puerta iba a convertirse muy pronto en uno de los más grandes creadores de toda la historia del dibujo animado, que iba a alimentar la imaginación de millones de niños del mundo entero.

Por un curioso azar, el hermano de Walt, que trabajaba en un banco, conocía a dos clientes que trabajaban en una agencia de publicidad (la Gray Advertising Company) y estaban buscando un aprendiz de dibujante. Walt debió de darles una impresión de gran seguridad y confianza, pues lo contrataron de inmediato. Fue durante los meses en que Walt trabajó para esa agencia cuando verdaderamente aprendió su oficio y pasó a dominar el arte del dibujo y los efectos especiales.

Empero, una idea germinó en su cabeza: trabajar por cuenta propia. Idea que reforzó el hecho de enterarse que, al concluir la temporada, la agencia iba a despedir a una parte del personal. La perspectiva de trabajar de manera independiente le fascinaba por dos razones: en primer lugar, quería ser autónomo; y después, tenía ganas de hacer algo nuevo, original, y no sólo satisfacer las exigencias de un jefe y diversos clientes.

Fue así como, con la ayuda de un amigo, Ube Iwerks, Disney fundó su primera agencia de dibujos publicitarios. El primer cliente fue una cadena de restaurantes. Gracias a un acuerdo, Disney y su socio pudieron, sin desembolsar un céntimo, instalarse en un local que les servía de taller y oficina, en el edificio mismo del New Restaurant. A cambio, los dos jóvenes debían realizar los afiches publicitarios para la cuenta de esa empresa.

Además de cumplir con ese contrato, los jóvenes socios tenían tiempo de sobra para trabajar en otros proyectos. Para atraer clientes, Walt había elaborado una fórmula que se resumía así: presentándose en lo de un comerciante o industrial, preguntaba si tenían un servicio artístico. Por lo general le contestaban que no, agregando que consideraban que ese servicio no resultaba de utilidad y que ellos no lo necesitaban. Entonces Walt proponía proveerles ese servicio, asumiendo la responsabilidad de los resultados. Si no tenían trabajo que darle, no les costaría nada. Y, si en realidad necesitaban sus servicios, Ube y él estaban dispuestos a realizar los proyectos del caso. Esa pequeña estratagema permitió a los dos jóvenes, en el lapso de algunos meses, ahorrar bastante más dinero del que hubieran podido ganar empleados en una sola agencia.

El negocio parecía promisorio, hasta el día en que Walt leyó por casualidad en el diario un aviso que pedía los servicios de un caricaturista para una agencia de publicidad cinematográfica, la Kansas City Film Ad Company. El dilema era considerable. Seguir con Ube o realizar un viejo sueño, el de hacer dibujos animados. Otro argumento que pesaba en favor del dibujo animado era que, una vez dominada la técnica del séptimo arte, nada le impediría instalarse por su cuenta. Esto le resultaba irresistible. Fue así como, en 1920, Disney hizo su entrada en el mundo del dibujo animado. No tardaría en imponer su sello y los personajes que iba a crear se volverían populares en el mundo entero.

La Kansas City Film Ad Company se encargaba

de la publicidad cinematográfica en todas sus formas y muy pronto el joven caricaturista comenzó a destacarse. En efecto, sólo un tiempo después de entrar en el estudio, Walt recibió el encargo de un afiche: un hombre con un sombrero a la moda de la época. Realizó el dibujo, pero, en lugar de nariz, ¡le puso una lamparita eléctrica! Cuando proyectaron el afiche en la pantalla, el gran jefe exclamó: "¡Por fin algo nuevo! ¡Ya estaba harto de esas cabezas de efebos!"

No obstante, la originalidad del joven Walt y su modo de ver las cosas no tardaron en fastidiar a algunos de sus superiores y colegas. Le tenían celos. Veían que alteraba el orden establecido.

Así, le negaron probar un nuevo procedimiento para perfeccionar la técnica de los dibujos animados. Disney tenía la idea genial de efectuar varios dibujos sobre papel de celuloide, fotografiarlos uno por uno, superponerlos y filmarlos. Los empleadores de Walt no quisieron saber nada del nuevo método. "Hasta el día de hoy, nuestro modo de trabajar ha dado buenos resultados. No vemos ninguna razón para cambiar nuestros procedimientos, puesto que todos nuestros clientes están satisfechos." Walt sabía que estaba en lo cierto. ¡Seguir la corriente no siempre es el mejor modo de llegar a buen puerto!

A fuerza de insistir ante sus superiores, Walt obtuvo finalmente el permiso de llevar a su casa una de las cámaras de que disponía la compañía Kansas, para realizar algunas experiencias. A partir de ese día en que pudo poner las manos en la cámara, comenzó la gran aventura.

En un viejo garaje desocupado que transformó en estudio, empezó a rodar dibujos animados según su propia técnica. Cuando el producto estuviera terminado, iba a mostrárselo a un importante director de salas de cine. El hombre quedó entusiasmado. Los dibujos de Disney y su técnica cinematográfica se apartaban de los métodos clásicos. Y comenzaron a verse en los cines los primeros dibujos animados de Walt Disney...

Al principio servían para distraer al público durante los intervalos o para promover algún producto. Esos pequeños filmes animados, que Walt bautizó "Laugh-O-Grams", conquistaron rápidamente al público y de allí en más, en la Kansas City, Walt ya no fue más ese joven original, sino alguien a quien se consideraba con respeto. Incluso le dieron un aumento de salario. Rápidamente se convirtió en una celebridad en su ciudad adoptiva.

Devolvió la cámara prestada y, con el pequeño capital que había ahorrado, compró una propia. Los Laugh-O-Grams fueron ganando más y más popularidad, y Walt alquiló otro local, donde fundó una modesta compañía, la Laugh-O-Grams Corporation, con un capital inicial de 15.000 dólares. Empleó a algunos dibujantes aprendices y a un representante que promoviera la venta de sus filmes animados en Nueva York. Su sueño de autonomía e independencia comenzaba a cobrar forma, y él apenas tenía veinte años.

Decidió entonces irse de la K. C. Film Ad Company para servir únicamente a sus propios intereses. Los costos de producción eran altos, y el eterno perfeccionismo de Disney (que lo llevó a invertir todas sus ganancias en el mejoramiento de su producto), así como el mercado muy reducido, lo condujeron muy pronto a la bancarrota.

Fue un período sombrío en la vida del joven artista, que ya se creía a salvo de la necesidad. A Disney no le quedaba un centavo y se vio obligado a ir a vivir a su taller. El único sillón que poseía le servía tanto de cama como de mesa. Todas las semanas iba a la estación central donde, por un precio módico, podía darse una ducha.

Finalmente logró un pequeño contrato para realizar dibujos animados destinados a hacer entender a los niños la necesidad de lavarse los dientes. Una noche, el dentista responsable de la campaña lo llamó por teléfono para pedirle que pasara por su oficina para conversar sobre el proyecto.

—Imposible —le respondió Disney.

—¿Por qué?

—Porque no tengo zapatos. ¡El único par que poseo está en lo del zapatero y no tengo con qué pagarle!

Pese a la adversidad, Walt Disney no se desalentó. Tenía una idea en la cabeza. Gracias a sus magros ahorros, una tarde de julio de 1923, flaco y vestido con un traje viejo y gastado, tomó el tren hacia Hollywood. Iba decidido a convertirse en alguien en el mundo del cine.

Cuando Disney llegó a Hollywood, no era más que un ilustre desconocido, como tantos otros antes que él, que acudían allí con la esperanza de realizar sus sueños. Su hermano Roy vivía en California desde hacía poco y lo hospedó con agrado. Walt emprendió entonces la visita sistemática de los estudios de cine de la región. Estaba dispuesto a aceptar cualquier cosa, siempre que fuera un empleo que tuviera alguna relación con el cine.

> **"PARA IMPONERSE EN UNA ESPECIALIDAD
> PRIMERO HAY QUE ENTRAR EN ELLA,
> CUESTE LO QUE CUESTE."**

Disney se dio cuenta enseguida de que en los estudios de cine de Hollywood no entra el que quiere. Muchos otros antes que él habían golpeado a esas mismas puertas y habían recibido la misma (mala) acogida.

Pero no se dejó abatir.

Si otros hombres habían logrado imponer su nombre en esa ciudad, ¿por qué iba a ocurrir otra cosa con él? Ese era su modo de razonar. A sus ojos, había dos categorías de personas:

> **"ESTAN LOS QUE SE CREEN PERDIDOS
> CUANDO NO ENCUENTRAN EMPLEO,
> Y LOS QUE, EN LOS MOMENTOS
> DIFÍCILES, LLEGAN A HACER CUALQUIER
> COSA PARA GANARSE LA VIDA."**

Disney siempre se había esforzado por formar parte de los segundos.

La experiencia le había enseñado que, a menudo, hay que contar sólo con uno mismo. Retomó entonces su block de dibujo, decidido a ganarse un lugar bajo el sol. Realizó una serie de pequeñas historias en imágenes (*comic strip*), con la intención de venderlas en salas de cine. Se trataba sobre todo de una reedición de la experiencia de Kansas City y los Laugh-O-Grams. La idea le encantó al director de un cine, que compró toda una serie de *comic strips* y le encargó una continuación de *Alicia en el país de las maravillas* , que Disney había empezado a rodar en Kansas. Le ofrecieron 1.500 dólares. Era mucho más de lo que había esperado Walt. Los dibujos de *Alicia* se proyectaron durante tres años. Con el dinero que ganó con ellos, Walt pudo comprarse una casa, y ya poseía su propio estudio de filmación.

Pero después de la serie de *Alicia* , Walt quería crear algo nuevo, enteramente original.

Fue así como nació un ratoncito llamado Mickey, bautizado con ese nombre por la mujer de Walt, Lillian Bounds. Mickey Mouse iba a convertirse rápidamente en un personaje de fama mundial, mucho más popular que algunas grandes estrellas de Hollywood. Sin embargo, los productores lo recibieron más bien con frialdad.

Más o menos en la misma época, el cine hablado hizo su aparición y el público empezó a ponerle mala cara al cine mudo. Disney no demoró en reaccionar. Con un equipo de colaboradores elaboró una técnica original de sincronización que de allí en más iba a formar parte de sus dibujos animados.

El ratoncito que hablaba causó sensación y Disney recibía ya 5.000 dólares por cada filme del ratón Mickey. Siempre a la búsqueda de nuevos procedimientos susceptibles de mejorar su arte, Walt aplicó el principio "Technicolor", que lo liberó del viejo procedimiento que no permitía una combinación de más de dos colores a la vez. ¡Fue así como, para el bosque de la película *Bambi* , llegó a utilizar 46 tonos diferentes de verde! Su primer dibujo animado en colores, *La sinfonía juguetona,* desató una verdadera locura entre los amantes del cine. Disney advertía que, para seguir en gran escala, debía reunir alrededor de él un cerebro colectivo, es decir, rodearse de colaboradores competentes para poder ofrecer un producto de calidad.

> "COMPRENDÍ QUE PARA IMPONERNOS DEFINITIVAMENTE NECESITÁBAMOS TENER COLABORADORES QUE HUBIÉRAMOS FORMADO NOSOTROS MISMOS."

"Nuestros dibujantes —decía— utilizaban, en efecto, procedimientos antiguos que ya no nos servían. La única manera de remediarlo era crear un curso de perfeccionamiento."

> "MI OBJETIVO ERA SIMPLE: MEJORAR LA CALIDAD DE LOS DIBUJOS EN SÍ Y LA TÉCNICA DE LA ANIMACIÓN."

Al expandirse la sociedad Disney, Walt decidió crear, en 1930, su propia escuela de dibujo, donde enseñaría a los futuros dibujantes todas las técnicas y sutilezas de su arte. La escuela adquiriría muy pronto la apariencia de un zoológico. En efecto, para dar más realismo a los héroes de sus dibujos animados, Disney iba a transformar las aulas en verdaderos laboratorios de biología donde los alumnos pasaban largas horas observando diferentes animales mientras dormían y en actividad, comiendo, etc., en suma, en todas las fases de su existencia. Esos estudios minuciosos del comportamiento animal iban a servir más tarde para la realización de filmes documentales sobre las maravillas de la naturaleza.

En 1938 Disney lanzó su primer largometraje, *Blanca Nieves*, que requirió dos años de labor. Ese filme fue una de las grandes obras de arte de Disney y le otorgó fama y fortuna. Poco tiempo después hizo construir, junto a los modernos estudios de filmación de Burbank, California, otros estudios nuevos, que iban a emplear a más de 1.500 personas. Parecía que ya había alcanzado su meta. Pero seguía siendo tan intransigente como siempre en cuanto a la calidad de sus filmes.

Fue convirtiéndose en el hombre que había jurado ser: el director de una operación compleja que demandaba paciencia, perseverancia y profesionalismo.

> "SÓLO TRABAJO REALMENTE BIEN CUANDO HAY OBSTÁCULOS QUE VENCER."

> "SÓLO CUANDO LOS NEGOCIOS MARCHAN DEMASIADO BIEN ME PREOCUPO, TEMIENDO QUE LA SITUACIÓN CAMBIE BRUSCAMENTE."

Durante la Segunda Guerra Mundial, los hermanos Disney (Roy se había asociado a Walt) recibieron diversos contratos del ejército estadounidense para producir documentales o diversos afiches destinados a materiales militares. Terminada la guerra, los Estudios Disney retomaron las producciones más alegres y Walt se consagró más que nunca a su arte. A menudo se quedaba trabajando hasta tarde en los estudios. Muchas veces —se cuenta— revisaba el canasto de papeles para examinar su contenido. No era raro que al día siguiente pidiera a sus colaboradores que revisaran ellos mismo el contenido, pues en ocasiones había allí ideas muy interesantes que podían explotarse. Fue en ese período cuanto Walt realizó la mayor parte de sus grandes obras maestras, como *Cenicienta, Peter Pan, Bambi*...

Hacia la década de 1950 germinó en su mente su sueño más fabuloso: ¡Disneylandia! En la época, todos los amigos de Walt, y en particular los banqueros, calificaron al proyecto de insensato. Sin embargo, ¡una vez más Disney iba a demostrar que no había límites para los sueños de un hombre!

La idea de Disneylandia se le ocurrió mientras paseaba, como de costumbre, por los parques, con sus hijas, Sharon y Diana. Imaginó un gigantesco parque de diversiones para los niños, donde podrían encontrarse todos los principales personajes de sus dibujos animados. El día en que decidió poner en marcha su proyecto, nada ni nadie pudieron detenerlo. ¿Acaso no había ocurrido lo mismo con todo lo que había decidido realizar hasta entonces? La primera Disneylandia, en las afueras de Los Angeles, fue inaugurada en 1955. Para Walt fue un gran día. "Para mí —confesó—, mi parque nunca quedaría terminado. Yo deseaba una obra que pudiera seguir perfeccionando hasta el infinito."

En 1985 Disneylandia recibió a su visitante número 250 millones.

En 1966, a la muerte de Walt Disney, el cine perdió a uno de sus más grandes creadores. Dos grandes principios lo habían animado constantemente: hacer lo que amaba y creer en sus ideas.

De lo contrario, nunca hubiera llegado a ser el hombre que fue: el dueño de 900 nominaciones, 32 Oscar, 5 Emmy y 5 doctorados honoríficos, un precursor en la historia del dibujo animado y uno de los hombres más ricos del mundo. Había realizado su magnífica obsesión más allá de sus esperanzas...

El plan de acción

Lo que tiene de sorprendente fijarse un objetivo aunque sea poco ambicioso (si consiste sólo en obtener un 5% de aumento en sus ingresos, seguramente lo obtendrá sin hacer nada especial), es que por lo general engendra una importante y súbita toma de conciencia.

> **FIJARSE UN OBJETIVO ENGENDRA EN GENERAL EN EL INDIVIDUO UNA IMPORTANTE Y SÚBITA TOMA DE CONCIENCIA.**

Esta toma de conciencia adopta, por lo general, la siguiente forma:

ES EVIDENTE QUE NO GANARÉ 5.000 DÓLARES NI 10.000 NI 100.000 ESTE AÑO, QUE NO OBTENDRÉ UN NUEVO EMPLEO (O UN PRIMER EMPLEO) O UN ASCENSO IMPORTANTE, SI NO HAGO NADA. SI LAS COSAS CONTINÚAN COMO MARCHAN ACTUALMENTE, VOY A ENCONTRARME EN LA MISMA SITUACIÓN A FIN DE AÑO. POR LO TANTO ES NECESARIO QUE HAGA ALGO. NECESITO UN PLAN

Este razonamiento es perfectamente justo. A menudo ese algo que usted debe hacer es directamente otra cosa. Es bueno que tome conciencia de ello de una vez por todas. Hay ciertos puestos que nunca serán lucrativos. Por ejemplo, no existen funcionarios que se haya vuelto millonarios ejerciendo su profesión. Ciertos altos funcionarios obtienen ingresos relativamente altos, pero son una excepción. No tenemos nada contra los funcionarios, éste es un ejemplo como cualquier otro. El que trabaja en una rotisería o vende zapatos puede llegar a millonario —hay más de un ejemplo—, pero seguramente no será en el ejercicio de su actual empleo, donde lo más probable es que gane el salario mínimo. Por lo tanto, si sus ambiciones son grandes, encuentre un campo de actividad que le ofrezca grandes posibilidades. Y, le recordamos: Tome conciencia de una vez por todas de que su situación material no mejorará si usted no hace nada.

Ponga en marcha su plan de acción

Si busca un primer empleo, redacte un currículo, haga llamados telefónicos, solicite entrevistas. Si busca una buena ocasión para invertir unos miles de dólares en inmobiliaria, por ejemplo, manténgase alerta. Hable con sus relaciones en ese ámbito, consulte las publicaciones especializadas, investigue. Si desea obtener un aumento de sueldo, analice bien la situación. Trate de encontrar los mejores argumentos para convencer a su empleador de que él puede extraer beneficios del aumento que le dará. Si usted es empresario, trate de descubrir un nuevo filón, o cómo explotar más un mercado ya existente o cómo reducir sus costos.

Somos conscientes de que las sugerencias citadas pecan de exceso de generalidad. Lo cual, por otra parte, es inevitable. Cada situación es particular y no tenemos espacio aquí para extendernos sobre la manera de redactar un currículo o salir airoso de una entrevista laboral, o sobre cómo informarse sobre la compra de un inmueble. Existen libros especializados sobre todos estos temas y es bueno consultarlos, sobre todo cuando no se dispone de la experiencia más deseable.

Lo más importante es preparar un plan de acción. Por etapas. De manera que pueda seguirlo con la mayor claridad posible. Hay que saber atenerse al plan inicial, pese a las dificultades y los obstáculos. Pero también hay que saber aplicar modificaciones y adaptarse en los momentos oportunos, adoptar otro plan, superior, cuando se torne necesario. También hay que saber renunciar cuando el fracaso es evidente. Así, hay ciertos productos que no se imponen jamás, que nunca consiguen el favor del público. Y hay ciertos empleos, en ciertas empresas, que usted jamás podrá lograr. Pero consuélese pensando que quizás obtenga otros mejores. Eso es lo que seguramente ocurrirá si su subconsciente está programado positivamente.

Ningún ser humano es infalible, ni siquiera el hombre de negocios más experimentado. Sólo los que no hacen nada no se equivocan nunca. Lo que lo salvará será su programación positiva. Lo importante es que aunque experimente fracasos provisorios en ciertas situaciones, lo mismo alcanzará su objetivo, si su subconsciente está programado de la manera adecuada. Aunque sea por caminos diferentes, a veces imprevistos. Tal es la fuerza secreta del objetivo monetario preciso y claro de un plazo. Todos los caminos conducen a Roma, dice el adagio. El subconsciente parece haber hecho suyas esas palabras. Sus sendas son a veces misteriosas, pero hay algo que tanto usted como él conocen: su objetivo.

Para cumplir su plan, haga gala de una mezcla de rigor y flexibilidad, recordándose que el exceso de uno u otro puede resultar nefasto. Pero también recuerde esto: la mayoría de las personas fracasa porque abandona demasiado pronto, cuando experimenta el primer fracaso o choca con el primer obstáculo. Por lo tanto, trate de atenerse a su plan inicial. Todos los hombres ricos han actuado así.

Para aplicar su plan de acción, probablemente tendrá que correr ciertos riesgos. Sentirá una especie de inseguridad, sobre todo si es la primera vez que se fija un objetivo y un plan de acción. Todo cambio engendra una dosis de angustia, de inseguridad. Pero no tenga miedo de seguir adelante. Lee Iacocca hace en su autobiografía una reflexión divertida a este respecto: "(...) Es esencial correr un mínimo de riesgos. Pero soy consciente de que eso puede no ser para todo el mundo. Hay personas que son incapaces de salir de su casa por la mañana sin llevar un paraguas, aunque haya sol. Pero, lamentablemente, no siempre el mundo nos espera mientras tratamos de imaginar nuestras pérdidas. A veces es necesario correr riesgos... y corregir nuestro rumbo a medida que avanzamos".

Si usted es de esas personas que no salen de su casa sin el paraguas, aunque brille el sol, será mejor que, en un primer tiempo, se fije un nuevo objetivo y, en un segundo tiempo, establezca el plan para alcanzarlo.

Un objetivo no es exclusivamente de naturaleza financiera. Usted puede fijarse como objetivo, por ejemplo, convertirse en el mejor abogado, el mejor novelista, el mejor contador, el mejor inversor inmobiliario, el mejor vendedor de seguros, el mejor fabricante de zapatos en un plazo equis. Y es de lo más legítimo. Por otra parte, resulta uno de los mejores modos de llegar al éxito. Recuerde la verdadera definición de la riqueza: la retribución que se recibe a cambio de servicios (en el amplio sentido de la palabra) prestados a los otros. Si usted brinda el mejor servicio, es normal que su retribución corresponda a ello. Las mismas reglas se aplican para un objetivo que no es puramente monetario. Además, lo ideal es combinar ambos. El deseo de llegar a ser el mejor en un campo de actividad particular, y el de alcanzar, en un plazo determinado, una suma precisa en términos de ingresos es una combinación de lo más eficaz.

Nada de dos objetivos a la vez

Desconfíe de fijarse más de un objetivo por vez. Eso muy pocas veces, por no decir nunca, conduce al éxito. Observemos que la ambición de llegar a ser el mejor en su campo de actividad y alcanzar un objetivo determinado en términos de ingresos no constituyen en verdad dos metas diferentes. Es más que nada un solo objetivo doble. Pues ambas metas están estrechamente relacionadas.

Limitarse a dos objetivos por año —por ejemplo, dominar una actividad o mejorar lo más posible, y alcanzar equis ingresos en el trabajo que hace en la actualidad o en otro— no quiere decir que no pueda fijarse objetivos a largo plazo. No es malo que se fije otro objetivo, a mediano plazo, por ejemplo, para los cinco próximos años, en los cuales su objetivo de un año podrá cumplirse naturalmente como una etapa del objetivo mayor. Muchos hombres ricos han llegado incluso a fijarse una meta para toda la vida. A la luz de las numerosas reflexiones de esos gigantes de las finanzas que abundan en este libro, habrá podido constatar usted que muchos de ellos sabían desde muy jóvenes lo que querían hacer de su vida. La expresión "Yo sabía que tal actividad iba a ser toda mi vida" vuelve una y otra vez en sus relatos.

¿Por qué no inspirarse con el ejemplo de ellos? Interrumpa un momento la lectura y pregúntese qué quiere hacer de su vida, qué quiere ser. No se censure. Dé libre curso a su imaginación. Escuche a su corazón. Abrace a sus sueños. Está solo con usted mismo. Nadie puede criticarlo ni ridiculizarlo. ¿Cómo le gustaría ser dentro de cinco, diez, veinte años? ¿Cuál es la vida con la que usted sueña? ¿Qué cargo le gustaría ocupar? Al hacer esta proyección no tenga en cuenta su posición actual, sus fracasos anteriores, su pasado. Tampoco su edad. Recuerde el ejemplo de Ray Kroc, que, a los cincuenta y dos años, pensaba que aún tenía por delante los mejores años de su vida. A cualquier edad, usted puede tornar más fecunda, más fructífera su vida. Y muy a menudo los proyectos que han alimentado sus pensamientos y sus sueños se realizan con más facilidad de lo que se cree, sin que importen la edad o la situación económica.

La ventaja de procurar saber lo que haremos de nuestra vida, o de los años que nos quedan por vivir, que pueden ser los más hermosos de todos, es que eso nos ayuda a proyectarnos en un futuro lejano, y esto, a su vez, nos ayuda a dar un sentido a nuestros objetivos de corto plazo. Tome lápiz y papel y anote lo que espera hacer de su vida. Ponga la mayor cantidad de detalles posible. ¿Qué tipo de trabajo le gustaría hacer? ¿Cuánto le gustaría ganar? ¿En cinco años? ¿En diez años? ¿En veinte años? ¿En qué tipo de casa le gustaría vivir? ¿Qué círculo de amigos le gustaría frecuentar? ¿Los viajes formarían parte de su vida? ¿Y las vacaciones? ¿Y la vida familiar?

Anote todo, entonces, con el mayor lujo de detalles. Imagine su porvenir con gran poder económico. Ello puede literalmente modelar su vida futura. En realidad, al soñar de este modo, sistemáticamente, usted programa su subconsciente, lo impregna de imágenes que tenderán a cumplirse en las circunstancias de su vida. La ventaja es que usted tiene ahora el bastón de mando. Usted se convierte en el arquitecto de su propia vida, en lugar de las circunstancias o los demás.

> USTED PUEDE, DESDE HOY,
> CONVERTIRSE EN
> ARQUITECTO DE SU VIDA.

Este objetivo de largo plazo será su ideal de vida y simplificará muchas elecciones que de otro modo resultarían difíciles, o peor todavía: arbitrarias o absurdas. Cuando no sabemos qué hacer de nuestra vida, es difícil justificar las menores decisiones cotidianas, pues no están dentro de un plan más vasto, en una lógica superior que otorga un sentido a todo acto, a toda marcha, a todo pensamiento incluso. Los que no saben qué pretender de su vida, los que no saben proyectarse en el porvenir, de manera de modelarlo en la medida de sus deseos, rara vez llegan al éxito. Son como barcos sin timón sobre las olas agitadas de la existencia.

Hacerse un plan de vida es algo muy estimulante, una gran ayuda para alcanzar el éxito en todos los ámbitos. Sin embargo, al establecer ese plan, tenga siempre presente que hay que conservar una cierta flexibilidad ante el porvenir, que todo en la vida es adaptación, y que no es bueno un exceso de rigor. En efecto, tal vez lo que usted haga dentro de diez años, incluso dentro de cinco años, no corresponda necesariamente a lo que ha previsto. Pues, cuando uno está bien programado, los cambios que sobrevienen a nuestros planes son siempre bienvenidos, son siempre "para mejor". A medida que avance en su desarrollo personal, a medida que su subconsciente se torne integralmente positivo, los planes que usted conciba serán más audaces, más ambiciosos, e irá descartando algunos de los planes concebidos al principio. Eso no es grave. Así suelen suceder las cosas. Lo importante es progresar constantemente, hacia una expansión mayor y un enriquecimiento total.

Defina su objetivo para el año próximo

Una vez que tenga bien claro su objetivo para el año próximo, y el plazo para alcanzarlo, fracciónelo. Ponga en orden las cosas que debe cumplir. Siempre por escrito. Ponga una fecha para cumplir cada una de esas etapas. Y respete esos nuevos plazos. Trate de calcular si sus ingresos son una doceava parte de lo que espera ganar en un año según su nuevo objetivo. Si no corresponden a lo esperado, será preciso que se dedique a otra cosa, no necesariamente dejando su empleo sino trabajando además de éste, para alcanzar su objetivo.

Por supuesto, la naturaleza de ciertas empresas no siempre se presta a una subdivisión tan simple. A veces se logra en los seis últimos meses las tres cuartas partes de lo que se esperaba lograr en un año. Pero sin embargo hay algo que usted puede y debe planificar con el mayor cuidado posible, sin dejar de mostrarse flexible si se presenta una ocasión inesperada y lucrativa. Se trata de las tareas y los pasos a dar, es decir, el trabajo que usted debe realizar para alcanzar su objetivo. Separe su objetivo anual por meses, después por semanas. Una buena planificación evita muchos malos pasos y limita los imprevistos, aunque siempre los haya.

¡Disciplínese!

Es bueno fijarse un objetivo, incluso es necesario para enriquecerse, pero para ponerlo en aplicación, vivirlo día a día, hace falta disciplina. Y la mejor disciplina, la única válida en el fondo, es la que viene de usted, la que no es impuesta desde el exterior. Recuerde la profunda máxima del filóso-fo griego Heráclito: "Carácter igual destino". De-téngase un instante en esta ecuación que parece simple y que lo es pese a su profunda sabiduría. Observe a la gente alrededor de usted. Piense en los que conoce. La ley dictada por el antiguo filósofo no conoce excepciones. Todos los que triunfan tienen carácter, temperamento: son personas que poseen una disciplina. Piense en sus conocidos. No encontrará ninguno que haya triunfado sin fuerza de carácter. Recuerde la misteriosa ley que hemos citado antes, esa que dice que todo ser humano tiene un amo. Para llegar a ser su propio amo, y tomar las riendas de su destino, debe tener disciplina. A propósito, los diez hombres ricos que figuran en este libro dieron muestras, sin excepción, de una disciplina inflexible. Lo cual va en contra de la imaginación popular, que pretende que los ricos son ociosos y haraganes. Puede ser cierto para los que han heredado su fortuna, pero no para los que se la han ganado, precisamente, gracias a su carác-ter y su disciplina, como los *self-made men* que son el objeto de nuestro estudio.

CARÁCTER IGUAL DESTINO.

Sin embargo, no hay que creer que entendemos por disciplina un régimen espartano que no deje espacio alguno a la fantasía y el esparcimiento. Esta concepción puritana y militar de la disciplina no sólo es anticuada sino que en general resulta inefi-caz, a no ser para conducir al infarto o a una úlcera perforada.

Disciplinarse significa también prever tiempo

para el descanso, para el placer, para el ejercicio físico. El error de muchas personas que parten a la conquista de la fortuna consiste en olvidar que no son máquinas, que necesitan descanso para poder funcionar bien. El exceso de trabajo jamás es productivo. Hay que dedicar un tiempo a recargar las baterías. Hay que encontrar un sano equilibrio.

No obstante, debemos notar que muchas personas se encuentran continuamente desbordadas y no logran cumplir un trabajo considerable. Quejarse de estar desbordado, agotado, está de moda. Pero la mayoría de la gente no utiliza ni la décima parte de su potencial y ha desarrollado la fastidiosa costumbre de estar siempre cansada. John Paul Getty, en *Hacerse Rico* , hace esta reflexión divertida y esclarecedora con respecto al tema del agotamiento: "Un médico declara que numerosos directores se quejan de úlceras que no tienen. Sufrir de úlceras se ha convertido en un símbolo de status. Existen ciertos tipos de ejecutivos que preferirían morirse a admitir que tienen el estómago sano.¡Sería como admitir que son como el resto de la gente!"

"Sin ser una autoridad en medicina, no estoy en condiciones de juzgar en este tema. Pero sí puedo permitirme reírme en privado, y con todas mis ganas, cuando oigo a un ejecutivo de 28 ó 30 años, y que trabaja a lo sumo 48 horas por semana — menos el tiempo que pasa en cenas de negocios de tres horas o jugando al golf—, quejarse de que está agotado o que trabaja bajo una presión tremenda. Los gigantes y los genios auténticos y notables del ámbito de negocios estadounidense trabajan por lo general de 16 a 18 horas por día, a menudo los 7 días de la semana, y rara vez se toman vacaciones. Como resultado, la mayoría vive hasta edad muy avanzada."

Esos hombres que llegan a trabajar tanto no son diferentes de la mayoría. Tampoco tienen más energía. Saben utilizarla mejor. La energía duerme en el subconsciente de las personas. No hay más que despertarla. Usted ya sabe cómo. Además, los hombres y las mujeres disciplinados se acostumbran al trabajo. Todo en la vida es hábito. El hombre es un ser de costumbres. Lo que ocurre es que la mayoría sólo logra hacerse de *malas* costumbres. Mediante la disciplina y la programación mental, usted puede desarrollar la costumbre del éxito.

> ## EL ÉXITO ES UN HÁBITO.

Sea el esclavo de ese hábito del éxito, así como es ya esclavo de otros hábitos, que tal vez lo conduzcan al fracaso. Reemplace el hábito del fracaso con el del éxito, y así creará un hábito nuevo, una segunda naturaleza. ¡Busque el éxito, y él vendrá a usted! Será irresistiblemente atraído por usted, como por imán.

Un hombre que comenzó desde muy joven a cultivar el hábito del éxito y el beneficio, y que era muy disciplinado, es el célebre archimillonario John D. Rockefeller. A continuación le proponemos el retrato de una vida asombrosa.

John Davison Rockefeller
o
¡La magia de las cifras!

Nació en 1839 en una casa de granja de siete habitaciones cerca de Moravia, al oeste del estado de Nueva York. El padre de John, William Avery, no fue un modelo de fidelidad conyugal ni un padre ejemplar para sus hijos, que fueron seis. En efecto, la leyenda familiar cuenta que William Avery, hombre alto y robusto, llevaba chaleco de brocato, un alfiler de corbata con un diamante y desconfiaba de los bancos al extremo de llevar continuamente en los bolsillos la "modesta" suma de 1.000 dólares. ¡La cual era muy considerable en la época!

Con respecto a la profesión de Avery, no se sabe mucho. Desaparecía por largos períodos, dejando a su esposa, Eliza Davison, al cuidado de los niños. Después, cuando volvía, lo hacía por lo general con los bolsillos llenos de dinero y regalos para su mujer y sus hijos. Recién mucho más tarde John descubrió que su padre no era más que un impostor. En efecto, William visitaba las reservas indias haciéndose pasar por sordomudo (lo cual, entre los indios, era signo de algún poder sobrenatural) y les vendía toda suerte de objetos de pacotilla.

No obstante, más tarde William descubrió otro campo de actividad mucho más rentable: los productos farmacéuticos. Fue a partir de ese momento que se unió a los grupos de predicadores itinerantes, en los que se presentaba como especialista en... ¡cáncer! Repartía su tarjeta, que decía así:

"Dr. William A. Rockefeller, famoso especialista en cáncer, se presentará sólo un día. Se curan todos los casos de cáncer, salvo si están muy avanzados, y aun en éstos la enfermedad se alivia mucho."

El elixir milagroso (probablemente una mezcla de ese petróleo que iba a hacer la fortuna de su hijo) se vendía muy bien, y las consultas eran tan numerosas como costosas.

John se parecía mucho más a su madre, Eliza. Rostro estrecho, casi inexpresivo, ojos impasibles, labios muy finos, predispuestos al silencio... Frederick Gates, que más tarde sería su tesorero, dijo a este respecto: "Si bien era muy meticuloso en la elección de sus palabras, ¡lo era en igual medida en la elección de sus silencios!"

Eliza no legó sólo su físico a su hijo John D.; también le inculcó esa moral calvinista que era la suya. De una piedad ruda, muy estricta, Eliza repetía sin cesar toda clase de máximas, como: "¡A derroche desvergonzado, vergonzosa pobreza!" Esas palabras modelaron la mente del joven y dirigieron su conducta durante toda su vida.

En 1853 la familia se instaló en Cleveland, en esa época un gran centro portuario sobre el lago Erie. Para John fue una revelación. Su interés por el mundo de las finanzas aumentó aún más. Desde muy joven, John D. manifestaba ya sus talentos para las transacciones financieras. De niño ganaba algunos centavos vendiendo a sus compañeros de escuela piedras de colores de diferentes formas. En lugar de gastar esos menudos ingresos, los acumulaba en un tazón de loza azul, cuarteado, que guardaba en lo alto de una cómoda en la sala familiar. ¡Esa fue, según sus propias palabras, su primera "caja fuerte"! Gracias a esas "operaciones financieras", el joven John no tardó en encontrarse con una linda suma de 50 dólares.

Esos 50 dólares iban a determinar la futura orientación del muchachito. En efecto, un granjero de los alrededores necesitaba esa suma para saldar una deuda urgente. John se la prestó de buen grado... ¡pero con un interés del 7%! El granjero accedió al trato, quizás maldiciendo que ese niño ya supiera calcular tan bien. Para John, fue un descubrimiento extraordinario, al cabo de un año, ver que el capital prestado volvía a sus manos con tres dólares y medio de interés. A partir de ese día, según escribió más adelante:

> "DECIDÍ HACER TRABAJAR
> AL DINERO EN MI LUGAR."

Acababa de descubrir que el dinero trae dinero y genera así capital:

De allí en adelante, todas las ganancias de John D. iban a ser religiosamente contabilizadas en una libreta que él llamó el "Registro A". Según algunos, no era raro verlo, al fin de su vida, con la mirada perdida, acariciar amorosamente esa libreta a través de la cual revivía su infancia y su adolescencia. Ese Registro A es de algún modo la autobiografía de Rockefeller, pues, a sus ojos, las cifras estaban dotadas de un poder misterioso y se volvían cien veces más elocuentes que las palabras. Además, no vacilaba en declarar:

> **"¡APRENDA A HACER HABLAR A LAS CIFRAS!**
> **¡ELLAS LE DIRÁN DURAS VERDADES Y**
> **LE REVELARÁN EL FUTURO!"**

Ese gusto por el mundo de los negocios se lo estimuló después la escuela comercial de Cleveland. Al salir de la clase, John D. recorría los muelles, deleitándose con la atmósfera febril de esos lugares de comercio. Recibido en 1855, Rockefeller decidió lanzarse a ese mundo que lo apasionaba.

"Probé con los ferrocarriles, los bancos, los negocios al por mayor, desechando todos los establecimientos sin envergadura... ¡Yo buscaba una empresa importante!"

Su primer empleo lo obtuvo el 26 de septiembre de 1855, en Hewitt & Tuttle, corredores y comerciantes en granos y otros productos agrícolas. Fue un instante decisivo de su vida, instante que se tornó un segundo cumpleaños para él. Hasta el fin de su vida, en 1937, al tope del mástil de su vasto dominio de Pocantico, a orillas del Hudson, se podía ver ondear en esa fecha una bandera que conmemoraba aquel aniversario.

Desde las seis y media de la mañana estaba ya en su trabajo, perdido en ese mar de cifras que tanto le gustaba. Trabajaba con tal eficacia que sus jefes se felicitaban todos los días de haber encontrado semejante empleado. El joven hacía de los negocios su religión. Por la noche, en su cama, repasaba mentalmente las operaciones financieras del día, tratando de descubrir en qué podría haber obtenido ganancias mejores... Hacía suyas estas palabras bíblicas:

> **"¿VES UN HOMBRE AFANOSO EN SU TRABAJO? SERÁ IGUAL A LOS REYES."**

No cesaba de repetirse: "Es una oportunidad que se presenta. Pero atención: el orgullo precede a la caída. Nada de apresurarse, ningún paso en falso. Tu futuro depende de cada día que pasa". Desde entonces, el código de su vida fue éste:

> **DISCIPLINA, ORDEN Y UN REGISTRO FIEL DEL DEBE Y EL HABER.**

En 1858 ganaba 600 dólares por año pero, consciente de lo que valía para la empresa para la que trabajaba, pidió un aumento anual de 200 dólares, que sus patrones se apresuraron a... ¡negarle! Decidió entonces instalarse por cuenta propia con Maurice Clark, un inglés doce años mayor que él al que había conocido hacía poco y que trabajaba en otra empresa parecida. John D. había ahorrado 800 dólares, pero todavía le faltaban otros 1.000 para poder abrir su negocio de corretajes. Fue a ver a su padre y le pidió prestada esa suma. William aceptó, pero le exigió un interés anual del 10% hasta que John alcanzara la mayoría de edad. Varias veces más, en los inicios de su carrera, el joven debió recurrir a los fondos paternos, y cada vez William le impuso el mismo interés de usura. Más tarde escribió a este respecto: "Esa pequeña exigencia quizá me hizo bien. Puede que así haya sido, pero la verdad es que, aunque yo se lo haya ocultado con todo cuidado, no apreciaba para nada esa política paterna que consistía en hacerme zancadillas para ver si mis capacidades financieras estaban a la altura de ese tipo de golpes".

La firma Clark y Rockefeller obtuvo, el primer año, ganancias de 4.000 dólares sobre una cifra de negocios de 450.000. ¡El segundo año fue aún más provechoso, pues las ganancias fueron de 17.000 dólares!

En 1861 estalló la guerra civil. Si para la mayoría de la gente significó miseria, ¡para la empresa de John D. fue la llave de la fortuna! Todo era cuestión de organización, método, atención a los detalles, severidad implacable en la redacción de los contratos, todas cosas en las que John era un as. A partir de allí, el éxito quedó asegurado.

John Davison aportaba a los negocios una seriedad que poseía por naturaleza. De una piedad que jamás se enfriaría, frecuentaba una pequeña iglesia bautista de la calle Erie, templo al que concurrió mientras habitó esa ciudad y al cual donaba, con una regularidad de metrónomo, una parte de sus ganancias, ¡incluso cuando llegó a multimillonario! Esa seriedad la manifestaba, como vemos, en todos los aspectos de su vida. Uno de sus socios, mucho más tarde, a quien le preguntaron la edad de Rockefeller, respondió: "En mi opinión, ¡debe de tener ciento cuarenta años, pues sin duda ya tenía cien cuando nació!"

Fue entonces cuando se produjo una verdadera revolución. En 1859, dos años antes de la guerra civil, Edwin Drake había perforado, en Titusville, en Pensilvania, un pozo de petróleo. Hasta entonces, al petróleo se lo consideraba sólo como medicamento, pero ya se habían descubierto sus cualidades para la iluminación. El hallazgo de Drake provocó una verdadera avalancha hacia el petróleo. Para numerosos hombres de negocios fue la ocasión de invertir en algo nuevo, y Rockefeller no dejó de sentirse impresionado. Sin embargo, perspicaz, comprendió que se podía hacer más dinero en el negocio del transporte y la refinería que en la explotación, demasiado sometida a costosos imponderables. Como los transportes eran entonces anárquicos y los métodos de refinación prácticamente inexistentes, John D. esperó el momento más propicio.

Cuatro años después, la compañía de ferrocarriles del Atlántico y el Oeste prolongó su línea hasta Cleveland, poniendo así a esta ciudad en contacto directo con Nueva York, pasando por la región del petróleo. ¡Había llegado el momento!

Rockefeller había encontrado a un conocido de Clark en el templo bautista de la calle Erie, Samuel Andrews. Clark y Andrews no demoraron en compartir con el joven financista su entusiasmo por el oro negro. Rockefeller, que tenía en ese momento 23 años y seguía siendo escéptico como siempre, invirtió 4.000 dólares como socio comanditario en la nueva firma Clark, Andrews y Cía.

En marzo de 1864 se comprometió con Laura Spelman (a quienes sus amistades conocían con el apodo de Cettie), con quien se casó el 8 de septiembre siguiente. Con su flema acostumbrada, John D. anotó lacónicamente en su Registro: "A las dos de la tarde, casamiento con la señorita L. C. Spelman, celebrado por el reverendo D. Wolcott, asistido por el reverendo Paige, en la residencia de los padres de la joven"...

Celebrado el matrimonio, volvió a zambullirse de cuerpo y alma en sus negocios. Las refinerías surgían como hongos en Cleveland, que se convertía en uno de los centros más importantes del petróleo. Fue entonces cuando Rockefeller se interesó más en ese nuevo campo, abandonando el comercio de granos. Su severa disciplina le permitió obtener grandes dividendos comerciales. En una ciudad llena de ladinos traficantes, ¡él era uno de los comerciantes más avisados!

El, que había sido el más reticente del grupo al principio, fue después el más entusiasta. Pero Clark, cuando ya la firma tenía un pasivo de 100.000 dólares, temía la expansión que predicaba Rockefeller, que siempre decía:

> ## "LA REGLA DE ORO DEL ÉXITO ES LA EXPANSIÓN."

Clark se negó obstinadamente a seguir ese camino. Era un callejón sin salida. Una sola solución: subastar la compañía. El memorable hecho tuvo lugar el 2 de febrero de 1865.

Las apuestas subieron rápidamente, hasta que Clark, abatido, masculló "72.000 dólares". Rockefeller, imperturbable, replicó de inmediato: "72.500". Clark alzó los brazos al cielo y declaró: "¡El negocio es suyo!"

Ese día, en su oficina, John D. saltaba de alegría, repitiendo: "Y ahora voy a ser rico. ¡Está todo cocinado! ¡Todo cocinado! ¡Todo cocinado!" El negocio, que en adelante se llamó Rockefeller y

Andrews, era la mayor refinería de Cleveland, con una capacidad de 500 barriles por día y ganancias de un millón de dólares por año, que iban a doblarse al año siguiente. Para John D. no quedaba duda alguna de su éxito, pues tenía confianza absoluta en el porvenir. ¡Iba a rendir al destino a su voluntad!

Rockefeller tenía también la habilidad para atraer colaboradores muy valiosos, como Henry M. Flager, que había ganado y perdido fortunas y había vuelto a ser rico gracias a su matrimonio con una heredera. El fue sólo uno de los audaces directores que Rockefeller colocó en la alta dirección de sus negocios.

> "LA APTITUD PARA MANEJAR A LAS PERSONAS ES UN PRODUCTO QUE SE COMPRA COMO EL AZÚCAR Y EL CAFÉ, Y ESTA APTITUD YO LA PAGO MÁS CARA QUE A CUALQUIER OTRA DEL MUNDO."

Con esto quería decir que el éxito exige muchos ingredientes, de los cuales uno de los más importantes es asociarse con hombres íntegros, leales y dedicados al ideal que anima al empleador. Y Rockefeller supo hacerlo con la minuciosidad proverbial que lo caracterizaba. Flager hizo tanto y tan bien que negoció con los ferrocarriles tarifas más que ventajosas, haciendo valer la posición fuerte de la firma Rockefeller y Andrews en Cleveland. En cuanto a los ferrocarriles, el problema que representaba el transporte del petróleo era el de la regularidad del flete. Sólo la refinería Rockefeller & Andrews estaba en situación de garantizar esa regularidad. Los transportes ferroviarios no tuvieron elección y se plegaron a las exigencias de Flager, representante de la empresa. Por supuesto, cuando se propagó la noticia hubo olas de protestas, pero nadie hizo nada. Rockefeller era ya muy poderoso.

Ese ventajoso descuento se tornó un arma más en el arsenal ya bien provisto de Rockefeller. Y se agregó otra aún más poderosa: el 10 de enero de 1870 fundó una nueva sociedad, con un millón de dólares de capital, ¡la Standard Oil!

¡En 1870, la Standard Oil era una de las mayores refinerías de petróleo del centro de los Estados Unidos! Y además Rockefeller tenía la idea de incluir otras refinerías menores en la gigantesca tela de araña que iba armando. Así, en 1872, repitió lo que había logrado Flager unos años antes, pero en una escala infinitamente más vasta. Conoció a dos de los más importantes refinadores de Pittsburg y Filadelfia. En el mayor secreto, llegaron a un acuerdo que les permitió manejar a su voluntad a los ferrocarriles. Cuando el transporte costaba 2,50 dólares, ellos obtuvieron una tarifa preferencial de 1,25. Más aún, recibían una comisión del 1,25 restante que pagaban sus rivales.

¡Era sencillamente genial! ¡Cuánto más se empobrecían sus rivales más se enriquecía Rockefeller! La competencia estaba amenazada de extinción, tal como lo deseaba John D.

Resultado: apenas en tres meses, Rockefeller había comprado 22 de las 25 refinerías de Cleveland. ¡La Standard Oil refinaba entonces un cuarto de toda la producción de petróleo de los Estados Unidos! Al comienzo de su campaña, Rockefeller competía con quince refinerías de Nueva York, doce de Filadelfia, veintidós de Pittsburg y veintisiete de la "Región"... ¡al concluir, había sólo una, la Standard Oil!

¡Había nacido el *Trust*!

En abril de 1878, Flager anotó en un estudio presentado al consejo de administración que la capacidad total de refinación de los Estados Unidos era de 36 millones de barriles por día. ¡La Standard Oil sola refinaba... 33 millones!!

En 1880 correspondía al *Trust* el 95% de la capacidad total. Por su obstinación, su disciplina, un trabajo constante y una fe indefectible en su destino, Rockefeller se había convertido en lo que quería ser: ¡el Napoleón del capitalismo!

La fuerza de Rockefeller no residía en la innovación (de la cual desconfiaba, sobre todo por las implicaciones financieras), sino en la organización y el despliegue del poder. Su gran principio era:

MÉTODO Y ORGANIZACIÓN.

El *Trust* se constituyó legalmente sólo en 1882, después de numerosas querellas judiciales que resultaron inútiles. La Standard Oil era demasiado poderosa. La ley prohibía que una compañía hiciera negocios en otros estados que no fueran el propio, pero Rockefeller esquivó esa ley gracias al *Trust*. De allí en más habría la Standard Oil de Nueva York, la Standard Oil de Nueva Jersey, la Standard Oil de Pensilvania, etc... ¡hasta el infinito! Y detrás de todas esas empresas, la pequeña oficina de Broadway 26, Nueva York, donde se sentaba Rockefeller:

Ése era el principio que había permitido a Rockefeller crear el imperio financiero más poderoso que haya podido existir. El equipo directivo era un conjunto de financistas de los más capaces de los Estados Unidos. Todos millonarios. Durante una investigación sobre las actividades de la Standard Oil, William Vanderbilt había declarado a los miembros del Senado: "Jamás conocí a un grupo de hombres más sagaces, más capaces que ellos de hacer negocios... No creo que sea posible hacerles dar el brazo a torcer ni por decreto legislativo ni por ningún otro procedimiento, ni en este Estado ni en ningún otro. ¡Es imposible! ¡Siempre ganarán!"

Al final del siglo, la ciencia industrial había descubierto o creado decenas de subproductos del petróleo. Los ingresos de la Standard Oil alcanzaron dimensiones astronómicas. ¡Rockefeller poseía una riqueza y un poder que jamás le habrían permitido imaginar sus sueños más locos! La Standard estaba en todas partes: en 1903, ofreció su nafta y su aceite lubricante a los hermanos Wright, a Kitty Hawk. En 1904, sus representantes abrieron una estación de servicio para los participantes de la primera carrera de automóviles internacional de Nueva York a París (Texas).

Poco después del escándalo de la Sociedad para el Progreso del Sur, organización de refinadores y dirigentes de ferrocarriles de diversos estados para proteger sus respectivos intereses, Rockefeller fue víctima de virulentos ataques y calumnias en la prensa y en los círculos políticos. Se defendió así:

> **"ERA MI DERECHO. MI CONCIENCIA ME DECÍA QUE ERA MI DERECHO. TODO ESTABA CLARO ENTRE EL SEÑOR Y YO."**

Al respecto de los ataques dirigidos contra él mismo y la Standard Oil, Rockefeller tuvo un día esta reflexión que explica el severo silencio que guardó ante sus adversarios: "Mire esa lombriz allí, en la tierra. Si la piso, llamo la atención sobre ella. Si la ignoro, desaparece".

Lamentablemente, lejos de desaparecer, la lombriz se convirtió en dragón y lanzó tantas llamas que Rockefeller se convirtió de algún modo en el símbolo viviente del malestar de la época. Recibía amenazas de muerte casi todos los días. Cuando asistía al templo bautista, cientos de personas se reunían para insultarlo. El pastor, inquieto por los acontecimientos, ¡había contratado detectives privados que circulaban entre la muchedumbre por dentro del templo para velar por la persona del ilustre penitente! Las cosas llegaron a tal punto que Rockefeller dormía permanentemente con un revólver cargado sobre la mesa de noche.

Pero ya nada podía frenar la expansión de la Standard. El barril azul se convirtió en el mundo entero en el símbolo del poderío estadounidense, de la primacía del capitalismo yanqui.

Los mejores agentes de la Standard en el mundo entero —pues los Estados Unidos eran, a esa altura, un mercado demasiado estrecho para el monstruo gigantesco que Rockefeller dirigía siempre desde el fondo de sus oficinas de Broadway 26— eran los miembros del cuerpo diplomático estadounidense. Para despistar a nuevos mercados y evitar la competencia, sobre todo la rusa, cuyo petróleo de Bakou comenzaba a correr por toda Europa, la Standard tenía acceso a los informes secretos de los embajadores. Varios de éstos recibían además un pago por sus "servicios", gracias a los fondos secretos de la Standard.

El *Trust* se había transformado en un gobierno dentro del gobierno, con un poder financiero inimaginable y su propia política extranjera.

Pero Rockefeller, en la cima de su poder, seguía secretamente desgarrado. Todos los ataques que recibía eran una injusticia. Su fortuna personal alcanzaba, en 1897, la suma fabulosa de 200 millones de dólares. Por ironía del destino, fue al jubilarse cuando ganó más dinero, pues la comercialización del motor de combustión interna, a partir de 1913, cuadruplicó su fortuna. ¡De 200 millones de dólares, pasó a tener más de 1.000! Esa suma equivaldría hoy a una fortuna que desafía a la imaginación.

Decidido en adelante a lavar el apellido de los Rockefeller de esos ataques injustos, y secretamente convencido de que esa inmensa fortuna no era más que un don de Dios, para el servicio de la humanidad, ¡se dedicó de allí en más al ámbito de la filantropía!

"¡DIOS ME HA DADO EL DINERO!"

Rockefeller creía sinceramente que ése era el único secreto de su éxito fenomenal. Al periodista asombrado a quien acababa de hacerle esta declaración, le explicó: "Creo que el poder de hacer dinero es un don de Dios... que hay que desarrollar y utilizar lo mejor posible para hacer el bien a la humanidad. Como yo he recibido ese don, creo que es mi deber hacer dinero, siempre más dinero, y utilizar ese dinero para el bien de mis semejantes escuchando la voz de mi conciencia".

Así, al principio de la década de 1890, con el objeto de cumplir ese nuevo destino al que se sentía llamado, John Davison Rockefeller contrató a un joven pastor llamado Frederick T. Gates, que se convirtió a la vez en su limosnero y su tesorero.

Pero los problemas de Rockefeller y su imperio no habían terminado. El odio contra ese asombroso *self-made man* era tenaz. El gobierno procuraba por todos los medios la disolución del *Trust* . Se inició una minuciosa investigación y entonces, para estupefacción de todos, se descubrieron las verdaderas dimensiones del poderío de Rockefeller: en veintiún volúmenes, en 14.495 páginas de testimonios detallados, se descubrió que la modesta inversión de 4.000 dólares de un joven corredor producía ahora 35.000 barriles de petróleo refinado y nafta por día, además de haberse transformado en 150.000 kilómetros de tuberías, y 100 petroleros para transportar esos productos al extranjero. En una palabra, ¡el *Trust* valía 600 millones de dólares!

¡El gobierno terminó ganando contra el *Trust* ! Dividieron al gigante en 39 pequeñas sociedades "teóricamente" independientes unas de otras... Por sorprendente que resulte, el desastre fue un triunfo más en el juego de Rockefeller. Una vez más había sido, a pesar de sí mismo, fiel a su axioma favorito:

Fue un giro fenomenal, pues las acciones de las diversas sociedades recién formadas se triplicaron o cuadruplicaron. Rockefeller veía multiplicarse su fortuna por tres o por cuatro gracias a esa acción del gobierno estadounidense. A continuación, una anécdota decía que en Wall Street los corredores recitaban una nueva plegaria: "¡Oh, misericordiosa Providencia, danos otra disolución del *Trust* !"

Pero de allí en más Rockefeller iba a tener una sola preocupación: ¡Dar! Y Gates, su nuevo brazo derecho, cumplía muy bien con su tarea. En 1901 se fundó el Instituto de Investigaciones Médicas. El primero de su clase en los Estados Unidos. Surgió después el Comité para la Educación, en 1903, que se consagró a la educación de los hombres de color. Más tarde, Rockefeller pidió que esa institución sirviera para promover un vasto sistema de estudios superiores en todo el país. Después vino la Comisión de Salud.

Esta Comisión de Salud fue la que logró, al fin, dar vuelta la opinión pública con respecto a Rockefeller. Por último, para coronar el conjunto, se estableció la Fundación Rockefeller, que sigue siendo la más vasta empresa filantrópica del mundo.

Hay quienes todavía pretenden que Rockefeller sólo se dedicó a las donaciones una vez hecha su fortuna, pero su Registro A indica claramente que ya desde sus primeras ganancias él reservaba una parte para los óbolos al templo. Así lo hizo durante toda su vida. ¡En ciertos momentos, sus donaciones anuales se elevaban a más de un millón de dólares!

Reconciliado con la gente, con ese pueblo del que se creía en parte responsable, Rockefeller se retiró a su inmenso dominio de Pocantico Hills, donde pudo disfrutar en paz de un descanso largamente merecido. Pese a su avanzada edad, no había perdido su sentido del humor, que muchos no conocían.

Así, durante una sesión de masajes, mientras oía crujir sus huesos, dijo sarcásticamente: "Tengo todo el aceite del país, según dicen, ¡y no puedo hacer engrasar mis articulaciones!" Al escultor encargado de realizar su busto, le preguntó si no podía hacer los bocetos mientras él jugaba al golf. "¡No puedo llevar la arcilla conmigo!", protestó el escultor. A lo cual Rockefeller, flemático, respondió: "¿Por qué no? Yo siempre llevo la mía encima... ¡todo el tiempo!"

John Davison Rockefeller murió en 1937. Fiel a su gran principio:

EL TIEMPO ES DINERO.

Siguió hasta el fin encargándose de sus múltiples intereses, sobre todo de sus obras filantrópicas, como la gigantesca Fundación Rockefeller. Tanto en este ámbito como en el de los negocios, John D. puso en acción sus talentos de organizador, talentos que no eran más que los dones de Dios que él había sabido hacer dar frutos más allá de sus expectativas más alocadas.

El nombre de Rockefeller significa, en alemán, demoledor de rocas. Rockefeller supo serle fiel pues demolió todos los obstáculos que se interpusieron en su camino. ¡Magistralmente!

* * *

Cómo tener un año de trece meses

Si usted no tiene el hábito de trabajar mucho, vaya por etapas. Aumente progresivamente su ritmo. Al principio, trate de trabajar sólo una hora de más por día. Al cabo de una semana, habrá trabajado cinco horas más para triunfar. Al cabo del año, habrá acumulado 250 horas suplementarias trabajadas en pos del éxito. En una semana normal hay 40 horas. Al ganar 250 horas, usted habrá ganado seis semanas. Su nuevo año tendrá entonces 58 semanas en lugar de 52. Por lo tanto, tendrá usted más de trece meses por año. Eso puede darle una ventaja formidable. Imagine ahora que usted trabaja dos horas más por día. De ese modo ganará 500 horas por año. Y crea lo que le decimos por experiencia: no se sentirá más cansado. No es más que una cuestión de costumbre.

¡Que el éxito se convierta en su único hábito!

En su hábito del éxito, manténgase al acecho. No vacile en cuestionarse regularmente y en revisar su plan de acción. Ésa es una de las claves del éxito. Trate siempre de mejorar su competencia. No se crea nunca poseedor de la verdad absoluta. ¡Revise sus métodos! ¡Perfecciónelos constantemente!

Está muy bien trabajar una o dos horas más por día, pero hay algo mucho más provechoso aún: aumentar directamente su eficacia, hacer en una hora lo que acostumbra hacer en varias. El secreto para aumentar así su eficacia es doble. Consiste a la vez en establecerse plazos diferentes (es decir, más breves) y en una mayor concentración.

Comencemos por el primer punto. Estudios científicos realizados por psicólogos demostraron que el tiempo necesario para cumplir una tarea determinada es largamente acortable, es decir, que puede reducirse de manera considerable —hasta un límite razonable— y ello sin que la calidad se sacrifique en absoluto. Incluso se ha demostrado que en más de un caso la calidad aumenta. Además, hay individuos que sólo pueden funcionar con plazos muy cortos. Entre los arquitectos, por ejemplo, hay una práctica generalizada, que se denomina "la carreta", que consiste en encerrarse durante varios días —a menudo noche y día— para elaborar el concepto de un proyecto determinado.

Los ejemplos de semejante concentración de actividad son muy numerosos en todas las esferas de actividad humana y sin duda tendrá usted alguno en su propia vida; el caso clásico es el del estudiante que espera a último momento para preparar un examen o hacer un trabajo práctico.

Los estudios realizados sobre un amplio muestreo de sujetos tienden igualmente a demostrar el principio siguiente: *El individuo medio suele utilizar todo el tiempo que se le da para cumplir una tarea, aunque pueda realizarla más rápido si se presenta una situación de urgencia.*

Estas dos tendencias, la de poder reducir el tiempo y la de utilizar en circunstancias normales todo el plazo otorgado, se desprenden en realidad de una misma ley, que, como comprobará, es una ley del subconsciente.

En efecto, tanto en un caso como en el otro, lo que hace una persona cuando se fija o le fijan un plazo es programarse, y sobre todo programar su subconsciente. Ya hemos visto que no es más difícil para el subconsciente programarse para el fracaso que para el éxito, pues es un poder por así decirlo ciego (o, mejor, neutro). Del mismo modo, no es más difícil para su subconsciente hacerle cumplir una tarea en dos veces menos tiempo, siempre, desde luego, que ello sea materialmente realizable. Este es el único límite. Pues el subconsciente es mucho más poderoso de lo que usted cree. Y mucho más rápido. En verdad, puede literalmente darle alas a su pensamiento y alimentar casi a voluntad su energía creadora.

El conocimiento de estas dos leyes con respecto al tiempo y la creatividad puede tener consecuencias prácticas considerables. El tiempo necesario para realizar una tarea es mucho más elástico de lo que generalmente se cree. Entonces, si usted desea hacer en una hora lo que suele hacer en tres, haga de cuenta que sólo tiene una hora para hacerlo.

En otras palabras, cree un estado de urgencia artificial, como si no tuviera otra alternativa. De este modo da una orden a su subconsciente. Haga la prueba, lo asombrarán los resultados. Esto no quiere decir que deba usted llenarse de café negro, como Balzac, quien, además, es uno de los más ilustres ejemplos de la reducción que puede aplicarse a los plazos, cuando se está entre la espada y la pared. La manera que empleaba Balzac para ponerse en estado de urgencia y creatividad superior consistía en prometer manuscritos a los editores para fechas casi imposibles. Así, llegaba a escribir obras maestras de trescientas páginas en dos semanas. En el caso del gran escritor, es evidente que había una buena parte de talento y oficio, pero no cometa el error de subestimarse, como quizás ya lo hace desde hace tiempo. Usted también tiene talento. Usted también puede trabajar rápido y bien. Y sin agotarse por ello. En realidad, para pedir prestada una expresión al vocabulario automovilístico, siempre puede pasar a cuarta velocidad, con la condición de salir en primera. Si usted cree que puede hacerlo, podrá hacerlo. Inténtelo.

**FÍJESE PLAZOS MÁS AJUSTADOS.
REALIZARÁ MÁS SIN
SACRIFICAR LA CALIDAD.**

Pasemos ahora al segundo punto: la concentración. Es una de las claves fundamentales del éxito. Poco importan los ámbitos de actividad. Y podemos afirmar, corolariamente, que una persona que no consigue concentrarse, que sufre de dispersión mental, jamás podrá triunfar. Es casi imposible. Todos los hombres ricos han demostrado un alto nivel de concentración. Howard Hughes ha dejado una imagen de millonario extravagante, y sus íntimos confirmaron esa impresión. Pero lo que por lo general se ignora es que estaba dotado de una capacidad de concentración excepcional. En su libro *Los millonarios*, Max Gunther cuenta a este respecto: "Hughes trabajaba personalmente en los filmes, pasando de la redacción del guión a la dirección de la filmación, a veces durante 24 horas seguidas. 'Nunca vi a un hombre capaz de semejante concentración', decía Jean Harlow, enamorada de Hughes sin recibir jamás de parte de él la menor señal de aliento".

También Honda fue un notable ejemplo de esta concentración extrema, como lo testimonia este fragmento de su fascinante autobiografía: "Mis trabajos de aprendiz de inventor me absorbían por completo. Nadie podría haberme sacado de mi concentración, ni siquiera los amigos con quienes tanto me gustaba conversar. '¡A la mesa!', me llamaba mi madre a la hora de comer, pero mi mente estaba en otra cosa y yo no la oía. 'Ya voy', le respondía por un reflejo de cortesía y volvía a sumergirme en mis trabajos. Ella, a su vez, respetaba mis labores y me dejaba terminar lo que había empezado. El hambre la llevaba a olvidar insistirme".

John Paul Getty, sobre todo en sus inicios, se absorbía tanto en sus empresas que a menudo no se daba cuenta del paso de las horas.

"Una vez —cuenta el autor de *La práctica de la meditación* —, un hombre de mérito había invitado a Isaac Newton a cenar; éste fue a la casa de su anfitrión y se sentó en el salón. Pero el anfitrión, que había olvidado a su invitado, cenó y se dedicó a sus negocios. Newton, durante ese tiempo, quedó absorto en ciertos importantes temas científicos, y no se molestó. Olvidó la cena y se quedó mucho tiempo en el asiento, como una estatua. A la mañana siguiente, el anfitrión advirtió a Newton, que seguía en el sillón, y recordó la cena. Se avergonzó de su olvido y se deshizo en excusas. ¡Qué admirable poder de concentración, el de Newton! Todos los genios poseen ese poder en un grado infinito."

Todos estos ejemplos son muy lindos, dirá usted, pero ¡usted no tiene concentración! No se preocupe, no es grave. Hay ejercicios muy simples que le permitirán redoblar su poder de concentración. El primero consiste en repetir, de preferencia por la noche, durante su sesión diaria de autosugestión, la siguiente fórmula o una similar adaptada por usted mismo:

El poder de mi concentración mejora día a día. Puedo realizar todas mis tareas más rápido y con más eficacia.

El segundo ejercicio es extremadamente efectivo y, por lo demás, muy antiguo. Puede obrar prodigios en su vida, aumentando de manera espectacular la fuerza de su concentración. Es muy sencillo:

Ejercicios de concentración

Dibuje en un cartón un punto negro de algunos centímetros de diámetro y adóselo a la pared, o póngalo delante de usted. Siéntese cómodamente, respire lentamente, y fije la vista en ese punto, tratando de no pestañear. Al cabo de cierto tiempo, experimentará picazón y lagrimeo en los ojos. Ciérrelos un instante, vuelva a abrirlos y comience de nuevo. No se inquiete, este ejercicio no le hará ningún daño a sus ojos. Por el contrario, vigoriza el nervio óptico y puede contribuir a curar ciertas enfermedades oculares. Además, confiere a los ojos un brillo magnético. Este brillo magnético le permitirá ejercer un nuevo encanto en las personas que lo rodean y le otorgará una autoridad natural.

Comience por hacer este ejercicio durante varios minutos, dos o tres, por ejemplo, y después vaya aumentando progresivamente la duración. Cuando llegue a los veinte minutos, su concentración será excelente. Para ocupar su pensamiento mientras lo hace, y reforzar los efectos, repítase una de sus fórmulas preferidas de autosugestión.

Desde el primer día verá, por poco tiempo que dedique al ejercicio en cuestión, que experimentará un progreso notable. Los efectos de este ejercicio son múltiples y parecen misteriosos, sobre todo si se tiene en cuenta su simplicidad. Pero no se deje engañar por esta simplicidad. Los resultados hablarán por sí mismos. El primero es, evidentemente, el aumento de su poder de concentración. Usted podrá concentrarse con más eficacia y durante más tiempo. Los problemas que le parecían complicados ahora le parecerán simples. Su pensamiento se acelerará. Hará fácilmente en una hora lo que hacía en tres. Y lo hará mejor. Y con más precisión y prolijidad. Este ejercicio mejora también la memoria, a partir de la cual opera el razonamiento. Otra consecuencia notable del aumento de concentración es que usted aumentará de manera considerable su atención (es natural: concentrado, usted está presente y atento al instante que pasa, a la situación). La réplica justa, la que antes le venía a la mente demasiado tarde, le acudirá naturalmente, en el momento indicado. Usted será más capaz de aprovechar una ocasión, de captarla al vuelo, en lugar de dejarla pasar, como le ha ocurrido tantas veces.

Por otra parte, este ejercicio permite desarrollar considerablemente la intuición, lo cual es muy útil en los negocios. Ciertas personas pretenderán no tener tiempo para consagrar veinte minutos por día a este ejercicio, que se aconseja hacer por la mañana, al despertar, para "calentar" el "músculo" del pensamiento. Lo cierto es exactamente lo opuesto. Y usted no demorará en convencerse. Justamente, si usted no tiene "un solo minuto para usted", como suele decirse, es cuando más imperativo se torna que se tome algunos instantes para realizar este ejercicio de concentración. ¡Una vez que haya comprobado los frutos de este maravilloso ejercicio, formará parte de su disciplina cotidiana, y eso es lo que debe hacerse! ¡La rapidez con la que marche hacia el éxito se multiplicará!

Un último punto para completar lo que acabamos de decir sobre la concentración. Si se lo contempla de cerca, el grado de concentración que se manifiesta en una actividad determinada es directamente proporcional al placer que uno saca de ella. Tome el ejemplo de un libro o una película que le apasiona, o incluso la fascinación amorosa. En todas esas situaciones, su nivel de concentración es elevado, usted se absorbe, al punto que a menudo se siente literalmente hipnotizado. ¿Por qué? Porque esas actividades le agradan, lo apasionan. Esta simple observación le permitirá establecer el siguiente razonamiento. Hemos afirmado que la clave del éxito es la concentración. La ecuación es, entonces, simple y cobra casi la forma de un silogismo. Como la concentración es la clave del éxito, y como uno se concentra en la medida del placer que saca de una actividad, si se quiere triunfar hay que hacer algo que le guste. Llegamos entonces, por otro camino, a la misma conclusión que antes.

¡Una vez que se haya fijado un objetivo, persevere hasta alcanzar el éxito!

Debe usted cultivar la perseverancia y sobre todo el hábito de considerar que todo fracaso es provisorio. El fracaso no es más que una etapa que lo llevará infaliblemente al éxito, pero con la condición de que usted no se detenga en el camino. Muchas personas fracasan porque se han detenido sin saber que tenían el éxito casi al alcance de la mano. Sólo tenían que dar un paso más, eso que los estadounidenses llaman *extra-mile* , es decir, una milla suplementaria.

La mayoría de los hombres ricos podrían, al mirar retrospectivamente su vida, confesar que si lo hubieran abandonado todo cuando sintieron la tentación de hacerlo habrían perdido el éxito que les esperaba.

En el libro *El vendedor más grande del mundo*, tan inspirador, hay un fragmento que ilustra muy bien la virtud de la perseverancia y el hecho de que a veces no hay que mostrarse muy impaciente, pues el éxito suele ser caprichoso y le gusta hacerse esperar, si se puede decir así. Pero la conquista final se produce siempre para el que no renuncia: "Las recompensas de la vida llegan al final del recorrido, no al principio, y no se puede conocer la cantidad de etapas necesarias para alcanzar la meta. Quizás encontraré el fracaso en la primera etapa, ¡y sin embargo el éxito estará ahí, oculto por la siguiente curva del camino! Nunca sabré cuán cerca estoy, si no franqueo esa curva. Siempre daré un paso más. Si eso no sirve de nada, daré otro, y luego otro. En realidad, de a un paso por vez, no es tan difícil.

Perseveraré hasta alcanzar el éxito".

Recuerde esta máxima: "Un viaje de mil pasos comienza con el primer paso". El éxito se encuentra a veces en el milésimo paso, y quizás usted se rinda poco antes de llegar a darlo. No cometa el error de detenerse en el paso 999, a un paso del éxito.

A menudo el éxito viene después de una serie de fracasos o de un solo fracaso resonante

La vida de muchos hombres ricos demuestra que con frecuencia han conocido numerosos fracasos, a veces espectaculares, antes de llegar a la riqueza. Lo mismo ha ocurrido con numerosos artistas que conocieron una gloria súbita después de atravesar períodos muy oscuros. Así fue, por ejemplo, para Pablo Picasso, quien, poco tiempo antes de ser revelado al público gracias a la estadounidense Gertrude Stein, a quien retrató, atravesó un período de desaliento tal que hasta llegó a tirar sus telas, pues no conseguía ubicarlas en ningún marchand. Obras lamentablemente perdidas para la posteridad, sin contar las que Picasso quemó para calentarse en los inviernos de sus épocas más duras. Si Picasso hubiera renunciado poco antes de conocer a esa estadounidense, si hubiera decidido dedicarse a otra cosa, por cierto no habría conocido la misma gloria y no se habría convertido en multimillonario gracias a la pintura. De hecho, ese pobre pintor, ilustre desconocido, iba a convertirse en el artista más rico de la historia.

A su muerte, una primera estimación de los expertos estableció su fortuna en 750 millones de dólares. Pero una evaluación más profunda llegó a otra conclusión: Picasso valía 1.200 millones de dólares. Además, como las tres quintas partes de su fortuna estaban constituidas por su colección personal de obras de arte, que comprendía cuadros propios y de otros grandes maestros, su valor sigue aumentando. Esas telas se valúan entre 50.000 y 150.000 dólares, a menos que se trate de sus obras maestras de las cuales algunas, como *La mujer desnuda*, pintada en 1910, se vendió hace poco en 1.100.000 dólares. Como Picasso, verdadero Proteo de una energía inagotable, pintaba a veces tres cuadros en una sola jornada, ¡podía ganar diariamente entre 150.000 y 450.000 dólares! A él la perseverancia le dio buenos frutos. Lo mismo que ocurrió con numerosos artistas y actores. La mayoría de las grandes estrellas de la pantalla tuvieron comienzos muy oscuros durante los cuales se vieron obligados a ejercer oficios nada gloriosos y a aceptar papeles en películas de tercera categoría, hasta que bruscamente cambiaron los vientos de su destino.

Hay algo de misterioso en el éxito, al menos a primera vista, pues casi siempre llega de manera imprevista, sin que uno lo espere. Muchos hombres han contado que literalmente los tomó por sorpresa, sobre todo si acababan de sufrir un fracaso espectacular para vencer el cual necesitaron mucho coraje. Pero en realidad, si lo miramos más de cerca, el éxito de esos hombres, aunque imprevisto, no era imprevisible. Era hasta inevitable. Y ello en razón de las propias leyes del éxito. Con sus sostenidos esfuerzos, con sus sueños, sus inversiones de tiempo, su energía y su coraje, habían sembrado. La ley de la manifestación hizo el resto. Sus esfuerzos, sus pensamientos, sus semillas se expandieron, pero primero hizo falta —siempre es así— un período de germinación que prepara la deslumbrante victoria. Lo único que podemos agregar a este respecto es que la duración de la germinación es variable. A veces necesita más tiempo, a veces menos.

¡TAL VEZ UN SOLO ESFUERZO SUPLEMENTARIO LO SEPARA DEL ÉXITO! HÁGALO. ¡AHORA!

Los fracasos y los obstáculos forjan su carácter. En este sentido, son provechosos. Cuanto más fuerte sea su carácter, mejor podrá usted forjar su destino. El hombre que se deja desalentar por la primera dificultad que encuentra no es digno de conocer el éxito. La debilidad de carácter lo hará zozobrar, pues en toda empresa encontrará obstáculos, y ningún éxito se obtiene sin superar ciertas dificultades. Además, es eso lo que torna a la existencia en un juego apasionante.

¡Tener el orgullo bien puesto!

Con gran frecuencia las personas abandonan su empresa, su combate, alegando que son demasiado orgullosas para soportar el fracaso. Se trata de un orgullo mal ubicado. Más bien se parece a la cobardía. Cobardía disfrazada o falta de confianza. El verdadero orgullo, del que hacen gala sin excepción los hombres ricos, es perseverar a pesar del fracaso. El hombre rico, o llamado a serlo, no duda jamás de la victoria final, sabe que es una cuestión de tiempo, que ya llegará el momento en que él pueda sacar del árbol de la vida el fruto de sus esfuerzos. Sabe que el tiempo juega inevitablemente a su favor.

Ese es el verdadero sentido del orgullo, y su profundidad. El que está dotado de la mentalidad de un hombre rico no acepta nunca un no como respuesta definitiva, ya sea que provenga de las circunstancias o de un individuo. Conoce las virtudes secretas de la paciencia. Sabe que la negativa que ha experimentado a menudo se relaciona con circunstancias particulares que inevitablemente se modificarán con el tiempo, pues todo en la vida necesita tiempo. Sabe también que la insistencia y la determinación por lo general influyen en los individuos. Crean una impresión profunda. Alguien que trabajó para el millonario Andrew Carnegie cuenta que, cuando pidió su primer ascenso, este último le contestó: "Si usted desea de todo corazón lo que me pide, no hay nada que yo pueda hacer para impedírselo."

El hombre que desea algo con todo su corazón no acepta jamás un no como respuesta final, pues, al hacerlo así, es el sueño lo que negaría, lo que dejaría morir. Y esto, no lo acepta jamás. Así, la vida y los individuos terminan siempre por ceder ante él y el "no" en apariencia más categórico, el más firme, se transforma inevitablemente en un "sí" victorioso.

NO ACEPTE NUNCA UN "NO"
COMO RESPUESTA. ¡DIGA "SÍ"
A LA VICTORIA! ¡DIGA "SÍ" A LA VIDA!

Uno de los diez hombres ricos cuya vida es un modelo de perseverancia es sin duda Thomas Watson, uno de los padres de IBM. A continuación, el relato de su vida.

Thomas Watson
o
¡Cómo la venta lleva a todo, siempre que se persevere!

La historia de IBM, una de las más prestigiosas compañías del mundo entero, con una facturación, hacia la década de 1980, del orden de los 40.000 millones de dólares, está íntimamente ligada a la de Thomas Watson. Ese hombre que debutó en la vida comercial como vendedor itinerante de máquinas de coser, encarna al modelo mismo del *self-made man* estadounidense.

Thomas Watson nació en 1874 en una pequeña granja del estado de Nueva York. Nunca pareció atraído por los trabajos manuales que exigía la explotación forestal del campo paterno. Sin embargo, dio allí sus primeros pasos en el mundo de los negocios, ayudando a su padre en dicha explotación. El señor Watson se sintió muy decepcionado cuando su hijo le anunció que, contra sus más caras expectativas, renunciaba a ser abogado. En cambio, enseñó en una escuela de pueblo, aunque abandonó pronto ese trabajo a veces ingrato. Un tiempo después, Watson, que tenía 18 años, se dedicó a llevar los libros en un mercado de carne. Para el hombre que iba a convertirse en el padre de una de las multinacionales más grandes, el porvenir como simple empleado le resultaba poco atractivo. De hecho, Watson detestaba tanto a su patrón como a su trabajo. A muchos les ocurre lo mismo y se quejan de su situación sin jamás atreverse a hacer el gesto decisivo que pueda liberarlos del yugo y el aburrimiento. Pero Watson era de otro temple. Y como a muchos jóvenes de la época, lo atraía una actividad que le parecía fascinante: la venta. Soñaba con hacer fortuna rápidamente y estimaba que el oficio de vendedor le permitiría lograr sus fines.

De cualquier modo, ese tipo de vida le parecía más excitante que su trabajo rutinario de empleado. Vería el país, dormiría en hoteles. Así que no tardó mucho en decidirse cuando un hombre llamado George Cornwell, corredor de pianos y órganos, le propuso que fuera su asistente. Con disposición optimista el joven Thomas Watson dejó resueltamente su empleo con los libros para emprender !os caminos. "Eso era mucho mejor que ordenar números todo el día", comentó.

Sin embargo, el cuento de hadas que se había imaginado el joven no coincidió, al menos al principio, con la dura realidad de su nuevo empleo. Sí, ahora tenía un sueldo de 10 dólares por semana, lo cual representaba el doble de lo que ganaba como empleado. Pero Cornwell, el hombre que lo había empleado, tal vez había omitido mencionarle que su zona de venta estaba situada en pleno campo. De hecho, Cornwell y su joven asistente debían convencer a pobres granjeros de la necesidad absoluta de adquirir pianos o máquinas de coser. Estaban muy lejos de los suntuosos restaurantes y los lujosos hoteles con los que había soñado Watson. Pese a todo, el joven pudo, gracias a ese trabajo, familiarizarse con las técnicas de la venta y adquirir cierta experiencia que iba a serle de gran utilidad unos años más tarde.

Entre los caminos que llevan a la fortuna, el de vendedor es uno que, sin ser de los más fáciles, parece accesible a mucha gente, y que, en todo caso, ha permitido a miles de hombres y mujeres obtener su primer millón. Cuando Thomas Watson llegó a la cima de la gloria, un periodista de la famosa revista *Fortune* escribió a su respecto: "Déle la oportunidad de que le hable del futuro de IBM y él lo convencerá de unirse a las filas de la empresa. Permítale discurrir sobre el valor de sus proyectos, por complejos que sean, y se le ofrecerá un mundo de gran simplicidad. Pídale que le explique por qué la religión debe estar antes que cualquier otra cosa, ¡y no podrá usted resistir las ganas de arrodillarse!" Fue sin duda el talento de vendedor de Watson, que comenzó a desarrollarse muy pronto, lo que le permitió ascender rápidamente todos los escalones del éxito.

Cuando Cornwell decidió dejar su empleo de vendedor itinerante, Watson lo reemplazó. Ganaba ahora 12 dólares por semana. Se contentó con ello más de un año, hasta que se enteró de que a otros vendedores les pagaban con comisiones. Comprendió que, de alguna manera, se había dejado timar. Herido en su orgullo, presentó de inmediato su renuncia y ese mismo día tomó un tren hacia Buffalo, en busca de un nuevo empleo

como representante, pero esta vez con comisió
Hay que aclarar que, aunque no se lo pueda tachaı
de inestable, a Watson le gustaba cambiar de
empleo. Y poseía espíritu aventurero, una cualidad
necesaria a todo hombre que desea triunfar.

El nivel de desempleo era alto, y las ocasiones de
encontrar trabajo en Buffalo, escasas. Dos meses
pasaron desde que Watson bajó del tren, y todavía
no encontraba trabajo. Vagamente desalentado,
pensaba en escribir a sus padres pidiéndoles dinero
para comprar el pasaje de vuelta, cuando la suerte
le sonrió. Consiguió al fin un puesto, en Wheeler &
Wilcox, como vendedor de máquinas de coser. Su
actuación en esa compañía fue breve pero le permitió conocer a un hombre que iba a marcarlo profundamente: C. B. Barron.

Barron tenía un talento innato para la venta,
sabía hacerse de amigos e impresionar a sus clientes
con sus buenos modales y su lenguaje algo afectado. Además, le gustaba mantener una buena apariencia y cuidaba con esmero su imagen. En suma,
poseía todas las cualidades para triunfar en el
ámbito de las ventas y batía todos los récords de la
compañía. Barron se convirtió en el modelo del
joven Watson, que vio en él el ideal del vendedor
que deseaba llegar a ser. Watson no vaciló un
instante cuando su maestro le propuso asociarse
con él para montar un negocio. Barron se había
conectado con Building and Loan Association y
convenció a sus administradores de que podía
vender los productos de esa empresa. Creía que
Watson sería el candidato ideal para servirle de
socio. El joven poseía agallas y su deseo de triunfar
era impresionante.

En contacto con Barron, Watson aprendió

muchísimo sobre el sutil arte de la venta. Lo que resulta alentador en el caso de Watson (y también muy instructivo) es que él es el ejemplo de que no se nace necesariamente vendedor sino que, si se lo desea de verdad, se puede llegar a serlo haciendo los esfuerzos necesarios. En sus comienzos, Watson estaba tan influido por Barron que lo imitaba, adoptando sus maneras, sus tics y repitiendo palabra por palabra las frases claves que le permitían cerrar una venta, lo cual en ese oficio es esencial. Robert Sobel traza un retrato del joven Watson que muestra la actitud que debería adoptar todo vendedor ambicioso para alcanzar la cumbre de su arte. ¿Todo vendedor? No sólo todo vendedor, sino toda persona deseosa de triunfar. Pues, sea cual fuere el campo de actividad en que uno actúe, para triunfar hay que saber vender. Una idea, un servicio, un producto. El que no sabe venderse, vender su producto, su competencia, está condenado al fracaso. Pero cedamos la palabra a Robet Sobel, autor de *La historia de un imperio: IBM*: "Watson tenía tendencia a simplificar al extremo cuando hablaba, eludiendo cantidad de detalles. Como todos los vendedores estrellas, prestaba una atención particular a su apariencia, tratando de agradar a todos los que conocía y a los clientes en particular. Era también un verdadero táctico, que pasaba el tiempo buscando las palabras o los gestos que pudieran ejercer algún impacto, que le permitieran leer entre líneas, siempre con la esperanza de realizar una venta. Así, aprendió que los burgueses valoraban ante todo la sinceridad, el autodominio, el ardor y otras virtudes comparables. Muchos vendedores lo sabían y se esforzaban por responder a sus expectativas. Los burgueses se dejaban impresionar por personas de buena presencia que conocían los productos que vendían. Sobre este punto, Watson se defendía bien. También aprendió a escuchar, a reír con convicción en el momento justo, pero sin exceso. Sabía que para vender es necesario emplear tretas, saber tratar al cliente, pero también darle la imagen de un representante sincero, evitar dejar notar el artificio de los trucos del oficio. Eso, Thomas Watson lo había entendido muy bien".

Muy pronto Watson se encontró ganando mucho más dinero del que había ganado nunca. "Dicen que lo único importante es el dinero. Es cierto y, sin embargo, es mucho más importante cuando uno quiere lanzarse a la vida y no tiene un centavo en el bolsillo. Créame, sé muy bien de lo que hablo."

Esta confidencia de Watson muestra claramente que para triunfar no hay que tener inhibiciones con respecto al dinero. Una de las primeras cosas que hizo Watson cuando cobró su cheque fue comprarse un guardarropa según las sugerencias de Barron, que deseaba que su joven socio tuviera la mejor apariencia posible ante los clientes y disimulara así sus modestos orígenes campesinos. Barron se complacía en repetir, muy filosóficamente: "El hábito no hace al monje, pero ayuda mucho si se trata de un hombre de negocios".

Durante esos años, nacían en los Estados Unidos los primeros negocios en cadena. Watson se interesó enseguida en ese nuevo fenómeno, viendo allí una ocasión única de hacer fortuna rápidamente. Como se sentía apto para llevar adelante dos actividades, reunió todos sus ahorros y, sin dejar su empleo de vendedor, abrió una carnicería en Buffalo, con la idea de multiplicar las sucursales si el negocio marchaba bien. En algunos años, sería el magnate de la carne de todo Buffalo. Empleó personal calificado para ese tipo de comercio y compró una caja registradora para poder ejercer cierto control durante su ausencia.

Los comienzos fueron promisorios y Watson creyó haber encontrado al fin el filón que lo llevaría directamente a la fortuna. Pero aún no habían terminado sus penas. Una mañana Barron desapareció con todo su dinero. Watson lo buscó, pero en vano. Por segunda vez en su vida, Thomas Watson se había dejado timar, y juró que sería la última.

Un tiempo después de esa desventura, perdió su empleo en la Buffalo Building and Loan. La mala suerte parecía encarnizarse con él. Corto de dinero, pronto tuvo que cerrar la carnicería, que no era lo bastante rentable. Así se cerraba el sueño de ser el magnate de la carne de Buffalo, que nunca llegaría a cumplirse.

Empero, pese a ese doble fracaso, la confianza de Watson no se había quebrantado. Era joven. Todavía tenía su buen guardarropa de vendedor y, sobre todo, aunque se había dejado engañar por su socio, aunque había perdido hasta el último céntimo en la carnicería, poseía un capital inestimable para su éxito futuro: todo lo que había aprendido con Barron sobre el arte de la venta. Era 1895. La economía estadounidense no se hallaba en un buen momento, el desempleo era alto. Watson tenía que encontrar un empleo lo antes posible. Su fracaso en el negocio de la carne le había resultado instructivo y "provechoso", pese a la pérdida de dinero, pues le permitió a Watson aclarar cuál era su verdadera vocación. Su camino estaba en las ventas. Todo fracaso puede revelar el germen de un gran éxito futuro en el sentido de que, por lo general, permite aclarar la vocación del individuo y ayuda a descubrir lo que realmente quiere hacer en la vida. Una meta claramente definida es el comienzo de toda realización. Si un fracaso o una serie de fracasos le permiten aclarar sus metas y sus aspiraciones profundas, son positivos. No lo olvide nunca.

Por su parte, Watson había aprendido la lección de su "desdichada" experiencia. Se consagró entonces con cuerpo y alma a la venta. Su confianza en sí mismo estaba intacta. Las vacilaciones y las dudas del principio no deben desalentarlo tampoco a usted: ¡siempre puede sacar de ellas un inmenso beneficio!

Al liquidar el negocio de la carne, Watson lo había vendido todo, menos la caja registradora, que no había pagado al contado. Al ir a devolverla a la N.C.R. (National Cash Register), aprovechó la ocasión para ofrecer sus servicios como vendedor. John Range, gerente regional, no quedó muy impresionado por el joven y se negó a emplearlo. Pero Watson quería trabajar para esa empresa. No se dejó desalentar y no se dio por vencido ante la primera negativa. Incansablemente, se presentó una y otra vez en la oficina de Range, hasta que un día éste decidió, sin duda impresionado por su obstinación, darle un período de prueba.

En verdad, Watson, en su búsqueda de empleo, había aplicado uno de los principios claves de la venta, que por lo general se subestima: no aceptar nunca un "no" como respuesta definitiva. Si había podido hacer cambiar de idea a un hombre tan brillante y determinado como Range, iba a poder hacer lo mismo, y mucho más, con los miles de clientes que lo esperaban. Reflexione en este principio. Todo hombre, aun el más firme e inflexible en apariencia, es influible hasta cierto punto y la negativa categórica que opone un día puede transformarse al siguiente en una adhesión entusiasta.

No obstante, pese a esta primera victoria, la partida no estaba ganada. A pesar de sus experiencias anteriores, Watson no hizo buen papel y al cabo de diez días de empeñoso trabajo volvió con las manos vacías. Range decidió darle una demostración y llevarlo con él unos días.

"No sé qué responder a los clientes que se niegan categóricamente a comprar una caja registradora, pierdo todos mis argumentos", le confió a Range, mientras iban a visitar clientes.

"Observe bien cómo lo voy a hacer yo —le dijo Range—. Basta con sonreír, ganarse la confianza del cliente y decir: 'Sé muy bien que usted no va a comprar nada, y es por eso que he venido a verlo. Si estuviera seguro de venderle una caja registradora, habría venido directamente con una bajo el brazo. Si estoy aquí es porque deseo saber por qué usted no quiere comprar una caja registradora'."

A este respecto, Watson dijo años más tarde: "Fue John Range quien me enseñó la importancia de la palabra *porque* ".

Con esta nueva formación, Watson no tardó en convertirse en un vendedor fuera de serie. Muchos años después, confió a un periodista que los consejos de John Range fueron los de mayor importancia en su vida. Podían resumirse así: "Haga cada día nuevos esfuerzos. Siempre habrá un día de mañana que le brindará muchas satisfacciones y mucho dinero". Apenas tres años después de entrar como vendedor en la N.C.R., Thomas Watson batía todos los récords de ventas. En una sola semana ganó 1.225 dólares sólo en comisiones, lo que resulta fenomenal si se considera que no recibía más que el 15% de comisión sobre cada caja registradora vendida. En relación con otros muy buenos vendedores de la compañía que ganaban de 100 a 200 dólares por semana (lo cual para la época era más que razonable), Watson pasaba por un prodigio.

Vendedor privilegiado, Watson ya está listo para emprender nuevos desafíos. En 1899 lo ascendieron a director regional para la cuenta de Rochester, zona considerada el hijo pobre de la N.C.R. a causa de su magro volumen de ventas. Watson, trabajando como un condenado, aceptó el desafío. La facturación de la zona que le confiaron subió rápidamente. Patterson, entonces director de la empresa, viendo las condiciones de ese joven y la motivación con la cual se entregaba a sus nuevas funciones, lo nombró muy pronto director general de los aparatos de segunda mano. Tres años más tarde, Watson accedió al puesto de director general de ventas. Nadie nunca antes que él había ascendido tan rápido los peldaños de la jerarquía administrativa y ya, en ciertos medios de negocios, el nombre de Thomas Watson comenzaba a circular como el de una promisoria estrella en pleno ascenso.

A los 36 años, Thomas Watson, gracias a su entusiasmo y su trabajo, ocupaba una posición envidiable en la N.C.R., pero a ello iba a seguir un período atormentado. Fue en esa época cuando la American Cash Register (ACA) inició pleito a la N.C.R., acusándola de haber transgredido la ley antimonopolio. El caso fue llevado ante los tribunales, y la justicia encontró culpable a la N.C.R. Watson y Patterson fueron condenados a pagar 5.000 dólares de multa y un año de prisión. Afortunadamente, la causa se apeló y la condena cambió. Watson se salvó, pero ya no gozaba de las simpatías de Patterson. En el curso del proceso, los dos hombres se habían malquistado y quedaron distanciados definitivamente. En abril de 1914 fue despedido, un poco como le pasó a Lee Iacocca, ejecutivo de Ford, unos años más tarde. Aunque Watson no se hubiera enemistado con Patterson en el curso del proceso, probablemente lo mismo habría sido despedido un día u otro, pues Patterson, celoso de su poder como Henry Ford II más tarde, no podía tolerar que uno de sus ejecutivos le hiciera sombra y amenazara su autoridad, juzgada por muchos, despótica pese a sus innegables capacidades.

El día en que Watson dejó la N.C.R. le confió a un amigo: "Me voy, pero para lanzar una empresa que será aún más grande que la de J. H. Patterson". Bello ejemplo de eso que se ha dado en llamar frustración creadora. Este giro de la carrera de Watson es también una ilustración del principio del *spin-off*.

El porvenir le iba a dar la razón a Watson. A partir de ese día, participaría en la creación de una de las firmas más prestigiosas de toda la historia, la International Business Machine, más conocida por IBM.

Watson se encontró en un principio en un período de reflexión. El ambiente de los negocios conocía su valor. Watson se encontró con que le ofrecían varios puestos en la industria del automóvil, en la industria naval y en el comercio. Pero declinó todas esas proposiciones. Su elección recayó en la oferta que le hizo, en 1914, la Computing Tabulating Recording (C.T.R.), para el puesto de director general. Los otros empleos lo habrían obligado a trabajar a la sombra de un patrón, habría tenido que conformarse con ser un ejecutor. Watson tenía mucha ambición. Semejante situación le habría impedido llevar a cabo sus propios objetivos personales. El tenía una idea muy valiosa y, además, cuentas que ajustar. No había olvidado la promesa que se había hecho de tomar revancha contra Patterson. Tenía que poner en pie una empresa rival.

Al aceptar la propuesta de la C.T.R., Watson impuso sus condiciones: un salario conveniente que incluía compartir los beneficios de la empresa a fin de año, y una opción de compra de las acciones de la compañía. Fue así como lo contrataron, con un sueldo de 25.000 dólares anuales. La C.T.R. era una amalgama de firmas más o menos dispares. En primer lugar, la International Time Recording, empresa manufacturera, la Computing Scale, que se especializaba en la fabricación de cuchillos y balanzas comerciales, y por último la Tabulating Maching, empresa encargada de la fabricación de tabuladoras. En verdad, para el presidente de la empresa, Charles Flint, y sus asociados, la C.T.R. constituía más bien una suerte de refugio fiscal para ocultar los ingresos de sus otras empresas, más que una firma destinada a ser verdaderamente productiva. Semejante actitud no resultaba nada tranquilizadora para el porvenir de la compañía. Thomas Watson, desde su ingreso en su función, no compartió esa filosofía. El esperaba hacer de esa industria un gigante.

Desde el principio de sus actividades en la C.T R., Watson seinteresó en las actividades de la Tabulating Machine, sin duda en razón de la experiencia adquirida en la empresa anterior. Estaba convencido de que tenía un mercado importante que desarrollar en el campo de las máquinas de escribir y calcular. Si Patterson había triunfado en la N.C.R., ¿por qué no podría él hacer lo mismo? Y además mantenía siempre presente la promesa que se había hecho al irse de la N.C.R.

Watson se empeñó en principio en modificar la estructura de la Tabulating Machine, poniendo en funcionamiento un equipo de supervendedores, que iban pronto a suplantar a los de la N.C.R. Recordó que la fuerza de esta última empresa residía en sus vendedores, formados según el método de Patterson. Era allí donde tenía que imponerse desde el primer momento, en virtud de esa evidencia, sin embargo descuidada, de que, a igual calidad y precio comparable, es siempre el producto presentado por el mejor vendedor el que mejor se vende. Además, Watson creó un laboratorio de investigaciones experimentales con el objeto de perfeccionar e inventar nuevos aparatos. Esta iniciativa resultó infinitamente fructífera; gracias a ella, la empresa ganó mucha ventaja sobre sus rivales.

Los esfuerzos de Watson no pasaron inadvertidos. Flint quedó tan impresionado por la determinación y audacia de Watson que sólo un año después de haberlo contratado lo promovió al rango de presidente de la empresa. Muchos años más tarde, Flint confió a unos periodistas que Watson había sido uno de los mayores creadores que había conocido en su vida, uno de los auténticos gigantes entre los administradores de las grandes empresas estadounidenses.

En esa época, los objetivos de Watson eran claros y precisos: crear una compañía semejante a la N.C.R. y reemplazarla fabricando productos de calidad superior. ¡Y sobre todo de ventas superiores!

Administrador sin par, Watson fue sobre todo reconocido como un hombre de habilidad superior para motivar a la gente. Inspirándose en la experiencia personal de sus inicios con vendedor itinerante, elaboró una verdadera filosofía de ventas dentro de C.T.R. Reuniendo todas las semanas a sus vendedores, les hablaba tratando de transmitirles los principios que habían guiado toda su vida.

A Watson le gustaban mucho los lemas y recurría a ellos con frecuencia durante las reuniones de motivación de sus equipos de vendedores. He aquí algunos de ellos. Quizá puedan parecer banales, pero permitieron a Watson convertirse en uno de los grandes administradores de su época: "Vender y servir", "¡Apunten alto!", "El tiempo perdido no se recupera", "No sirve de nada enseñar si no hay nadie que aprenda", "La inercia no existe", "Jamás hay que darse por satisfecho", "Los errores de juicio son perdonables", "En primer lugar vendemos servicios".

Una de las divisas favoritas de Watson era la siguiente: "Lea, escuche, discuta, observe, reflexione". Como lo vemos, se centra en la reflexión, pero Watson se apresuraba a aclarar que esta última no sirve de nada sin la acción. Sin embargo, en última instancia, parece haber sido la importancia acordada al individuo en el seno de la compañía IBM lo que resultó determinante en su espectacular éxito.

Lo mismo podríamos decir de la compañía Honda y de la Walt Disney Enterprise. En el fondo es una forma sutil de humanismo cuyos resultados son profundos. En uno de sus más importantes discursos, que pasó a la historia de la empresa, Thomas Watson declaró que ésa era, en efecto, la clave de la cúpula de la IBM: "Tenemos ideas y tareas diferentes, pero cuando se mira bien se advierte que nuestra organización reposa en una sola cosa: el individuo".

Cuando estaba en la N.C.R. bajo la égida de Patterson, Watson había aprendido todas las sutilezas del arte de la venta, entre otras a tener siempre la respuesta correcta preparada de antemano, por ejemplo para refutar con habilidad las objeciones más corrientes, como "No tengo dinero", "No lo necesito", "Mi sistema actual funciona bien". El momento más delicado de una transacción es sin duda alguna el "cierre de la venta", es decir, cuando se lleva al cliente a firmar el contrato, a hacer un pedido. En la N.C.R. Watson había aprendido a hacerlo con suma habilidad. En lugar de proponer toscamente (y, además, ineficazmente) al cliente que se definiera, Watson le preguntaba con calma, como si ya tuviera el consentimiento del cliente, de qué color deseaba la máquina o en qué momento prefería que se la enviaran. Estas técnicas las enseñó a sus vendedores de la IBM. Los resultados fueron espectaculares.

Al fin de la Primera Guerra Mundial, la Tabulating Machine había logrado alquilar unas 2.500 máquinas Hollerith a más de 650 clientes a través de todos los Estados Unidos. La máquina Hollerith, que lleva el nombre de su inventor, fue concebida a fines del siglo XIX y puede considerársela como el ancestro de la computadora moderna. El primer aparato permitía la perforación de tarjetas. Una segunda aseguraba su lectura, precios y contabilidad, ofreciendo la posibilidad de realizar operaciones relacionadas.

Watson creía mucho en el porvenir de esas máquinas que permitían ahorrar enormes cantidades de tiempo. Así, en 1919, gracias al laboratorio de investigaciones que había montado en la C.T.R., la compañía se orientó más hacia la investigación y el desarrollo de nuevas tecnologías. El laboratorio elaboró una impresora adaptada a las máquinas Hollerith, capaz de reproducir las copias de datos provistos por esta última. Cada vez se acercaba más a la futura computadora.

A la edad de 50 años, en 1924, Thomas Watson fue electo presidente, director del consejo y director de operaciones de la C.T.R. Con ello se convertía en el dueño absoluto de la empresa. Fue también ese mismo año cuando Watson, para indicar las nuevas orientaciones que se proponía dar a la empresa, decidió que de allí en adelante la C.T.R. pasaría a llamarse International Business Machine, o IBM. Progresivamente, Watson fue abandonando el mercado de las máquinas de escribir y calcular para lanzarse a fondo a la nueva tecnología naciente de las máquinas de tratamiento de datos, cuyo uso fue difundiéndose más y más, cambiando la cara de la sociedad occidental con lo que luego iba a llamarse la revolución informática.

Bajo la tutela de Watson, gracias a los métodos científicos de venta que dejaban muy poco librado a la improvisación, la compañía IBM obtuvo un rápido crecimiento. En 1949, el volumen de ventas alcanzaba a los 33 millones de dólares y la compañía contaba con 12.000 empleados. Cuando Watson pasó las riendas del poder a su hijo, Thomas Watson junior, en 1956, un mes antes de su muerte, la IBM poseía 888 oficinas y seis talleres en diversos lugares de los Estados Unidos. Además, la IBM World Trade contaba con 277 oficinas y 17 talleres (más modestos) en 80 países. De hecho, en 1975, la IBM se convirtió en la segunda empresa más próspera de los Estados Unidos, después de la Exxon. En 1980, la IBM contaba con 340.000 empleados y anunciaba ingresos brutos del orden de los 24.000 millones de dólares.

Como Watson poseía un importante paquete de acciones IBM, de más está decir que el prodigioso crecimiento de la compañía le dio lucros más que importantes. De hecho, se convirtió rápidamente en archimillonario. Su secreto, como lo hemos visto, residía esencialmente en su gran habilidad para motivar a la gente. Su modo de considerar a sus empleados como individuos resultó también determinante, además de ser original en la época. Watson fue, en efecto, uno de los primeros en brindar, además de salarios generosos, ventajas sociales a sus empleados (por ejemplo, un seguro de enfermedad que pagaba el salario durante seis meses), medida que no solía tomarse en el ambiente de negocios de la época.

La aventura de Watson es ejemplar. De pequeño vendedor-corredor de máquinas de coser y pianos, llegó a la presidencia de una de las más grandes multinacionales del mundo entero. ¡La historia de Watson demuestra que las ventas llevan a todo, siempre que se persevere!

* * *

Como acabamos de verlo, la vida de Watson es una magnífica ilustración del poder mágico de la perseverancia. Esta virtud jugó igualmente un papel determinante en la carrera de Ray Kroc. Además, veamos el último consejo que éste consignó en su autobiografía, a los 75 años: "Persevere. Nada en el mundo puede reemplazar a la perseverancia. El talento no lo hará; nada es más común que los fracasados con talento. El genio no lo hará tampoco; el genio sin recompensa es ya proverbial. La educación no lo hará; el mundo está lleno de ruinas humanas instruidas. Perseverancia y determinación son las únicas virtudes omnipotentes".

> EL TIEMPO ES UN GRAN MAGO.
> SIEMPRE HAY UN MAÑANA.

Cada etapa lo acerca a la victoria. Cada circunstancia contraria oculta el fermento de un beneficio y una oportunidad a menudo mucho más grandes.

El esfuerzo suplementario: la "extra mile"

Ya hemos abordado antes la concepción de la *extra mile*, que podemos traducir literalmente con la expresión "milla extra". Ya hemos explicado que muchos individuos (deberíamos decir la gran mayoría) fracasan porque renuncian demasiado pronto. Innumerables éxitos, como hemos visto, ocurren después de la "milla extra".

Pero la "milla extra" tiene otro sentido, más sutil, de cierto modo. Abarca un gran principio del éxito, en general poco conocido, que podría enunciarse así: para progresar en su trabajo, para obtener un aumento de sueldo, o un ascenso cuando se es empleado, para ganar el favor del público y la clientela cuando se trabaja por cuenta propia, hay que esforzarse constantemente en dar más de lo que se recibe. Es por esta misma razón que el empleado que no hace más que aquello por lo que se le paga, sencillamente, no merece un aumento de sueldo.

En verdad, esta ley es muy simple, y por lo tanto sorprende que no se la conozca bien. Es la ley del retorno. Uno recibe lo que da.

Los que dan poco reciben poco. Tanto en el trabajo como en lo demás. Los diez hombres ricos, pese a los prejuicios mal fundados de los que quieren ensuciar su imagen, todos han dado mucho. Se han dado en cuerpo y alma a su empresa.

La ley de la "milla extra" resume, además, el verdadero sentido de la riqueza que hemos expuesto antes: el del reconocimiento del público con respecto a un individuo que le ha dado mucho gracias a un servicio o un producto.

El que aplica el principio de la "milla extra" se ve siempre recompensado, tarde o temprano. La compensación, que puede ser más o menos tardía según el caso, adquiere diversas formas, a veces inesperadas y sorprendentes. La más corriente es, evidentemente, el aumento de sueldo o el ascenso. Pero también puede ocurrir que esta compensación inevitable venga de otra persona que no sea el empleador actual para el cual la persona hace esfuerzos suplementarios. Existe una justicia inmanente que siempre se cumple. Muchas veces, la persona que no es retribuida en función de sus esfuerzos verá que le ofrece empleo otro empleador, en condiciones superiores. Así, el principio de la "milla extra" encuentra también su aplicación, aunque de manera indirecta. Podemos encontrar con facilidad ejemplos de esta ley en la vida de los diez hombres ricos, sobre todo en sus inicios, cuando otros no les retribuían sus esfuerzos en la justa medida de su valor. A menudo, el empleado que estima que su empleador no reconoce sus esfuerzos y no le retribuye en consecuencia elegirá montar un negocio propio en el ámbito donde se esforzaba inútilmente. Pero ningún esfuerzo se pierde, nunca. Ese hombre cosechará, a su tiempo, los frutos de sus esfuerzos anteriores. Además, redoblando esos esfuerzos ese hombre recogerá también un beneficio indirecto inapreciable: adquirir un dominio que le permitirá enriquecerse un día u otro.

La ley del esfuerzo suplementario es de algún modo el equivalente, en el plano financiero, a la ley de conservación formulada por Lavoisier: "Nada se pierde. Nada se crea. Todo se transforma". Recuérdela bien y no ahorre esfuerzos. Jamás son inútiles. Aunque no encuentren una recompensa inmediata, son como dinero en el banco. Y ese dinero trabaja para usted a una tasa de interés muy superior a lo que pueda creer.

TODOS LOS ESFUERZOS CONSTITUYEN DINERO EN EL BANCO.

Esta filosofía del esfuerzo no debe llevarlo a

creer que necesariamente hay que trabajar sin interrupción para acceder a la fortuna. Los estadounidenses que han triunfado se complacen en repetir: *"Don't work hard, work smart!"* ¡No trabaje mucho, trabaje con inteligencia! Es cierto que ciertos esfuerzos resultan vanos, pero son todos instructivos. Lo ideal, entonces, es aprender lo más posible en un ámbito específico a fin de limitar los esfuerzos y sobre todo orientarlos de la manera adecuada. En este sentido, la pericia es trabajo transformado. Lo cual es más o menos lo mismo que afirma la máxima que dice que querer es poder. Cuanto más "trabajo transformado", es decir experiencia, acumule usted, más trabajará, aunque los demás crean que no hace más que reflexionar. Cuanto más aguzada se torne su reflexión, y más profunda, más fecunda será y más se enriquecerá usted. Si desea enriquecerse de manera más rápida y más considerable, no se contente con trabajar con inteligencia en lugar de trabajar mucho. Haga las dos cosas. Así irá más lejos, más rápido. Todas las fortunas colosales se han formado mediante la combinación de un trabajo ardiente e inteligente. Por el contrario, si usted sólo busca vivir más cómodo, doblar sus ingresos, sin soñar en hacerse millonario, lo que también es muy legítimo, esfuércese por reflexionar y actuar de la manera más inteligente posible. El cálculo vale el trabajo. No lo olvide. ¡Pero primero hay que empezar por trabajar, y mucho, para aprender a calcular!

CAPÍTULO 7

La psicología
del éxito

El éxito no se hace solo

El hombre es una isla, ha dicho algún poeta. Esta máxima, podemos admitirla quizás en el nivel psíquico, pero en el camino del éxito nadie llega a la cima sin la ayuda de los demás. Nadie puede enriquecerse sin las personas que lo rodean. En otras palabras, el éxito no se hace solo. Lamentablemente, muchas personas tienden a olvidarlo. Y descuidan cultivar sus relaciones profesionales. Se aíslan, no dedican el tiempo suficiente a desarrollar las amistades con los que ya se encuentran en camino a la riqueza. Entre los diez hombres ricos, todos sin excepción han hablado de la importancia de sus colaboradores en su éxito. Recuerde, el ejemplo de Soichiro Honda, que, en sus propias palabras, habría fracasado de no haber encontrado un gestor de genio. También Onassis fue respaldado la mayor parte de su carrera por un gestor de gran talento.

"La aptitud para manejar a las personas es un producto que se compra, como el azúcar y el café, y yo lo pago más caro que a cualquier otro en el mundo", decía Rockefeller, que poseía el arte de saber rodearse de la gente adecuada. Medite en la última parte de esta frase: "Yo lo pago más caro que a cualquier otro en el mundo". En realidad, cuanto más avance usted en el camino del éxito, más percibirá que lo importante no es tanto el capital o las ideas o el entusiasmo, sino los individuos. Las relaciones o el dinero pueden ser absolutamente necesarios, así como las ideas y el entusiasmo, pero no son suficientes si no se puede contar con los individuos.

Aprenda a entenderse con la gente. El que no se entiende con nadie (y que está convencido de que son siempre los otros los equivocados, como el soldado que en un desfile cree ser el único que marca el paso) no sabrá nunca entenderse con los demás y por lo tanto nunca alcanzará el éxito. O, por lo menos, jamás alcanzará puestos elevados. Olvida que, a igualdad de condiciones —competencia, experiencia—, las personas prefieren siempre trabajar con individuos agradables. Parecería una perogrullada, y sin embargo las personas olvidan diariamente este principio. También olvidan que no sólo su pequeño ser, sus necesidades, sus prioridades son importantes. El que se atiene a esta ley, que no está enceguecido consigo mismo (con su ego), podrá llegar muy lejos, y pronto. Podrá influir de manera considerable en las personas que lo rodean y, de cierta manera, obtener de ellos lo que desea.

Esta cualidad psicológica es, en general, mucho más útil que la inteligencia o la pura competencia para obtener el éxito. Iacocca, en la siguiente confidencia, confirma lo que acabamos de enunciar: "Cuando miro mi propia carrera, me doy cuenta de que he conocido personas más inteligentes que yo o que sabían mucho más sobre autos. Y sin embargo, quedaron atrás. ¿Es porque yo fui más duro? Por cierto que no. No se puede ser demasiado duro con la gente. Hay que saber hablar a las personas, con franqueza y sencillez. Si hay algo que detesto descubrir al apreciar a un ejecutivo, es esto: que tenga dificultades en entenderse con sus colegas. Para mí, eso es un impedimento, es un obstáculo mortal. Pues el que no puede entenderse con los demás tiene un problema mayúsculo, ya que uno siempre debe tratar con seres humanos. No hay perros ni monos en este negocio... sólo seres humanos. Y el que no se entiende con sus semejantes, ¿qué puede aportarle a la empresa? Su papel de ejecutivo consiste en motivar a los otros. Si no es capaz de ello, no tiene nada que hacer con nosotros".

Estas palabras podría haberlas dicho uno de los más grandes hombres de negocios estadounidenses. Toda su vida supo hacer gala de un agudo sentido psicológico y comprender el factor humano y la noción de servicio. Ese hombre fue Conrad Hilton.

Conrad Nicholson Hilton
o
El más grande hotelero del mundo

"Creo en Dios y creo que a través de la plegaria se puede alcanzar el amor de Dios."

"Creo en mi país. Creo que sus destinos son grandes y nobles."

"Creo en la verdad. Creo que el hombre que dice una mentira voluntariamente es un hombre que se mutila voluntariamente. Pero, sobre todo, creo en el coraje, en el entusiasmo, pues sin ellos el individuo obstaculiza sus más firmes deseos."

He aquí, resumida en tres frases magistrales, toda la filosofía de un hombre que iba a revolucionar la industria hotelera y convertirse en un magnate sin igual.

En el prefacio a la biografía redactada por su amigo Whitney Bolton, Conrad Hilton declaraba: "Para un hombre es imposible vivir sin una idea previa de la dirección que va a tomar su vida. Desde que puedo recordar, (...) me marcó el signo del entusiasmo. Con el entusiasmo para impulsarme y la plegaria por escudo, puedo decir que amé lo que hice en la vida. Inevitablemente, con todos mis triunfos no se puede hacer otra cosa que llevar una vida activa, plena y sobre todo dichosa. Si se da a un hombre la ambición necesaria para estimularlo, la fe para guiarlo y una buena salud que le permita realizar su potencial, debe necesariamente alcanzar su meta, llegar a una forma u otra de éxito".

Ese éxito, confesémoslo, Hilton lo conoció desde su juventud. Pero su ascensión se debió menos a sus dones para dirigir las operaciones cotidianas de un gran hotel que a sus talentos de financista. Era maestro consumado en el arte de las finanzas además de un negociador sin par que se mostraba sumamente prudente en todas sus transacciones. Por otra parte, poseía en el más alto grado ese sexto sentido que permite a los grandes financistas aprovechar "el buen momento".

También tenía esa mirada avisada que le permitía reconocer de inmediato las posibilidades de cualquier inversión. Digamos, además, que ese hombre único sabía respetar una ley fundamental que todos los grandes adinerados del planeta han sabido tener en cuenta:

> SABER RODEARSE DE HOMBRES
> COMPETENTES Y UBICARLOS
> EN PUESTOS CLAVES.
> HOMBRES EN LOS QUE SE PUEDA TENER
> ABSOLUTA CONFIANZA.

De ese hombre que, en el momento de su muerte (a los 91 años, en enero de 1979), era responsable de 185 hoteles o albergues en los Estados Unidos, además de 75 establecimientos en el mundo entero, se decía que compraba hoteles como otros compran naranjas. Esas palabras, atribuidas al director de un hotel neoyorquino (que no formaba parte del grupo Hilton), él las desmentía enseguida. Claro que no era cierto. Antes de emprender una acción, pasaba días y días observando, pensando en todas las posibilidades. Llegó a un punto en que, mientras se paseaba por la noche cerca de un hotel, mirando a través del vestíbulo, la mitad del personal se superexcitaba, y la otra mitad se paralizaba de miedo.

¡EL LO ESTUDIABA TODO!

De Hilton se ha dicho que, cuando le resultaba imposible comprar un hotel, lo alquilaba. Cuando alquilarlo era imposible, construía uno. Pero cuando la venta parecía ventajosa, no vacilaba un solo instante. Ese hombre alto, de una vitalidad desbordante y una energía poco común, comía hotelería, bebía hotelería, pensaba en hotelería y ¡hasta soñaba con hoteles! ¡Ese es el secreto del éxito fenomenal de Conrad Nicholson Hilton!

El que fue llamado "el más grande hotelero del mundo" nació el día de Navidad de 1887 en San Antonio, en el estado de Nuevo México. Segundo hijo de una familia que iba a contar ocho, fue el primero varón de la familia Hilton.

Su padre, Augustus Hover Hilton, nacido en Oslo, Noruega, en 1854, había llegado a los Estados Unidos entre las décadas de 1860 y 1870. Durante un tiempo Hilton permaneció en Fort Dodge, en Iowa, de donde era originaria su esposa, de ascendencia alemana, Mary Lauferweiler. Fascinado por las inmensas posibilidades del Oeste, fue a establecerse en Nuevo México, en Sorocco, y luego en San Antonio donde, advirtiendo la necesidad que tenían los mineros del carbón y los viajeros de frontera de un comercio de ramos generales, decidió abrir un negocio de esas características.

Augustus Hilton festejó debidamente la llegada de ese primer varón (tuvo tres). Ofreció a los clientes dos dedos de un alcohol llamado "Nelly's Death" (la muerte de Nelly). Un dedo para festejar a Navidad y otro para celebrar el nacimiento de Conrad. Enseguida la noticia se difundió como reguero de pólvora por las calles de San Antonio: ¡Hilton brindaba, regocijado!

Augustus era un hombre de una actividad desbordante, rasgo que muy pronto se pudo apreciar en Conrad. En efecto, además de administrar su tienda de ramos generales, comerciaba ganado, abrió una farmacia, tenía una caballeriza y, con el advenimiento del automóvil, ¡llegó a poseer un taller mecánico con venta de nafta!

Conrad y los otros niños crecieron en esa comarca salvaje. Dominaron muy pronto el español, lengua que se empleaba corrientemente en la región pues Nuevo México es vecino inmediato de México, adonde llegaban numerosos inmigrantes casi todos los días en busca de mejor suerte. Y, como el padre se hallaba demasiado ocupado para pensar en criar a su numerosa prole, ese papel lo desempeñó casi exclusivamente la madre. Es de ella de quien heredó Conrad esa fe en Dios, ese respeto por la honestidad y el amor por la verdad que lo guiaron toda su vida. Más tarde confesará, en ese mismo prefacio a su biografía:

"Confieso que me deleito en la presencia de hombres francos y honestos. Experimento un horror instintivo por la deshonestidad. No puedo concebir el regocijarme un solo instante con un solo dólar ganado con codicia o artimañas".

Sin embargo, aunque de chico Conrad parecía más interesado por los conceptos religiosos que por el comercio, su madre comenzó a inquietarse un poco. La instrucción que podían darle en San Antonio no estaba a la altura de las exigencias de esa piadosa madre de familia. Cuando Conrad cumplió nueve años, ya hablaba bien el inglés y el español, pero su grado de escolarización dejaba mucho que desear. Ella hizo lo posible por hacerlo estudiar más y más, pero como el ambiente no ayudaba decidió enviar al muchachito a Albuquerque, a una escuela militar popular en aquella época.

El Instituto Militar de Nuevo México tal vez no era lo mejor que podía encontrarse en materia de enseñanza, pero lo mismo Conrad habría terminado sus estudios, si un incendio no hubiera destruido el establecimiento.

Mary no se dio por vencida y, tras dos semanas de reflexión, envió a Conrad a la escuela St. Michael de Santa Fe, una escuela de parroquia que la satisfacía por dos razones: en primer lugar, era un colegio católico, y además la disciplina era muy severa.

Durante las vacaciones, Conrad trabajaba en el negocio paterno. Su padre le pagaba un sueldo de cinco dólares por mes, que no era una suma despreciable en esa época. Augustus tuvo el cuidado de aclararle a su hijo que, si mostraba interés en el negocio, el sueldo podía llegar al doble. Ese billete de cinco dólares ha permanecido como un símbolo en la vida de Conrad Hilton. Sus amigos cuentan que aunque manipuló millones de dólares, no era raro verlo contemplando absorto un billete de cinco dólares y preguntando a la gente qué podía comprar con esa suma. ¡Las cifras titánicas que manejaba no le habían hecho perder el valor de un simple billete de cinco dólares!

Al aceptar la oferta paterna, Conrad obedecía inconscientemente a otro gran principio básico de todas las fortunas famosas del planeta:

> ## ¡SE PUSO A TRABAJAR DE INMEDIATO Y CON EMPEÑO!

Su padre quedó entusiasmado ante la nueva pasión que suscitaba el comercio en su hijo mayor. No sólo inventaba medios ingeniosos de aumentar sus ingresos, por ejemplo vendiendo las legumbres de su propia huerta a precios muy interesantes, sino que su determinación de triunfar despertaba la admiración familiar. Ese verano Conrad logró juntar más de 50 dólares, suma importante en ese momento. Evidentemente, en semejantes condiciones está de más decir que el padre no deseaba mandar a su hijo de vuelta a la escuela. Le dijo a su esposa, Mary, que el chico estaba muy bien dotado para el comercio y que seguramente se haría en ese ámbito un lugar muy envidiable. ¡No sabía hasta qué punto estaba en lo cierto!

Sin embargo, Conrad no dejó la escuela. Estudió después en Roswell y, al fin del tercer verano en el negocio familiar, ganaba hasta 15 dólares por mes. Fue en ese momento cuando decidió abandonar las aulas. Gus, como llamaban afectuosamente a Augustus, comprendió que a su hijo le apasionaba el comercio y no vaciló en alentarlo en ese rumbo, pagándole la suma de 25 dólares por mes. Estaban ya en 1904 y los negocios marchaban bien para los Hilton, en buena posición. Gus había embolsado una verdadera fortuna, 135.000 dólares, vendiendo carbón que había comprado varios años antes a un precio increíblemente bajo. Para festejar ese acontecimiento, la familia partió de viaje a Chicago. Para Conrad ese viaje fue una verdadera revelación. Toda su vida experimentó un amor indestructible por los viajes en primera clase, los buenos hoteles y los autos rápidos.

Sin embargo, esa dicha iba a ser de corta duración, pues Mary cayó gravemente enferma. Gus decidió enviarla a California, y se establecieron en Long Beach. ¡Después, el desastre! En 1907, una crisis financiera sacudió a todo el país. Gus se despertó una mañana sin un centavo. Por supuesto, el negocio estaba generosamente provisto pues acababa de comprar un buen *stock* a bajo precio. Pero los precios habían caído y el dinero era tan escaso que todo daba pérdida. ¡Era la ruina total!

COMO TODOS LOS GRANDES HOMBRES
A QUIENES LA FORTUNA HA SONREÍDO,
CONRAD NO SE DEJÓ ABATIR
POR EL DESALIENTO Y SUPO HACER UN ÉXITO DEL
FRACASO, AUNQUE HAYA SIDO FRUTO DEL AZAR.

El soñaba con la hotelería. Gus les había dicho a todos: "No tenemos un centavo. Ya antes he estado en esta situación y no me asusta. Su madre está sana otra vez y eso es lo único importante. Pero debemos subsistir. Los estantes del negocio están llenos de mercadería y tenemos que comer por un tiempo. No corremos riesgo de pasar hambre. Pero tenemos que volver a levantar cabeza. ¿Se les ocurre alguna idea?"

Y ése fue el comienzo de la colosal aventura, cuando el joven Hilton contestó con calma: "¿Por qué no utilizamos cinco o seis de los diez cuartos de la casa y los alquilamos, como en un hotel? Esta ciudad necesita un hotel. Tal vez al principio no tengamos clientes, pero al final la noticia se va a difundir y entonces todo marchará solo. Las niñas y mamá pueden encargarse de la cocina, yo me ocuparé de los equipajes. Podemos alojar a varios por habitación. ¡Y a 2,50 dólares por día, creo que podría irnos muy bien!"

Evidentemente, el problema era encontrar clientes. Fue el principio de un período de trabajo colosal para el joven. Su madre y sus hermanas se ocupaban del hotel mientras él y su padre seguían con el negocio. A partir de la hora de cierre de éste, a las 18, comía algo e iba a acostarse enseguida, pues debía estar en pie poco después de medianoche para ir a la estación a buscar la clientela entre los pasajeros que llegaban en el tren de la una de la mañana. Llevaba las valijas, les asignaba habitación, verificaba si tenían todo lo que necesitaban (sábanas, toallas, jabón, etc.), tomaba nota de lo que deseaban para el desayuno y de la hora a la que querían que se los despertara. Luego dejaba las notas de manera que las vieran su madre y sus hermanas y volvía a repetir el mismo trabajo con el tren de las tres de la mañana. Cuando se instalaba por fin el último pasajero, Conrad podía dormir otro poco, hasta las 7, cuando se levantaba para volver al negocio, a las ocho.

En sólo seis semanas la noticia se difundió por toda la región y hasta el este de Chicago. "Si tiene que interrumpir su viaje de negocios, trate de hacerlo en San Antonio y alojarse en la casa de los Hilton. ¡Tienen la mejor cocina del Oeste y un muchacho que es mejor que nadie para hacerlo sentir cómodo!"

La lección que extrajo Conrad de esta etapa es elocuente. Contenía todos los secretos del éxito: no vacilaba en trabajar duramente, durante horas y horas, con el objeto de triunfar, ¡y triunfó!

Hasta el momento de su muerte no dejó de repetir que ni un millón de dólares le alcanzaría para pagar lo que había aprendido en ese duro período de su vida.

El éxito del hotel permitió a Conrad, en 1907, proseguir sus estudios en la Escuela de Minas de Nuevo México, donde pasó diez años adquiriendo conocimientos sobre minas pero además sobre baile, tenis, picnics y paseos a la luz de la luna.

Ese lapso provocó también un giro en la vida del joven. En dos años, Gus se había restablecido financieramente. Se había aventurado en el negocio inmobiliario en Hot Springs, Nuevo México, y pensaba incluso en abrir un banco; además, había comprado un terreno para construir una casa nueva. El terreno estaba en Sorocco, donde se hallaba la Escuela de Minas. Conrad detestaba esa ciudad. Su padre le ofreció entonces una elección: toda la familia se iría a Sorocco y él, Conrad, se ocuparía del negocio de San Antonio. Conrad comprendió que sus hermanas tenían muchas más posibilidades de hacer su vida en Sorocco que en San Antonio, y aceptó la oferta paterna. Fue el comienzo de un aprendizaje del mundo de los negocios como nunca había tenido ocasión de hacerlo antes.

De esta época, dirá: "Lo que tenía que aprender, era ése el momento de aprenderlo. Aprendí a comerciar honestamente, a servirme de mi sentido común y sobre todo a no dudar en ser audaz cuando era necesario."

> "¡APRENDÍ QUE NADIE LLEGA A NADA SI SE QUEDA
> CÓMODAMENTE SENTADO
> EN UNA SILLA!"

Pero no sólo tuvo éxitos. Cuenta con humor la vez en que un viejo prospector le había hecho vislumbrar la posibilidad de inmensos beneficios explotando un filón que había descubierto. Conrad financió la aventura, compró la concesión y partió con el viejo prospector. Lamentablemente, Conrad descubrió que el hombre es mortal. El viejo murió en el camino. ¡No sólo perdió una importante inversión sino que, además, tuvo que cavar él mismo la tumba del viejo!

Fue después de dejar la Escuela de Minas y tomar en sus manos los intereses familiares en San Antonio que Conrad se interesó brevemente en la política. Era 1912, cuando Nuevo México se consideraba como un Territorio e iba a recibir el nivel de Estado. Hilton se asombró de encontrarse miembro de la legislatura a los 23 años. Pero esa aventura no duró más que dos años, pues a Conrad le disgustó enseguida lo que veía y oía en el "honorable" recinto. De modo que no lamentó en absoluto abandonar ese rumbo.

Otro ámbito le había llamado la atención: los bancos. Alimentaba la idea de abrir un banco en San Antonio, pese a que su padre lo había puesto en guardia. Esa aventura que no llegó a cristalizar del todo fue un éxito por un tiempo y, a los 27 años, Conrad llegó a ser vicepresidente de un banco. Sin embargo, los manejos de los financistas celosos pusieron fin a ese sueño. Por último, mientras Conrad se enrolaba en el ejército, pues los Estados Unidos estaban en guerra contra Alemania, fue el banco de Sorocco el que compró el negocio. De todo ello, Hilton retuvo una lección fundamental:

SI USTED TRABAJA CON AHÍNCO
Y DURANTE EL TIEMPO SUFICIENTE
PARA REALIZAR ALGO EN LO QUE CREE,
TERMINARÁ LOGRANDO QUE
ESE SUEÑO SE CUMPLA.

Conrad sirvió en el cuerpo de cabos de marina en San Francisco, a causa de su experiencia comercial. Después, en marzo de 1918, lo enviaron a Francia, al frente. Fue durante ese período que se enteró, por un telegrama de su madre, de que su padre se había matado en un accidente de automóvil el 1º de enero. Liberado de su deber de soldado en febrero de 1919, volvió a los Estados Unidos para ocuparse de los negocios de la familia, que se encontraban en un estado lamentable. Volvió a su antigua obsesión: abrir una serie de bancos.

Para encontrar los capitales que le faltaban, fue a Texas, donde el petróleo permitía amasar inmensas fortunas en poco tiempo. Fue el giro capital de su carrera. En Cisco, como se negaron obstinadamente a venderle un banco y se dio cuenta de que lo que más necesitaba la ciudad era un hotel, no le costó mucho decidirse: ¡de allí en adelante se dedicaría a la hotelería!

Compró su primer hotel, el Mobley, en 40.000 dólares. Y durante meses volvió a llevar una vida de galeote. Dormía en un sillón de la oficina, pues todas las habitaciones estaban alquiladas, incluso más de una vez por día. Fue allí donde aprendió un principio que le serviría durante toda su carrera y que generó su inmensa fortuna: en un hotel, no debe perderse un solo centímetro cuadrado. Fue también entonces cuando descubrió su famoso principio MINIMAX:

> ## ¡PRECIO MÍNIMO, SERVICIO MÁXIMO!

Procedió a realizar transformaciones radicales: como el restaurante no daba grandes beneficios, lo hizo desaparecer y lo transformó en habitaciones. El escritorio de recepción fue reducido a la mitad para permitir la apertura de una tienda. Tres grandes sillones y un sofá desaparecieron del vestíbulo para dar lugar a un *stand* . Esta búsqueda de rincones desaprovechados hizo sonreír a más de uno a lo largo de su extensa carrera, pero Hilton sabía que estaba en lo cierto al actuar así. Por ejemplo, cuando transformó el primer piso del Plaza de Nueva York incluyó el "Oak Room Bar", cuyo resultado fue el aumento de los ingresos del hotel, en ese entonces ¡de 5.000 a más de 200.000 dólares anuales!

Hilton sostenía que, para triunfar, todo hombre de negocios digno de ese nombre debe obedecer religiosamente este gran principio:

> ¡TENERLE HORROR AL ESPACIO PERDIDO,
> EL ESFUERZO PERDIDO Y EL DINERO PERDIDO!
> EN OTRAS PALABRAS, HAY QUE TRANSFORMARLO TODO
> EN ORO, ¡BUSCAR SIEMPRE LA MINA DE ORO!

También fue su experiencia en Cisco, con el Mobley, lo que le permitió comprender otro elemento que iba a desempeñar un papel decisivo en su ascenso al firmamento de las finanzas:

> ¡QUE SUS HOMBRES ESTÉN ORGULLOSOS DE SU
> UNIDAD! ¡ASI OBTENDRÁ
> LOS MEJORES RESULTADOS!

La lección que había aprendido durante la Gran Guerra la repitió en el mundo de la hotelería. El Mobley no tenía más que 40 habitaciones, pero con su nuevo socio, el mayor Powers, que había conocido en el ejército, adquirió el hotel Melba, en Fort Worth, Texas. Este tenía 68 habitaciones, aunque todo estaba terriblemente sucio. Mobiliario en ruinas, cocina oculta bajo la grasa, alfombras raídas. Sin embargo, a los ojos de Hilton, poseía una cualidad incomparable: un precio ridículamente bajo, ¡25.000 dólares! Lo compró con entusiasmo y aplicó el principio secreto de su éxito:

Para Hilton, lo importante era conservar en cada establecimiento que compraba su sello propio.

> "YO COMPRO UNA TRADICIÓN
> Y HAGO TODO PARA SACAR
> EL MEJOR PARTIDO POSIBLE."

¡El Melba fue un éxito financiero!

El tercer eslabón del imperio Hilton fue su primer "Waldorf", el de Dallas. También fue en esa ocasión cuando reveló sus verdaderos talentos de negociador. Durante diez días se extendieron las conversaciones, hasta que se llegó a un acuerdo. Pero Hilton había obtenido lo que deseaba: el precio inicial de 100.000 dólares fue bajado a 71.000. Hilton y sus dos socios, Drown y Powers, invirtieron 40.000 y pidieron prestado el resto, ¡préstamo que devolvieron en sólo 21 meses!

La crisis financiera de 1929 golpeó con dureza a la industria hotelera. Antes, en la década de 1920, Hilton y sus socios habían proseguido su ascensión y compraron, alquilaron o construyeron hoteles por todas partes. Así, hicieron construir en Dallas en 1925, en Waco en 1928, en San Angelo, Plainview, Lubbock y Marlin en 1929, y después en El Paso en 1930. La crisis obligó a Hilton a cerrar cuatro de sus establecimientos y hacer ahorros considerables. Le ocurrió de pronto tener habitaciones, e incluso pisos completos, cerrados.

Pidió dinero prestado ofreciendo como garantía su póliza de seguros de vida y llegó hasta a trabajar a tiempo parcial para la firma Affiliated National Hotels. ¡Por lo menos el 80% de la industria hotelera estaba amenazada de quiebra! Por último, en 1935, los ingresos obtenidos en sus inversiones petroleras permitieron a Conrad Hilton respirar un poco.

Lentamente volvió a comenzar el camino interrumpido. En Los Angeles compró el Sir Francis Drake, para venderlo casi de inmediato. Luego fue el Town House, adquirido en 1942, cuyo precio de compra superaba el millón de dólares. Pero gracias a la organización Hilton y la aplicación de los principios Minimax y "buscar el oro", ese establecimiento vio llegar sus ganancias a los 201.000 dólares el primer año de su explotación. Después siguieron el Roosevelt y el Plaza, de Nueva York, en 1943. Las adquisiciones se tornaban más costosas pese a los innegables talentos de Hilton para obtener arreglos más ventajosos. Así, pagó 19.385.000 por el Palmer House y 7.500.000 por el Stevens, dos establecimientos de Chicago.

El Stevens, que había costado 30 millones de dólares de construcción, fue rebautizado el Conrad Hilton y fue durante mucho tiempo el mayor hotel del mundo, con 2.800 habitaciones. ¡Se calculó que hacía falta ocho años para ocupar todas las habitaciones del hotel, a razón de una por noche!

Sin embargo, ante la ascensión de este cometa al firmamento de la hotelería, hubo varios financistas avisados que no vacilaron en pasarse a las filas de ese hombre de negocios. En 1946, se fundó la Hilton Hotels Corporation con Conrad Hilton en la presidencia. Después, cuando Hilton anunció, el

12 de octubre de 1949, que había comprado el muy famoso hotel Waldorf Astoria de Nueva York por la suma de 3 millones de dólares, fue una apoteosis. Con sus 1.900 habitaciones, ese hotel representaba el *non plus ultra* de la hotelería estadounidense y se comparaba ventajosamente con los más célebres palacios europeos. Para Conrad Hilton, era un momento que esperaba desde hacía varios años. Las negociaciones habían durado meses. Socios y consejeros salían de esas reuniones completamente agotados. Además, debían continuar con su trabajo habitual, como si nada fuera de lo común ocurriera. Hilton se ocupaba de despertarlos él mismo cada mañana a las seis y cuarto y los llevaba a la catedral St. Patrick para que rezaran media hora. Todos le obedecían, aunque no fueran devotos católicos.

Uno de sus colaboradores dijo después:

> **"CUANDO CONRAD HILTON REZA PARA OBTENER ALGO, LO OBTIENE. ¡TAL VEZ PORQUE NO OLVIDA NUNCA AGRADECER TAN CALUROSAMENTE COMO PIDIÓ!"**

Esta actitud iba a repetirse con el Waldorf. Cuando la transacción concluyó al fin, los colaboradores de Hilton esperaban volver a quedarse en la cama hasta más tarde, como se merecían. No conocían bien a Hilton. El teléfono sonó a las seis y cuarto, como de costumbre, y cuando todos se reunieron en el vestíbulo algunos protestaron... ¿por qué volver a la iglesia cuando el Waldorf le pertenecía de allí en más?

Hilton replicó: "Uno no puede rogar por obtener algo que desea y después olvidar decir gracias cuando lo tiene. ¡Vamos!"

Esta piedad indefectible lo caracterizó toda la vida. Hasta llegó a escribir una oración que recitó en un discurso pronunciado en Chicago. ¡Plegaria que ostentan muchos hogares estadounidenses!

Le quedaba un ámbito por explorar, que obsesionaba al espíritu aventurero de Hilton: ¡el extranjero! A este respecto empleó los mismos principios que lo habían convertido en el hotelero más rico de los Estados Unidos. Uno de ellos iba a servirle de perillas para la adquisición de su primer establecimiento fuera del país. ¿Cuál?

> **MOSTRAR EN PRIMER LUGAR**
> **AL INTERLOCUTOR**
> **EL RESPETO QUE UNO LE TIENE.**

Este principio favoreció las transacciones entre la Hilton Hotels Corporation y el gobierno portorriqueño. Este último había comunicado a siete hoteleros estadounidenses su propósito de abrir un hotel en San Juan, la capital. Pero no habían manifestado entusiasmo y sobre todo, error deplorable, ni siquiera habían respondido como es debido, sino de manera ligera. Hilton redactó una carta en español, que por otra parte dominaba a la perfección. Por supuesto, la conclusión del negocio le fue favorable y el Caribe Hilton pudo abrir su puertas.

En sus transacciones en el extranjero, tanto como en las que hizo en su país, Hilton aplicaba siempre tres reglas de oro:

> **INVIERTA PRIMERO CAPITAL PERSONAL.
> TRATE A LOS BANCOS COMO AMIGOS.
> POR ÚLTIMO, HAGA DE SU DIRECTOR
> UN SOCIO DEL NEGOCIO.**

Esta fórmula, que repitió siempre con éxito tanto en su país como en el extranjero, le evitó herir susceptibilidades personales. Hilton prefería ofrecer a los inversores extranjeros la oportunidad de participar en el negocio. Estos compraban el terreno y asumían los gastos de la construcción. El aporte de Hilton consistía en la asistencia técnica en el nivel de los planos y la construcción, y luego las indicaciones necesarias para poner el establecimiento en funcionamiento. A continuación se firmaba un contrato general de dirección. El personal, escogido con gran cuidado en el país, era invitado a perfeccionarse en los hoteles Hilton de los Estados Unidos.

Los establecimientos extranjeros se tornaban cada vez más numerosos, por lo cual se creó la Hilton Hotels International, firma independiente de la sociedad madre estadounidense pero de la cual Hilton era también el presidente.

Para Conrad Hilton, esta apertura hacia el extranjero representaba un doble ideal: en primer lugar, descubrir el mundo a los estadounidenses, lo cual influiría benéficamente para fomentar la tolerancia y evitar una guerra; él decía: "¡Uno no puede entrar en guerra con alguien a quien conoce bien!"

En segundo lugar, esos establecimientos permitían al mundo conocer mejor a los Estados Unidos y sus habitantes.

En la financiación de los hoteles Hilton en el extranjero participaron personalidades famosas. Así, el Shah de Irán, por intermedio de la Fundación Pahlavi, era propietario de un hotel Hilton. Howard Hughes se asoció también, mediante la TransWorld Airlines.

Además, en mayo de 1967 la Hilton International se convirtió en filial de la TWA. Pero Hilton, en ese momento, ya se había retirado del gigante que había creado pieza a pieza.

En su inmenso dominio de Bel Air, en California, disfrutaba, en la vasta mansión de 61 cuartos, de su familia y sus amigos. Aunque había renunciado a sus viajes de inspección por los diferentes hoteles de la cadena, nunca faltaba a una fiesta de inauguración. En el extranjero, siempre respetuoso de la tradición, esas fiestas revestían un carácter folklórico que conmovía vivamente a Conrad Hilton.

Ese hombre bendecido por la fortuna fue, sin embargo, menos dichoso en la vida privada. Su primera esposa, Mary Barron, le dio tres hijos, Nick, Barron y Eric Michael. Pero al nacimiento del último, en 1933, Hilton estaba agotado, doblegado bajo el peso de su enorme trabajo. La unión no resistió. Luego tuvo un breve matrimonio con Zsa Zsa Gabor. El tercer matrimonio de Conrad Hilton fue mucho más escandaloso. En 1976, a los 89 años, se casó con Mary Frances Kelly, veinte años menor que él, con quien mantenía lazos de amistad desde hacía muchos años.

Ese visionario responsable de una importante tarjeta de crédito supo imponer su sello en un mundo donde no creían en sus visiones futuristas. En 1965, la sociedad creada por Hilton poseía 61 hoteles en 19 países, es decir 40.000 habitaciones y 400.000 empleados. ¡Hilton controlaba personalmente el 30% de esa enorme facturación evaluada en más de 500 millones de dólares!

Era la ilustración flagrante de ese principio que afirma que nunca hay que abandonar las ideas frente a la incredulidad de los demás.

> **TENER FE, FE EN LAS PROPIAS IDEAS,
> EN SU DESTINO Y FE EN DIOS.**

Esta fórmula algo simplista resume la carrera fenomenal de ese constructor infatigable que fue Conrad Hilton, magnate de la hotelería, uno de los hombres más ricos del mundo.

* * *

¡Aprenda a rodearse de la gente adecuada!

Como Conrad Hilton, hágase de amigos en los negocios. Esos amigos se convertirán en sus aliados y le serán mucho más útiles de lo que usted cree para subir los escalones del éxito. Pero tenga discernimiento al elegir a sus amigos, en todo caso sus amigos profesionales. Evite a los perdedores, los intrigantes y sobre todo a los que sufren de cortedad de visión, es decir, los que no ven grande. Esas personas ejercerán una influencia nefasta en usted. Tomemos una a una las categorías.

Comience por distinguirlos. En general las señales de sus fracasos son visibles. Cuanto más avance usted en el camino del éxito, más se agudizará su capacidad de juzgar a los hombres. Y de todas maneras, a medida que su programación mental se torne más positiva, más y más usted atraerá a los ganadores. Los perdedores se alejarán de usted. Y usted no lo lamentará. No se trata, evidentemente, de mostrarse grosero con ellos o de descartarlos sin piedad. Pero esquive toda proposición que provenga de ellos. Y, sobre todo, no les proponga asociación. Pues el problema es que la combinación de un ganador y un perdedor muy rara vez da buenos resultados, aunque el ganador sea muy fuerte.

Se dice que la razón del más fuerte es siempre la mejor. Pero en una asociación semejante, el perdedor hará perder mucho tiempo, energía y dinero al ganador. Por último, para conocer el éxito en semejante asociación, el ganador deberá reemplazar al perdedor y hacer todo el trabajo en su lugar, recoger los platos rotos. Las programaciones mentales de esos dos individuos son antagónicas y tienden a anularse. Esa asociación está condenada a fracasar a corto o largo plazo, sin contar los malentendidos y las fricciones inevitables a los que dará lugar. El ganador que, en nombre de cierto humanitarismo, se ha asociado con un perdedor (a veces por amistad) corre el gran riesgo de alcanzar lo contrario de lo que se proponía, es decir, una degradación de la relación (o de la amistad), además de que para ambos será una pérdida de tiempo y dinero.

En suma, el ganador, pese a sus buenas intenciones, habrá perjudicado al perdedor. Este último no se desconsolará mucho, pues está habituado a los fracasos. Se lo esperaba. Ya está acostumbrado. Pero para el ganador el mal trago será más duro. Quizás extraiga una lección muy instructiva: afirmará su juicio para las elecciones y en el futuro escogerá con más cuidado a sus colaboradores, tratando de no repetir el mismo error. De cualquier modo, estas dos categorías nunca podrán entenderse: no comparten los mismos valores fundamentales.

Los intrigantes

La carrera de estas personas, aunque en sus comienzos pueda conocer algunos éxitos aparentes, está condenada al fracaso a corto o largo plazo. Los que de continuo recurren a tácticas y maniobras dudosas terminan siempre por rendir cuentas. La verdad termina siempre por descubrirse. Y la lista de enemigos se alarga. Desconfíe de esas personas que en su presencia critican a colaboradores o empleados ausentes. Probablemente hacen lo mismo con usted cuando no está. Y el que es capaz de entregarse a esas prácticas dudosas contra los otros puede hacerlo también contra usted.

Los que sufren de cortedad de visión

De esta casta innombrable hay que huir como de la peste. Estas personas lo limitarán siempre porque son limitadas. En realidad, son tan limitadas que no pueden concebir que un individuo pueda tener otra visión, más amplia, que la de ellos. Empequeñecen todo lo que tocan y tienen cerca. Sólo sirven para socavar su entusiasmo y tratar de disuadirlo de emprender nuevos proyectos y progresar. Se reirán de usted cuando apunte alto, a la altura de su valor. Lo tacharán de loco, de soñador. Haga oídos sordos. Siga su propio camino. Y sobre todo evite cualquier asociación con ellos. La energía que usted ponga en tratar de entusiasmarlos y convencerlos por lo general es energía perdida. Es energía que usted puede concentrar en su enriquecimiento inmediato.

Al asociarse con un ganador, su coeficiente de éxito conocerá un crecimiento potencial. En efecto, es como si la asociación de dos ganadores engendrara un éxito infinitamente superior a la simple suma de los éxitos que los dos individuos habrían obtenido por separado. Por lo tanto, si usted desea ir lejos, frecuente a los que van lejos, como usted. Extraerá beneficios insospechados.

Este principio, además, ha sido aplicado de manera sistemática por los hombres ricos con el nombre de "cerebro colectivo" (*mastermind*). Dos cabezas valen más que una, suele decirse. Del encuentro de ideas, experiencias y personalidades pueden aprenderse grandes lecciones y hacerse grandes hallazgos, siempre que se trate de dos personas ganadoras. Los consejos de administración de las empresas no son en verdad más que cerebros colectivos, en los que cada uno aporta su experiencia y su competencia. Las asociaciones de vendedores y las cámaras de comercio tienen una función similar: combinar el aporte de individuos animados por una misma meta que ponen en práctica los mismos valores. Estos dos puntos son sumamente importantes. Pero desconfíe de los grandes grupos. Como ya lo dijo Montaigne: "Cuando los hombres se juntan, sus cabezas se estrechan".

No es necesario ser presidente de una compañía o miembro de una asociación para disponer de un cerebro colectivo. Constrúyase uno. Fórmelo con individuos en los que tenga confianza. De preferencia amigos, pero sobre todo con gente programada positivamente. Esta es la condición *sine qua non* . Por sus miedos, por su inmovilismo crónico, por sus dudas, un derrotista puede hacer enorme mal a todo un grupo. Pues incluso entre las personas positivas subsiste en general una zona de duda en la cual las objeciones y las proposiciones pesimistas pueden encontrar una resonancia deplorable.

¿Por qué no forma un grupo de tres o cuatro personas? Un grupo que se convertirá en su cerebro colectivo. Los grupos demasiado numerosos no llegan a preservar su unidad, por lo general terminan dividiéndose en subgrupos. Las personas que formen su cerebro colectivo deben tener una meta en común: enriquecerse. Reúnanse con regularidad, de preferencia en función de un calendario establecido con anterioridad. Preparen temas precisos en la agenda de cada reunión. El de la primera debe ser, simplemente: ¿Cómo podemos encontrar un medio de enriquecernos rápidamente? No se censuren. Den rienda suelta a su imaginación. Probablemente queden asombrados de la calidad de las ideas que pueden surgir de una reunión semejante. Después del período de planteamiento creador, refinen las ideas. Traten de sacar todas las consecuencias, las aplicaciones, las posibilidades concretas. La idea de uno, a veces informe al principio, puede ir perfeccionándose por la sugerencia de otro y llegar a ser excelente. Exponga sus proyectos. La crítica constructiva, las sugerencias de los otros lo ayudarán a pesar los factores en pro y en contra y triunfar.

Estas reuniones no deben reservarse exclusivamente a la búsqueda de ideas. Aprovéchelas para hablar de las dificultades que pueda experimentar en su trabajo. Un consejo exterior puede resultarle de gran utilidad. También hablen de los aciertos. Intercambien ideas con respecto al tema de los principios del éxito. Discutan estrategias.

Si las personas se tomaran unos minutos para hacer el balance de la mayoría de sus veladas, en general les sorprendería comprobar hasta qué punto son improductivas: en realidad, puras pérdidas de tiempo. Televisión, discusiones banales y ociosas (cuando no se trata de disputas), cenas que no terminan nunca. Si usted desea triunfar, sea diferente. Haga la experiencia de reunirse, aunque sea una vez por semana o por mes, con su cerebro colectivo. ¡Y lo sorprenderán los resultados! Deje la televisión para los otros. Usted no tiene tiempo para mirar televisión. Usted está ocupado en enriquecerse. Entonces, disciplínese. En lugar de perder tres horas todos los días ante el televisor, sólo pierda dos y consagre una a triunfar.

Aprenda a comunicarse

Vivimos en la era de la comunicación. El que quiere triunfar tiene que aprender a expresarse. Con claridad. Con firmeza y convicción. En el camino del éxito se nos llama constantemente a persuadir, a convencer. Eso se hace hablando. No vacile, entonces, en tomar un curso de oratoria. Onassis lo hizo, él, que hablaba cuatro idiomas. Getty aprendió árabe en un mes, con un método de discos. Haga la experiencia de saltar una noche de televisión por semana y, en su lugar, inscríbase en un curso de idiomas. Aprenda un segundo idioma o, mejor aún, un tercero, lo cual constituirá para usted un logro considerable, que ampliará, además, el círculo de sus relaciones.

Siga también cursos para expresarse en público, aunque ya posea ciertas aptitudes. Todos los grandes dirigentes son oradores. Uno los admira cuando los oye hablar en público. Lo que se ignora es que prácticamente todo el mundo puede lograrlo. Siguiendo lecciones. Y ejercitándose un poco. La facultad de hablar en público, ya sea en una reunión de administración o ante un auditorio más vasto, le conferirá una seguridad nueva que será para usted un arma inapreciable.

Haga una buena inversión: siga un curso sobre el arte de la venta

Para triunfar hay que saber vender. Una idea. Un servicio. Una capacidad. Además, hay que saber venderse. Pues en última instancia uno siempre se vende a sí mismo y sus pensamientos. Un serio estudio ha demostrado que el éxito de todo individuo se debe en un 85% a su personalidad.

Usted será continuamente llamado a vender algo, sin que influya su campo de actividad. El abogado que pelea su causa vende su idea al jurado, el político que pronuncia un discurso vende la política de su gobierno. El gestor que defiende un presupuesto vende sus razones. Sin contar, evidentemente, todos los oficios y profesiones ligados de manera directa a la venta, cuya enumeración sería inútil hacer aquí. En todos los ámbitos, saber manipular las técnicas de la venta mejorará rápidamente su desempeño.

Uno de los primeros principios de la venta: saber escuchar

Está muy bien saber hablar para vender. Pero también es preciso saber escuchar. En general, la gente habla demasiado y no escucha lo suficiente. Y, en casi todas las asociaciones es el que mejor ha sabido escuchar y el que menos ha hablado el que extrae los mejores beneficios. Cuanto más habla su interlocutor, más se abre, y más se entera usted de sus motivos, sus necesidades y hasta de su personalidad. Por lo tanto, mejor podrá usted atacar sus puntos débiles y más podrá influirlo. Además, el escuchar con atención es una forma indirecta de halago. Al escuchar con atención a una persona, usted le da a entender que ella le interesa, que es importante a sus ojos.

A la mayoría de la gente le encanta hablar. Y el tema preferido son ellos mismos. Aprenda a hacer las preguntas adecuadas, que le muestran al otro el interés real que usted le manifiesta. Obsérvese. ¿Cuál es su promedio hablar/escuchar? Si habla más de lo que escucha, sea prudente. Es probable que su interlocutor anote más puntos que usted. El se entera de más datos sobre usted que los que capta usted sobre él. Trate de corregir esa tendencia. Sólo se trata de cambiar de hábito. Haga una primera prueba. Sólo diga lo esencial. Y escuche. Probablemente su interlocutor esté contento de haber hablado con usted y estime que usted es un buen conversador... y usted no ha dicho una palabra, sino que se ha conformado con escuchar y hacer las preguntas apropiadas, en el momento justo.

Cuide su aspecto

Vivimos en un mundo de imagen. Algunos lo deplorarán, pero así es. En toda relación humana, la primera impresión que se causa —o se recibe— desempeña un papel primordial. Pero ¿qué es tan determinante en la formación de esa primera impresión? En general, los detalles exteriores. Un traje bien cortado. Una sonrisa cálida. Un peinado prolijo. La gente, en general, juzga a los demás por su apariencia. Alguien desprolijo, a menos que se trate de una celebridad millonaria, suele hacer mala impresión. No descuide los detalles. Unos zapatos mal lustrados pueden bastar para influir negativamente en un interlocutor. Sobre todo si es alguien que adjudica gran importancia a los detalles.

Si usted desea triunfar, vístase como alguien que tiene éxito. Si no sabe cómo, observe a los triunfadores que lo rodean. Pida consejo. Y recuerde que, en toda relación humana, y por lo tanto en cualquier relación profesional, existe una relación de seducción. Una vestimenta cuidada (y sobre todo de acuerdo con las circunstancias) entra también en esa seducción. Dicen que el hábito no hace al monje. Pero, en los negocios, ayuda mucho. Recuerde el cuidado que dispensaba a su ropa Watson, uno de los más grandes vendedores de los Estados Unidos. ¿Puede usted permitirse no cuidar la suya?

Esta es, sin duda, una de las máximas más antiguas. Sigue siendo cierta aún hoy. En el camino del éxito, es esencial conservar la buena forma física. Oxigene su cerebro. Así tendrá ideas claras. "Cuando el cuerpo es débil, ordena. Cuando es fuerte, obedece", dijo Rousseau. Si su cuerpo es vigoroso, será el mejor instrumento de su éxito. Estará a su servicio. Le obedecerá. Usted tendrá más energía. No sólo física, sino también mental.

Haga ejercicio con regularidad. El ejercicio relaja su cuerpo tanto como su mente. Exija, de preferencia, un deporte que le absorba la mente y le permita olvidar sus ocupaciones profesionales. Es un poco la teoría de los vasos comunicantes lo que se aplica en este caso. Mientras usted se esfuerza, en el tenis, por devolver la pelota a su adversario, no piensa en nada más. Lo mismo ocurre con el golfista o cualquier otro deportista.

La mayor parte de los hombres ricos que hemos estudiado se han entregado a una actividad corporal que les permitía descargar las formidables tensiones que enfrentaban a diario. Onassis recomendaba la práctica del yudo y el yoga. Y, de hecho, el primer consejo que daba en sus recetas para el éxito era el de cuidar el cuerpo. John Paul Getty nadaba con regularidad. En sus principios, Disney, agotado, descuidaba su forma física y sufrió una grave depresión nerviosa. Una vez restablecido, adoptó para el resto de su vida un programa más equilibrado en el que guardaba un lugar para las actividades corporales y la relajación.

La mayoría de los grandes hombres han cultivado una actividad física. El gran escritor Goethe acostumbraba dar largos paseos para restaurar su genio tan fecundo. Nietzsche afirmaba que todas sus grandes ideas le acudían en sus caminatas, cuando pensaba en otras cosas que no eran la filosofía... El papa Juan Pablo II se hizo construir una piscina cercana a sus aposentos para poder nadar todos los días. A un administrador del Vaticano que le reprochó los gastos, le replicó con gran pertinencia que la piscina costaría mucho menos que elegir un nuevo papa... Además, practica el esquí. Y a menudo se lo ve correr por los jardines del Vaticano. Esa es, sin duda, la clave de su resistencia fenomenal.

Siga el ejemplo de estos grandes hombres y haga ejercicio con regularidad.

El dinero de los otros

Ya dijimos que el éxito no se hace solo. No se hace sólo con el propio dinero, tampoco. A menudo se hace con el dinero de los otros (O.P.M.) Ya hemos visto cómo Onassis recurrió a este principio para financiar sus actividades de armador. "Detrás de cada millonario —dijo Onassis— se esconde un prestamista". Desde luego, sabía de qué hablaba. Hilton también contrajo deudas. La mayoría de los hombres ricos se enriquecieron pidiendo prestado, es decir, con el dinero de los otros.

La cuestión de los préstamos es muy delicada. Para algunos un préstamo, sobre todo si es importante, puede revelarse catastrófico. La fluctuación de las tasas de interés de los últimos años suele reservar sorpresas de lo más desagradables. Por otra parte, sin ciertos préstamos contraídos en el momento adecuado muchas empresas no podrían haberse expandido o no hubieran evitado la quiebra. La compañía Chrysler, que se salvó de la quiebra gracias a un formidable préstamo contraído por Lee Iacocca, es un buen ejemplo de ello. Además, Honda no habría podido crecer como lo hizo sin la ayuda de los banqueros. En una escala más modesta, varios pequeños inversores han obtenido ganancias interesantes invirtiendo 10.000 dólares para adquirir una propiedad de 100.000 que revendieron un año después a 110.000, doblando así su inversión en un año. Lo cual no es nada despreciable. Sin embargo, la vida de los diez hombres ricos que hemos estudiado ha mostrado que la mayoría no pidió prestado al principio. Comenzaron con los pequeños medios de que disponían. Recién después, al crecer un poco, pidieron prestado.

De este ejemplo se puede extraer una lección. Tal vez sea preferible no contraer grandes deudas al principio. Siempre hay que comenzar de manera sobria, sin oficinas lujosas y sin secretaria. Los que triunfan se preocupan por ahorrar. A los banqueros y los financistas no les gusta financiar prodigalidades superficiales.

¿Debe uno pedir prestado, o no? ¿Cuánto? ¿Y en qué momento? Como ya lo hemos dicho, no es una pregunta fácil de responder. Una cosa es segura, empero: si su subconsciente está bien programado, usted sabrá si debe o no servirse del dinero de los otros. La prudencia siempre es buena consejera. Aclaramos que hay personas que no se atreven a pedir prestado en toda su vida, y se la pasan ajustándose el cinturón. De este modo se pierden muy buenas oportunidades. Todos los hombres ricos se han servido en un momento u otro del dinero de los otros. Pero hágalo de manera inteligente. Una vez que haya evaluado su capacidad de devolverlo, confíe en su instinto y en su subconsciente. Y no olvide que la fortuna sonríe a los audaces.

¿Tiene un complejo de inferioridad? ¡Mejor!

Por lo menos una persona de cada dos sufre, según se dice, en un momento u otro de su vida, de un complejo de inferioridad. ¡Si es su caso, mejor! Piense en el ejemplo de Steven Spielberg o de Soichiro Honda. Pero supieron sacarle beneficios. No se pasaron la vida compadeciéndose de su suerte, sino que supieron capitalizar su complejo, extraer provecho de él. Si usted padece de un complejo de inferioridad, también puede hacer lo mismo. En lugar de lamentarse y quejarse en vano, dígase, por ejemplo: es verdad, tengo tales defectos físicos o no tengo la cara de Robert Redford, pero puedo llegar a ser el mejor en tal actividad.

Descubra las virtudes de la frustración creadora. Esa insatisfacción que usted siente, sin que importe mucho su origen, puede permitirle ir muy lejos, superarse y metamorfosearse en la persona que siempre soñó llegar a ser. De alguna manera, usted les lleva ventaja a los que no son acomplejados. Ellos no quieren cambiar, mejorarse. Usted lo desea ardientemente. Y, cuando se desea algo ardientemente, constantemente, uno siempre lo obtiene.

Recuérdelo. ¡Convierta su frustración o su complejo en una victoria! La gente lo admirará. ¡Y al mismo tiempo perderá usted su complejo!

La ley del diezmo

Una de las leyes más misteriosas del éxito consiste en dar a los otros una parte de las propias ganancias. Los diez hombres ricos se han convertido tarde o temprano en filántropos, como los muestra la historia de su vida. Spielberg, el único que vive de los que hemos estudiado, es todavía muy joven para pensar en una "Fundación Spielberg". Pero conoce el principio del diezmo y lo aplica. Haga la prueba en su vida. Se asombrará al ver los beneficios que obtendrá.

En *El más grande vendedor del mundo* , uno de los principios fundamentales consiste siempre en dar la mitad de las ganancias a los que son menos afortunados que uno. En la época en que se sitúa la historia narrada en ese libro, no había impuestos, o al menos no de la manera en que hoy obliga a todos a dar una parte de sus ganancias. Por lo tanto, donar hoy la mitad de los ingresos parece poco razonable. Pero lo importante es el principio. El dinero debe circular, ser redistribuido. El diezmo, por definición, consiste en dar la décima parte de sus ganancias. Esto ya resulta más aceptable. Sea la cantidad que fuere, lo mejor es que haga usted su propia experiencia en su vida.

Escoja un modelo

Todo hombre admirable ha comenzado por ser un individuo que admiraba a alguien. Víctor Hugo dijo, cuando era joven, en el alba de su prestigiosa carrera literaria, lanzando una suerte de ultimátum a su subconsciente, a su destino: "Seré Lamartine o no seré nada". No llegó a ser Lamartine, pero llegó a ser... ¡Víctor Hugo! Ese es el poder de los modelos. Spielberg admiraba a Walt Disney. Honda profesaba una admiración inmensa por Napoleón, y dijo algo semejante a lo que antes había dicho Balzac: "¡Haré con la pluma lo que Napoleón hizo con la espada!" Y lo hizo, en verdad.

Como los grandes hombres, como los hombres ricos, elija modelos que lo inspiren y lo eleven. Todos los grandes hombres tuvieron un ideal elevado. Apuntaron alto. También usted apunte alto. Dicen que el ejemplo es el mejor maestro. Este es, sin duda, el mejor consejo que se puede dar a alguien. El modelo ocupa el lugar del ejemplo.

Un modelo puede incluso ayudarlo de otra manera. Usted puede formarse una suerte de *mastermind* imaginario. Así, cuando se enfrenta a equis problemas, pregúntese qué habría ,hecho alguno de sus prestigiosos modelos. A ese modelo, ese ejemplo, podrá elegirlo entre los diez hombres ricos cuya vida y cuyos principios le hemos presentado en estas páginas. Seguramente, se asombrará de la sabiduría de las respuestas que sus consejeros imaginarios le dirán al oído...

Lea la vida de los grandes hombres. Trate de descubrir lo que los ha llevado al éxito. Inspírese en su ejemplo. No hay nada de vergonzoso o ingenuo en ello. Recuerde la fórmula con la cual comenzamos esta sección: todo hombre admirable ha comenzado por ser una persona que admiraba a alguien. Evidentemente, su admiración no debe ser beata ni pasiva. Debe empujarlo a la acción. En principio, la mayoría de esos hombres se parecían a usted, no eran diferentes de los demás. Pero pusieron en práctica en su vida principios que la mayoría de la gente ignora o no utiliza. Usted conoce esos principios, lo mismo que esos hombres ilustres: sólo depende de usted llegar a ser también... ¡un hombre admirable!

Bibliografía selectiva

BAILEY, Adrian. *Walt Disney's world of chartwell, book inc.,* 1982.

BOLTON, Whitney. *The Silver spade,* Farrar Straus and young, Nueva York, 1954.

CAFARAKIS, Christian. *Le fabuleux Onassis,* ediciones de l'Homme, Montreal, 1971.

CAPRIO, Frank S., Joseph R. BERGER, *Helping yourself with selfhypnosis,* Warner books, Nueva York, 1968.

COLLIER, P. et HOROWITZ. *"Une dynastie américaine",* ediciones Seuil, 1976.

COUÉ, Émile. *Oeuvres complètes,* ediciones Astra, París, 1976.

CRAWLEY, Tony. *The Steven Spielberg Story,* Quill, Nueva York, 1983.

FORD, Henry. *Ma vie et mon oeuvre,* Payot, París, 1925.

FRASER, N., Jacobson, P., Ottaway M., Lewis C., *"Onassis le Grand"*. Robert Laffont, París, 1977.

FRISCHER, Dominique. *Les faiseurs d'argent, ou les mécanismes de la réussite,* ediciones Pierre Belfond, París, 1983.

GAWAIN, Shakti. *Creative visualization,* Bantam Book, Nueva York, 1982.

GETTY, John Paul. *À quoi sert un milliardaire,* ediciones Robert Laffont, 1976.

GETTY, John Paul. *Devenir riche,* ediciones Un monde différent, 1984.

GETTY, John Paul. *How to be a successful executive,* Jove book, 1984.

GUNTHER, Max. *Les milliardaires, leur vie, leur histoire, leurs secrets,* Stanké editor, 1979.

GUNTHER, Max. *Le facteur chance,* ediciones de l'Homme, Montreal, 1978.

HARVEY, Jacques. *Mon ami Onassis,* Albin Michel, París, 1975.

HILL, Napoleon. *Réfléchissez et devenez riches,* ediciones du Jour, 1981.

HILL, Napoleon et STONE, W. Clément. *Le succès par la pensée constructive,* Éditions du Jour, 1981.

HILL, Napoleon. *The master key to riches,* Fawcett Crest, Nueva York.

HILL, Napoleon. *Grow rich! with Peace of mind,* Fawcett Crest, Nueva York, 1982.

HILL, Napoleon. *La puissance de votre subconscient,* ediciones du Jour, Montreal, 1973.

HONDA, Soïchiro. *Honda par Honda,* Stock, 1979.

IACOCCA, Lee. *Iacocca,* Robert Laffont, París, 1984.

KROC, Ray. *Pensez grand vous deviendrez grand,* Libre Expression, Montreal, 1985.

LAFRANCE, André, A. *Les clefs de la réussite,* Les éditions Primeur, Montreal, 1984.

LAMURE, Pierre. *John D. Rockefeller,* París, ediciones Plon, 1937. "Les héros de l'économie", en *Autrement ,* n° 59, abril 1984.

LUNDBERG, Ferdinand. *Les riches et les supers riches,* Stock, 1969.

MALTZ, Maxwell. *Psycho-Cybernétique,* éditions Godefroy, La Ferrière, 1980.

MILLER, Disney Diana. *L'Histoire de Walt Disney,* Hachette, 1960.

MURPHY, Joseph, Dr., *Votre droit absolu à la richesse,* ediciones Un monde différent, 1981.

MURPHY, Joseph. *La puissance de votre subconscient,* le Jour editor, Montreal, 1980.

NAISBITT, John, *Megatrends,* libros Warner, 1982.

PETERS, T. et WATERMAN, R. *Le prix de l'excellence,* Interéditions, París 1983.

SAMUEL, Yvon, *Les milliardaires,* ediciones Carrère, 1985.

SARASVATI, Swami Sivananda. *La pratique de la méditation,* Albin Michel, París, 1970.

SCHREIBER, Charles. *Live and be free thru psycho-cybernetics,* Maxwell Maltz, libros Warner, Nueva York, 1976.

SCHWARTZ, DAVID J. *La magie de voir grand,* ediciones Un monde différent, 1983.

SOBEL, Robert. *Histoire d' un empire: I.B.M.,* ediciones de l'Homme, Montreal, 1984.

STEWART, Hold D. *Les secrets des millionnaires,* ediciones Un monde différent, 1976.

STONE, Clément W. *Le chemin infaillible du succès,* ediciones du Jour, 1973.

THORNDIKE, Joseph Jr. *The very rich, a history of wealth,* American Publishing Co, 1976.

TOCQUET, Robert. *Les pouvoirs de la volonté, clefs du succès,* ediciones Godefroy, La Ferrière, 1984.

WINKLER, John K. *John D. Rockefeller,* París, Gallimard, 6° edición, 1983.

Índice de temas

Los autores

CHARLES ALBERT POISSANT

Presidente saliente de la Orden de Contadores de Quebec, Charles Albert Poissant es uno de los directores del Instituto Canadiense de Contadores, además de consejero del Comité Senatorial de Bancos y Comercio. Su influencia ha ido aumentando a lo largo de los años en diversos organismos prestigiosos, tanto en el nivel nacional como en el internacional. Es miembro del Conference Board of Canada, así como Vicepresidente de la Asociación Fiscal Internacional (IFA), cuya sede social se encuentra en Amsterdam.

A lo largo de su fructífera carrera Charles Albert Poissant ha desempeñado el papel de consejero financiero junto a importantes hombres de negocios quebequenses y extranjeros. También ha aconsejado a muchos jóvenes, hombres y mujeres, en los inicios de sus carreras. A través de sus conferencias y sus cursos, miles de estudiantes han podido descubrir los grandes principios del éxito.

El minucioso estudio de los diez hombres que

integran la presente obra lo ha llevado a la conclusión de que los secretos del éxito financiero son universales. Por otra parte, su experiencia con hombres y mujeres quebequenses le ha mostrado que los que triunfaron aplicaron esos mismos principios fundamentales.

Charles Albert Poissant es autor de *Taxation in Canada of NonResidents* y *Commentary on Canada-Germany Tax Agreement*.

CHRISTIAN GODEFROY

Nacido el 25 de octubre de 1948, Christian Godefroy tuvo una infancia sin historia hasta los quince años, cuando su padre, pequeño empresario, sufrió un revés comercial y debió declarar la quiebra. Privado de lo esencial, Christian decidió entonces "hacer fortuna". Su primera tentativa le permitió ganar, a los veinte años, cien mil dólares en un año, en una organización de venta de productos de mantenimiento, "SWIPE".

Fue entonces cuando descubrió el poder de la fuerza mental y los principios de la psicocibernética.

Su empresa quiebra. Inicia un nuevo negocio; nuevo fracaso.

A continuación se emplea en una editorial. En dos años asciende varios peldaños y decide establecerse por cuenta propia. Funda una empresa de formación de personal. Luego de realizar esta tarea con más de seis mil personas, funda su propia editorial. En ocho años hace de su empresa, la editorial Godefroy, la primera firma de desarrollo de personal del mercado francoparlante.

Hoy, su fortuna se estima en varios millones de

dólares.

Es autor y coautor de numerosas obras: *La Dynamique Mentale* (Ed. Robert Laffont, 1975), *La Maîtrise de vos pouvoirs intérieurs* (Tchou, 1977), *Les Pouvoirs de l'esprit* (Retz, 1978), *Comment avoir une petite affaire indépendante et lucrative à domicile* (Ed. Godefroy, 1984), *Comment écrire una lettre qui vend* (Ed. Godefroy, 1985). A Christian Godefroy le gusta compartir sus hallazgos y conocimientos. Miles de personas le deben su éxito.

JEAN ROZON (Colaborador)

Nació el 15 de julio de 1953, en Montreal. Se recibió de bachiller en Ciencias de la Educación y luego obtuvo el título de Licenciado en Administración en la Universidad de Montreal. Desde hace diez años enseña diversas materias de ciencias humanísticas y le interesan particularmente los mecanismos de la motivación personal y el éxito.